KB188724

대한민국
금융의 길을 묻다

대한민국

과거의 눈으로는 미래를 볼 수 없다

금융의 길을 묻다

윤종원
지음

한국경제신문

| 추천사 |

저자만큼 금융 분야에서 정책과 현장을 두루 경험한 사람은 없다. 이 책은 자화자찬이 아닌 진솔한 자기 고백이다. 금융정책에 정통한 저자가 국책은행장으로 일하는 동안 이론을 현실에 접목하는 과정을 잘 그려내고 있다. 다양한 사례를 통해 시사점을 도출하면서 미래 혁신금융의 길을 제시하고 있다. 우리 금융의 미래에 관심이 있는 사람이라면 꼭 읽어봐야 할 책이다.

- **신제윤,** 전 금융위원장

이 책에는 미증유의 코로나 팬데믹으로 유동성 위기에 빠진 중소기업과 소상공인의 도산을 막기 위해 머리를 맞댔던 윤종원 은행장의 3년 여정이 담겨 있다. 중소기업의 발전이라는 공통 목표를 향해 중소기업중앙회와 60년 넘는 세월을 함께해온 기업은행의 혁신 이야기와 중소기업 금융의 미래에 대한 혜안은 대한민국 금융에 소중한 자산이 될 것이다.

- **김기문,** 중소기업중앙회 회장

저자는 투수로 치자면 정통파 투수다. 변화구 같은 기교를 부리지 않고 묵직한 강속구를 스트라이크존에 꽂아 넣는다. 관료로서도 그렇고 은행장으로서도 그랬다. 손쉬운 타협보다 올바른 원칙을 앞에 놓는 사람이 그다. 은행혁신에 관한 이 책에도 '바른경영'에 대한 내용이 많다. 그것이야말로 모든 혁신의 출발점이기 때문일 것이다. 바른 사람 윤종원다운 책이다.

- 이상렬, 〈중앙일보〉 수석논설위원

이 책은 저자의 자전적 에세이인 동시에 한국 금융에 대한 통찰이 담겨 있는 보고서다. 페이지마다 정책 담당자로서의 고민과 은행장으로서의 현장 경험이 살아있는 금융 이야기로 재탄생하고 있다. 금융에 관심 있는 이들에게 한국 금융의 도전과 해법에 관한 훌륭한 길잡이가 되어줄 것이다.

- 이항용, 한국금융연구원 원장

정부와 국제기구에서 금융을 담당한 경제관료가 은행을 혁신한 이야기는 매우 인상적이다. 특히 경영학 교수 관점에서 볼 때, 치밀한 혁신전략의 수립과 실행, 고객지향적 혁신, 인사와 조직문화 재구축 등 원칙에 입각한 접근과 성공 사례가 돋보인다. 금융업 종사자 그리고 경영과 조직의 혁신을 고민하는 사람들에게 통찰력과 영감을 줄 것이다.

- 박남규, 서울대학교 경영대학 교수

| 책을 펴내며 |

금융은 중요하다. 잘 돌아갈 때는 물론이고 문제가 생겼을 때도 그렇다. 우리나라 금융이 그 중요성에 걸맞은 역할을 수행하고 있는가? 금융을 바라보는 국민의 시선은 그리 따뜻하지 않다. 오히려 싸늘한 편에 가깝다. 경쟁 제한적인 시장구조에서 금융이 자기들 배만 불리는 게임으로 돌아가고 있다는 의구심도 강하다.

금융이 국가경제와 소비자의 수요에 부응하는가? 경제의 역동성과 포용성을 높이고 자금을 효율적으로 중개하는가? 아시아 금융허브로 기능할 국제경쟁력을 가지고 있는가? 공직에서 정책을 다루는 내내 이러한 질문들이 머리 한편에 자리하고 있었다. 은행장으로 일한 3년은 이렇게 기본적이고도 중요한 의문을 금융 현장에서 확인하고 해답을 찾는 기회였다.

은행장직에서 물러난 후 우리나라 금융에 대해 하려던 숙제 중 하나가 금융 현장에서 겪은 소회를 글로 남기는 일이었다. 수십 년간 정책을 다룬 경제관료가 은행장 경험을 토대로 금융을 평가하는 관점은 학자나 금융업 종사자의 시각과 차이가 있을 것이다. 정부와 시장을 경험한 입장에서 금융을 조감하는 자전적 기록을 통해 대한민국 금융의 길에 한 줌의 지혜라도 보태려는 마음으로 책을 쓰기 시작했다.

이 책은 크게 두 갈래의 금융 이야기를 담고 있다. 첫째로 금융업의 본질과 미래 모습을 조감하고 세상을 바꾸기 위한 금융의 길을 살펴보았다. 경제 활력이 떨어지는 상황에서 금융이 성장과 혁신을 촉진하는지, 부의 분배를 악화시키거나 경제의 안정을 해치는 건 아닌지 등의 화두를 던지고 국내외 연구를 제시하며 금융의 거시적 역할에 대한 해답을 모색했다. 미시적으로도 우리 금융시장에 유효경쟁이 작동하는지, 시장 불완전성을 시정하고 있는지, 대출금리 결정 체계가 합리적인지, 은행 예대마진과 수익이 과도하진 않은지 점검하고 대응방향을 제시했다. 시장금융과 정책금융의 역할, 정보 비대칭이 강한 중소기업 금융의 미래도 예측해보았다.

둘째로 예기치 않게 맡은 은행장 자리에서 금융의 길을 현장에 적용하고 혁신을 추진한 여정을 담았다. 좋은 은행장이 되려면 무엇을 해야 하는지 살펴보는 한편 금융시장에 내재하는 정보 비대칭과 불완전성을 극복하고 다양한 금융수요에 부응하기 위한 크고 작은 혁신 사례를 소개했다. 은행이 중소기업과 산업의 혁신을 어떻게 유도할 것인가? 유인구조와 업무 관행은 선진적이고 바람직한가? 불확실한 은행의 미래를 어떻게 준비해야 하는가? 이들 화두의 답을 찾아가는 과정에서 한 금융 기업의 경영을 혁신하는 전략과 해법을 모색했다.

대형 은행을 혁신하는 작업이 쉬운 일은 아니었다. 세찬 바람에 휘청이기도 했고 어처구니없는 일을 겪기도 했다. 창에 찔리고 칼에 베이더라도 부박한 포퓰리즘이나 부당한 요구에 맞서는 용기가 필요할 때도 있었다. 그러나 상황을 모면하는 편법을 쓰기보다 원칙과 기본을 바탕으로 어려움을 헤쳐나갔다. 힘이나 인간관계보다 전문성과 합리성이 평가받는 조직을 만들고자 했다. 3년 동안 유인구조를 정비하고 혁신을 실행에 옮긴 결과 은행에 의미 있는 변화가 나타났다. 이러한 시도는 우리 사회와 금융이 공통으로 안고 있는 문제에 대한 해법의 성격을 지니고 있어 변화를 유발하는 계기가 될 수 있겠다는 생각에서 혁신 사례를 책에 담았다.

글을 쓰는 것은 생각과 고민의 깊이를 드러내는, 그래서 자칫 부끄러울 수 있는 작업이다. 집필 내내 지식의 한계에 부딪혔고 범람하는 책 속에서 독자의 시간을 허비하게 만들지 않을까 하는 우려로 주저하기도 했다. 그러나 정책과 현장의 경험을 토대로 한 기록이 바람직한 금융의 길을 찾는 데 도움이 되길 바라는 마음으로 부끄러움을 무릅쓰고 책을 내놓는다.

이 자전적 에세이가 금융에 관심 있는 사람과 후학이 시야를 넓히는 데 조금이라도 보탬이 되면 좋겠다. 은행장이 어떤 고민을 하는지, 혁신전략과 과제를 어떻게 마련하고 문제를 풀어 나갔는지 등의 에피소드를 통해 조직 혁신에 관한 아이디어를 얻을 수 있을 것이다. 전문적인 금융 관련 이야기도 있지만 일반 독자들도 읽을 수 있도록 가능한 한 쉽게 풀어내려 했다. 불확실성이 커서 확신을 갖기 어려운 주제는 선불리 결론 내리기보다 각자가 판단할 수 있도록 유동적인 관점을 견지했다.

이 책은 4부로 구성되어 있다. 1부에서는 업의 본질과 금융의 미래를 조감하고 금융의 길에 대한 핵심 질문을 토대로 세상을 바꾸는 금융의 역할과 과제를 모색한다. 2부에서는 대변혁의 시대를 맞이한 기업은행의 상황을 진단하고 혁신전략과 실행 과정을 소개한다. 3부와 4부는 실행 사례(case study) 이야기다. 금융의 길을 은행에 적용한 고객 중심 경영, 금융주치의, 미래지향적 여신심사, 모험자본 공급, 디지털 전환 등 금융혁신 사례를 3부에서 설명하고 4부에서는 지속가능경영, 그린뱅크, 금융사고 제로, 인사와 조직문화 혁신을 포함한 바른경영 사례를 제시한다. 마지막에는 금융을 통해 새로운 세상을 열어나가기 위한 시사점과 은행 혁신 3년의 소회를 담았다.

책을 내기까지 격려와 조언을 보내주신 분과 자료 정리와 통계 처리에 도움을 준 서연승 팀장, 최정훈 과장 등 많은 분께 감사드린다. 쉽지 않았던 3년간의 혁신 여정을 함께하며 의미 있는 변화를 끌어내도록 도와준 은행 임직원께도 고마운 마음을 전한다. 항상 기도해주시는 어머니와 사랑하는 가족에게 이 책을 바친다.

2025년 2월

윤종원

차례

3장. 금융을 바라보는 시각과 평가

4장. 금융의 길에 대한 몇 가지 질문

5장. 정책금융의 역할과 국책은행의 과제

6장. 중소기업과 중소기업 금융

2부. 은행의 과거, 현재와 미래

7장. 한눈으로 보는 기업은행: IBK at a glance

8장. 변화와 혁신을 향한 길

9장. 위기 대응: A Crisis Like No Other

3부. 혁신금융의 여정

10장. 고객을 향한 혁신

11장. 중소기업 금융 초격차

12장. 모험자본 전문은행

13장. 글로벌 금융영토 확장

14장. 쉽고 빠르고 안전한 디지털 은행

4부. 바른경영을 향한 길

15장. 기본에 충실한 지속가능은행

16장. 사람이 핵심 자산

17장. 원칙의 가치와 바른 조직문화

18장. 건강한 노사관계를 향한 길

19장. 사회적 책임과 기업시민

20장. 금융으로 만나는 새로운 세상

1부

업의 본질과 금융의 미래

1장

슬기로운 은행장 생활

국책은행장 제의

"윤 수석, 혹시 기업은행을 맡아줄 수 있겠습니까?"

"생각할 시간을 주시면 좋겠습니다."

청와대 경제수석 자리에서 물러난 지 몇 달 되지 않은 2019년 11월 중순, 무심코 받은 한 통의 전화로 기업은행과의 인연이 시작되었다. 대학 졸업 후 36년간 공직에 있는 동안 재무부, 기획재정부, 청와대, 국제통화기금(International Monetary Fund, IMF), 경제협력개발기구(Organization for Economic Co-operation and Development, OECD) 등 국내외 포스트에서 경제정책의 한 부분으로 금융정책과 금융시장 업무를 다루어온

터라 은행 일이 그리 생소하지는 않았다. 다만 경제수석 출신이 기업은행으로 옮긴 전례가 없었고 또 '직원들은 은행 내부 출신이 행장이 되는 것을 바랄 텐데…'라는 생각이 들어 머뭇거려졌다.

뉴스를 검색하고 속사정을 알아보니 청와대에서는 애초에는 은행장을 내부 출신으로 선임한다는 방침을 세웠다고 한다. 그러나 인사위원회를 열고 절차가 진행되는 과정에서 은행 내부 인사들의 정치권 로비와 자천·타천 청탁이 줄을 잇고 도를 넘어서는 행동이 계속되자, 은행의 기강을 잡고 조직을 혁신하기 위해 외부 인사 영입이 불가피하다는 쪽으로 의견이 기울었다고 한다. 은행 내부에서도 외부 출신 행장이 와서 인사 난맥과 조직 이완 등 쌓인 문제를 손봐야 한다는 목소리가 나왔다고 들었다.

저간의 사정이 그렇다면 마음을 내어볼 수 있겠다 싶었다. 중소기업 지원은 국가경제를 위한 업무인 데다 대통령이 임명하는 국책은행장이라 공직의 연장선이기도 했다. 살아보니 새로운 분야의 경험은 어려움이 있는 만큼 얻는 것도 많았다. 공직에 있을 때 생각했던 대로 금융이 작동하고 있는지 확인하고 싶은 마음도 있었다.

언론에서 은행장 후보로 거론되자 노조는 나를 금융이나 은행 업무를 모르는 낙하산으로 몰아붙이기 시작했다. 사실 공직에서 일하는 동안 꽤 오래 금융을 다루었다. 경제수석으로 금융정책을 포괄적으로 담당했을 뿐 아니라 국내외에서 금융시장 관리, 금리자유화, 통화관리 선진화, 은행 통폐합, 금융위기 수습 등 정책을 입안하고 시행한 경험이 있다.

그렇지만 금융산업의 핵심인 은행이 국가경제의 발전과 소비자 이익을 위해 제대로 기능하는지, 아니면 은행의 이익을 위한 그들만의 리그를 벌이는 건 아닌지 궁금했다. 과점 시장구조로 인해 유효경쟁을 발휘할 수 없어 소비자 이익을 침해하는 것은 아닌지, 정보 비대칭 등 시장실패 요인이 시정되고 있는지를 포함해서 공직 내내 머릿속에 맴돌았던 이슈들을 금융 현장에서 확인하고 싶었다. 문제가 있다면 고쳐보고도 싶었다. 예기치 않은 국책은행장 제의를 받은 지 일주일 남짓 지난 11월 말, 기회가 주어지면 해보겠다는 의사를 전했다.

당시 언론에서는 다른 인사도 은행장 후보로 거론되고 있었고 이들에 대한 노조의 반대 소식이 연일 보도되었다. 세상일이 그렇듯이 어떻게 결론이 날지 알 수 없는 데다 은행장 자리에 특별한 욕심이 있어 손을 들거나 한 것은 아니었지만, 수락 의사를 밝힌 이상 선임될 가능성을 상정하고 준비해야 했다.

좋은 은행장이 되려면

경제관료 vs. 은행장

은행을 이끈다는 것은 공직과 다른 새로운 도전이다. 정부에서 경제수석, IMF 이사, OECD 대사 등의 위치에서 조직을 통솔한 경험이 있지만, 정책 업무가 주였고 통할 직원은 많아야 50명 정도였다. 은행은 집행 업무 중심의 대형 조직이라 지금까지와 다른 역량이 요구되겠지만 상식을 벗어나지 않고 정도(正道)를 걸으면 의미 있는 변화를 만들 수 있으리라 생각했다. 다만 오랜 공직 생활 동안 몸에 배어 있을 사고와 행동 방식 중에 은행장직을 수행하는 데 적절하지 않을 부분은 과감하게 접어둘 필요가 있겠다 싶었다.

3년 임기의 은행장이 만들 수 있는 변화에 대해 낙관해서는 안 되겠지만, 은행장은 인적·물적 권한을 부여받은 조직의 수장으로서 하기에 따라 의미 있는 변화를 만들 수 있는 자리다. 짧은 기간이지만 은행이 어떻게 작동하는지 파악하고 은행을 이끌어갈 비전, 목표와 전략을 가다듬어야 했다. 이를 토대로 경영철학을 밝히고 공감대를 모아 변화를 만들어나갈 방안, 즉 '슬기로운 은행장 생활'을 위한 구상이 필요했다. 물론 혼자 하는 것이 아니라 구성원과 함께 해나가야 할 일이었다. 더불어 고객, 직원, 주주 등 이해관계자의 신뢰도 수반되어야 할 터였다.

인사가 확정되기 전이라 누구와 상의하기도 조심스러운 상황이었지만 국책은행을 이끌기 위한 핵심요소들을 짚어보았다. 첫째, 조직의 소명과 변화를 위한 과제를 파악하고, 둘째, 은행의 경영혁신을 위해 의사결정 구조, 인력과 조직 운영 등 내부 경영 상황을 살펴보는 한편, 셋째, 은행이 처한 환경, 즉 경제, 금융 등 세상의 변화를 점검하는 것이 필요했다. 금융의 미래 관련 자료, 은행 50년사, 회고록[1] 등은 은행 상황을 진단하고 해법을 모색하는 데 참고가 되었다.

금융 인사이트

- ▶ 조직의 소명(mandate)과 변화를 위한 핵심 과제는?
- ▶ 내부 경영 상황은 어떠한가? 조직 운영이 효율적인가?
- ▶ 은행을 둘러싼 환경이 어떻게 달라지고 있는가? 은행의 미래는 밝은가?

비즈니스 모델: 수익성과 공공성의 조화

헌법 123조와 중소기업은행법 1조에 규정된 바와 같이 기업은행은 중소기업의 경제적 지위 향상을 위해 자금을 '효율적'으로 지원하고자 설립된 국책은행이다.[2] 예금과 대출을 통해 거둔 이익으로 자기자본을 축적하여 중소기업을 지원하는 시장경쟁형 국책은행이라 정부 출연금을 지원받고 전대금융(on-lending)을 주로 제공하는 개발은행과는 다른 유형이다. 국가신용으로 채권을 발행할 수 있어 민간은행보다 낮은 금리로 자금을 조달할 수 있다는 특권이 있다.

국책은행이지만 시중은행처럼 은행 창구에서 일반 고객으로부터 예금을 받는다. 요구불예금 등 저리 자금을 조달해야 중소기업을 낮은 금리로 지원하고 수익을 낼 수 있기 때문이다.

법에 중소기업 대출 등 자금공급을 '효율적'으로 하라고 규정하고 있다. 손해를 보면 국민 세금으로 메꿔야 하므로 지원이 필요하더라도 보조금 주듯이 영업하면 안 된다. 심사를 거쳐 신용도에 상응한 금리로 대출해야 한다.

그러나 창업기업처럼 담보나 신용이 부족하거나 정보 비대칭과 시장의 불완전성에 따른 시장실패를 보완하기 위해 손해가 눈에 보여도 지원해야 하는 경우가 있다. 위기 때는 자금경색을 막는 공적 역할이 필요한데, 공공성과 수익성은 방향이 어긋날 수 있는 두 마리 토끼와 같아 둘 다 잡기가 쉽지 않다. 이들 과제에 대한 답을 얻고자 상황을 점검하고 혁신 방안을 찾아야 했다.

금융 인사이트

- 공공성과 수익성을 어떻게 조화시킬 것인가?
- 중소기업의 자금애로를 효율적으로 해결하는 방안은?
- 정보 비대칭을 시정하고 위기 때 자금경색을 해소하는 방안은?

내부 경영 진단

은행의 의사결정과 지배구조를 보면, 주주총회와 이사회에서 주요 경영 사안을 결정하고 일상적인 결정과 집행은 은행장이 맡는다. 기업은행은 국책은행이라 정부의 감독을 받는데, 대주주인 기획재정부와 금융당국은 은행을 관리·감독하고 광범위한 영향력을 행사한다. 경영 자율성을 제약하는 때도 있다. 국회와 감사원도 은행을 감사하며, 상장회사라서 시장의 견제와 감시 대상이기도 하다.

은행장은 기업은행과 9개 자회사, 1만 7천여 직원을 통솔하는 금융그룹의 수장이다. 최고경영자인 동시에 최고 의사결정기구인 주주총회와 이사회의 의장직을 맡는다. 그래서 (영문) 직함이 단순히 CEO가 아니라 Chairman & CEO다.[3] 내부 의사결정뿐 아니라 인사와 조직, 여수신과 금리 결정 등 집행 업무를 총괄하고 대외적으로 은행을 대표한다.

은행장은 큰 권한을 부여받는 대신 경영 전반에 대해 포괄적인 책임을 진다. 하부에 위임해서 처리한 업무라 하더라도 오류나 귀책사유가 있으면 최종 책임은 은행장에게 귀착된다. 경영 성과에 따라 경고, 해임이나 파면당할 수도 있다. 고객, 주주, 직원 등 다양한 이해관계자의 의견을 수렴하는 것 또한 중요하다.

은행 경영에 책임을 지지 않으면서 영향력을 행사하는 조직도 있다. 이들의 의견을 경청하는 것이 필요하지만 법과 원칙의 한계를 벗어나지 않아야 한다. 관행이 잘못된 방향으로 굳었거나 기득권화되어 있으면 원래 위치로 되돌리는 데 진통이 수반된다. 그렇다고 해야 할 일에 눈을 감거나 좋은 게 좋다는 식으로 임할 수는 없다.

임직원은 국책은행의 소명을 이해하고 목표가 정해지면 일사불란하게 움직였다. 대부분의 영역에서 업무역량이 뛰어났으며 위기 상황이

닥치면 단합하여 대응하는 모습을 보였다. 조직문화는 다소 수직적이었으며 위계가 강했다. 공공기관이라 업무 제약이나 외부 감독기관, 소위 상전이 많아 '튀는 행동을 했다가는 본전도 못 찾는' 경우가 생길 수 있어 그렇겠다 싶었다.

내부 경영 상황을 짚어본 결과, 은행이 세상의 변화에 선제 대응하기보다 다른 은행 수준을 따라가는 듯했다. 특히 지속가능경영, 금융혁신, 디지털화 등 분야에서 시대 흐름을 선도하는 적극성이 필요했다. 변화를 위해서는 인사, 평가, 상벌 등 동기부여와 유인구조를 개선하여 임직원 행동이 조직 발전에 부합하도록 유도하는 것이 중요했다. 조직문화를 유연하고 개방적으로 바꾸는 한편 이해관계자와의 소통을 적극화할 필요가 있었다.

금융 인사이트

- ▶ 구성원이 조직의 임무, 목표와 가치를 잘 이해하고 있는가?
- ▶ 의사결정구조와 조직 운영이 효율적인가? 유인구조가 바람직한가?
- ▶ 조직문화를 유연하고 개방적으로 변화시킬 방안은?
- ▶ 고객, 주주, 임직원, 노조 등 이해관계자의 의견 수렴과 소통 방안은?

세상의 변화와 은행의 미래

대변혁 시대, 은행의 역할

변화의 관점에서 보면 은행의 미래는 불확실성이 많다(문맥상 은행이 기업은행을 의미할 때가 많으나 여기서는 은행 자체를 통칭하는 표현이다). 외부 환경이 예측하기 어려울 정도로 빠르게 변화하고 있기 때문이다. 은행이 처한 세상의 변화, 특히 기저에서 일어나는 지각 변동적 흐름(tectonic shift)은 파장이 크지만 겉으로 잘 드러나지 않는다. 그러나 잠시라도 눈을 떼면 어느새 불쑥 자라 있는 아이의 모습처럼, 세상의 변화 역시 도도하고 지속적으로 진행된다. 기저의 변화가 은행 경영에 갑자기 영향을 미치지는 않으나 대응에 실기하면 훗날 낭패를 볼 수 있으니 대변혁의 흐름과 윤곽에서 눈을 떼면 안 된다.

은행 경영 차원에서는 국내경제와 세계경제의 변화 흐름을 관찰하고 대비하는 것이 중요하다. 세계경제는 기술혁신과 세계화의 흐름 속에서 총량적인 경제 효율은 높아졌으나 분배구조가 악화되고 있다. 글로벌 분배 악화와 중산층 붕괴는 세계화에 대한 반감으로 이어져 자국우선주의와 보호무역의 계기로 작용한다. 글로벌 공급망도 효율성보다 안정성을 중시하는 방향으로 재편되고 있다. 일의 미래가 달라지는 가운데 기후 대응을 위한 움직임이 활발해지고 있다.

거시경제의 지평도 달라졌다. 저성장·저물가 상황 속에서 전통적인 정책 패러다임과 거리가 있는 초저금리, 양적 확대 등 정책 대응이 '뉴노멀(new normal)'이라는 생경한 용어와 함께 한동안 활용되었다. 장기간 지속된 과잉유동성의 여파로 부동산과 주식가격이 균형 수준을 벗어나며 실물경제(Main Street)와 금융시장(Wall Street) 간의 괴리가 커졌다.

저물가 등 뉴 노멀이 퇴조하고 통화정책 기조의 전환에 실기한 결과, 2021년 이후 물가 급등이 초래되었다. 9%까지 상승한 물가를 잡기 위해 미국은 고금리 기조로 급선회했다. 물가불안이 덜한 나라도 미국의 고금리 기조를 따라갈 수밖에 없었고 그 결과 금융시장 변동성이 커졌다. 금리 인상 과정에서 자산가격의 조정이 진행되었는데 그 양상은 나라와 자산에 따라 각기 달랐다.

국내경제는 저성장, 양극화, 인구구조 변화 등 발전 단계적, 구조적 도전이 심화하는 가운데 보호무역과 통상마찰, 산업 및 고용구조와 소비패턴의 변화를 겪고 있다. 정치·사회 갈등이 증폭되고 에이브러햄 링컨(Abraham Lincoln) 대통령의 말처럼 '분열되어 일어설 수 없는(A house divided against itself cannot stand)' 상황에서 위기의식과 변화 동력이 약해지고 있다. 기업도 가보지 못한 길을 가야 한다. 눈앞에 1997년이나 2008년 같은 불연속적 위기가 벌어진 것은 아니지만, 경제가 가야 할 방향과 해법에 이견이 지속되는 가운데 뜨거워지는 물속의 개구리처럼 뛰쳐나올 생각 없이 어렵다는 목소리와 남 탓만 커지고 있다. 게다가 누구도 목전에 닥쳐온 팬데믹 위기를 짐작하지 못했다.

은행 경영은 세상의 변화에 적응하고 때로는 변화를 선도해야 한다. 기술혁신과 산업구조 재편 흐름에 대응하는 한편 은행이 기업과 경제의 역동성을 높이는 역할을 수행하는지 돌아보고 변화의 고삐를 조여야 한다. 기후변화라는 지구적 도전을 극복하기 위한 흐름에 동참해야 한다. 기업 또한 세상의 흐름에 뒤처지면 경쟁력을 잃는다. 중소기업의 성장을 돕고 국가경제의 발전을 유도하려면 은행부터 혁신하고 미래 금융수요에 부응해야 한다.

금융 인사이트

- 성장과 혁신을 뒷받침하기 위한 금융과 은행의 역할은?
- 분배구조의 악화를 막고 취약계층의 금융 접근성을 어떻게 높일 것인가?
- 탄소중립을 위한 금융의 역할과 그린뱅크로의 전환 과제는?
- 중소기업과 산업 그리고 국가경제의 금융수요에 어떻게 부응할 것인가?

금융의 미래와 과제

금융환경의 변화는 은행의 미래에 직접적인 영향을 미친다. 업의 본질과 금융의 미래를 다룬 자료를 살펴보면 디지털화와 기술혁신의 흐름에 어떻게 대응해야 하는지가 논의의 중심에 있다. 은행과 비은행, 금융과 비금융 간의 경계가 무너지고 경쟁이 격화되는 상황에서 은행업의 미래에 대한 우려가 커지고 있다. 4차 산업혁명의 진전으로 새로운 금융시장 진입자가 은행산업의 패권 경쟁을 주도하고 은행이 경쟁력을 잃으리라는 예측이 많다.

해마다 새로운 핀테크, 빅테크가 은행업에 뛰어들고 있어 경쟁이 치열해지고 이자 자산의 수익력이 떨어질 것이다. "뱅킹(은행서비스)은 필요해도 뱅크(은행)는 필요 없게 될 것"이라는 빌 게이츠(Bill Gates)의 오래전 예측은 변화를 거부하는 은행은 사라진다는 엄중한 경고이기도 하다.

은행이 미래에 대응하고 금융 본연의 역할을 발휘하려면 달라져야 할 것이 많다. 대출을 결정할 때 재무제표, 담보 등 과거에 대한 정보에만 의존하면 미래를 선도하기 어렵다. 기술력과 미래 성장성을 중시하는 방향으로 바뀌어야 하며 금융 소비자를 위한 혁신을 선도해야 한다. 자금 지원 방식도 기업 성장 단계에 따라 맞춤형으로 달라져야 하며 아이디어와 기술력이 있는 기업으로 돈이 흘러가야 한다. 금융 이력이 부족한 씬 파일러(thin filer)의 금융 접근성을 높이는 노력도 필요하다.

금융 인사이트

- ▶ 은행업의 미래에 어떻게 대응할 것인가?
- ▶ 창업생태계 육성과 모험자본 전문은행으로의 변신을 어떻게 추진할 것인가?

▶ 비금융정보 등 빅데이터 활용과 디지털 시대 대응방향은?

▶ 글로벌 경쟁력을 확보하고 지속가능한 경영을 위한 과제는?

이들 질문에 답하는 과정에서 은행 혁신을 위한 전략 과제를 확인하고 해법을 찾아 행동으로 옮겼다. 이 중에는 일반적인 은행 경영을 넘어서는 화두도 있다. 자산과 수익을 늘리고 위험을 관리하며 고객, 주주와 직원의 후생을 높이는 것은 대부분 은행이 하려는 일이다. 반면 시장의 불완전성을 시정하고 유효경쟁을 촉진하며 경제와 산업의 혁신을 돕는 것은 은행이 통상 하는 고민은 아니다. 그러나 이러한 금융 본연의 책무와 세상 흐름에 눈을 감으면 지속가능성을 담보하기 어렵다. 은행 경영 상황을 진단하고 미래 변화의 방향, 속도와 수단을 조정해야 했다.

3년의 여정과 변화

2020년 새해를 하루 앞두고 은행장 임명에 대한 대통령 재가가 났다. 첫 출근 날, 노조가 은행 출입구를 막고 있다는 보고를 받았다. 내부 출신 행장을 원했던 노조였기에 출근 저지는 예상했던 터였다. 국책은행장은 내·외부 출신이 중요한 것이 아니라 설립 목적을 잘 달성할 수 있는 사람으로 선임하는 것이 옳다. 내부 출신으로만 국한하면 은행 경영이 내부 이익 중심으로 흘러갈 수 있으며 집단사고로 잘못된 관행이 고쳐지지 못하고 누적될 소지도 있다.

정면 돌파하여 출근하는 방법이 있지만 예기치 않은 불상사가 생기면 은행에 나쁜 영향을 미칠 수 있어 충돌을 피하는 길을 택했다. 출근을 저지하는 노조와의 순탄치 않았던 협상과 우여곡절을 거쳐 출근길이 열렸다. 취임사에서 임직원에게 경영비전을 제시하고 중소기업 자금 지원과 금융업무를 선진화하는 '혁신금융'과 법과 윤리를 지키고 사회적 책임을 다하는 '바른경영'의 두 전략 화두를 제시했다. 은행 경영을 혁신하여 글로벌 일류 은행으로 발전시키겠다는 포부를 밝혔다.

은행에 첫발을 내디딘 후 3년 동안 많은 일이 있었다. 전 세계를 덮친 코로나 사태는 커다란 도전이었지만 기회이기도 했다. 위기 수습과 함께 사모펀드 사태와 자금세탁방지 문제, 원칙을 지키는 과정에서 야기된 노사 갈등, 크고 작은 금융사고 등 은행의 발목을 잡는 해묵은 문제와 현안에 대응했다. 이들을 하나씩 해결하며 과거의 문제와 결별하고 미래를 위한 혁신에 시동을 걸었다.

금융을 통해 경제와 중소기업의 성장과 혁신을 촉진하고 세상을 바꾸는 방안을 모색했다. 시장의 불완전성을 보완하고 유효경쟁을 촉진하여 금융산업에 긍정적인 변화를 불러오고 싶었다. 은행 내부적으로 건전한 기풍이 깃들도록 유인 체계를 손보고 구성원이 자긍심을 가지고 일하는 일터를 만들고자 했다. 어처구니없는 일을 겪을 때도 있었지만, 현실에 안주하거나 상황을 모면하는 편법을 쓰기보다 바른길을 택하며 어려움을 헤쳐나갔다.

시간이 지나며 의미 있는 성과가 하나씩 나타났다. 수익성과 성장성, 건전성 등 경영지표가 괄목한 수준으로 달라졌다. 1조 6천억 원 수준이던 당기순이익이 약 2조 8천억 원으로 늘어났고 글로벌 90위권 은행으로 도약했다. 금융주치의, 미래지향적 여신심사, 모험자본 공급, 소비자 보호와 금융소외계층 지원, 디지털 혁신과 지속가능경영 기반 구축 등 성과가 가시화되기 시작했다.

인사의 공정성이 높아지고 조직문화와 업무방식이 합리적으로 달라졌으며 금융사고가 줄어들었다. 사회적 책임을 다하는 기업시민 역할도 강화되었다. 직원의 합심과 헌신이 있었기에 가능했던 변화다. 아쉬운 부분도 있지만 후회는 없다. 은행 경영의 중점은 은행장이 바뀌고 시간이 가면 달라질 수 있다. 그러나 바른 마음가짐과 혁신의 여정을 계속하면 보통의 은행을 넘어 훌륭한 은행으로 자리매김하고 찬연한 대한민국의 미래를 여는 데 기여할 것이다.

* * *

1부 나머지 장에서는 은행업의 본질과 금융의 미래, 국책은행의 역할, 중소기업과 중소기업 금융 등 경영혁신을 위해 고려할 핵심 요소와 현장 상황을 살펴본다.

2장

업의 본질과 은행의 미래

은행업의 본질과 특성

은행은 금융의 한 부분이다. 단순한 일부가 아니라 경제의 혈맥으로 기능하는 핵심 기관(institution)이다.[4] 은행업의 상황을 진단하고 미래로 가는 길을 찾으려면 업(業)의 본질이 무엇인지, 그 역할이 원활하게 수행되고 있는지, 시장에서 유효경쟁이 이루어지고 시장규율이 작동하는지, 정부의 규제·감독이 효과적으로 이루어지는지 짚어보아야 한다. 더 나아가 은행의 미래가 어떻게 펼쳐질지, 무엇을 준비해야 하는지도 중요한 사안이다. 금융시장과 은행산업의 지평을 들여다보는 일은 현 위치를 점검하고 변화 방향을 모색하기 위한 차원에서 필요하다.

은행업의 본질은 그 역할과 특성을 통해 파악할 수 있다. 첫째, 은행업의 핵심은 자금중개다. 돈이 남는 곳과 모자라는 곳을 연결하고 리스크를 중개하며 수익을 창출한다. 은행은 자금중개에 있어 시공의 제약을 극복하고 정보 비대칭을 완화하며 조달한 자금을 필요한 곳으로 흘러가게 한다. 비은행 금융기관도 자금을 중개하지만, 은행시스템이 중추적인 역할을 담당한다.

은행은 주로 대출, 즉 부채계약을 통해 자금을 공급한다. 돈 빌려준 고객이 잘되면 이자를 받지만 잘못되면 원금까지 날릴 수 있는 비대칭적 수익구조라서 채무불이행 가능성에 예민하다. 성공 이익을 누릴 수 없어 투자에 비해 리스크 감수 능력이 떨어진다. 미국은 혁신 벤처기업에 대한 투자·회수 시장이 발달했으며 이들 기업이 경제의 활력을 높이고 있다. 신기술과 아이디어를 가진 유망기업으로의 자금중개가 원활해야 지속 성장과 은행의 동태적 건전성을 확보할 수 있다.

둘째, 은행업은 신뢰의 비즈니스다. 고객이 맡긴 돈을 은행이 지급할 것이라는 신뢰가 깨지는 순간 망한다. 은행은 예금 부채를 기반으로 돈을 버는 레버리지 업종이라 충격에 취약하다. 고객이 맡긴 예금 중 일부를 지급준비금으로 남기고 대부분을 대출하기 때문에 일반적으로 부채가 자본의 10배를 넘는다. 그동안 은행은 지점 구조와 지급결제 시스템 등 금융 하부구조를 독점하며 큰 이익을 거두었다.[5] 이제는 비은행, 기술기업 등 새로운 경쟁자가 등장해서 하부구조의 독점이 깨지고 있어 부채 위주의 대차대조표 수익 모델로부터 변화가 불가피해졌다.

레버리지가 높은데도 뱅크런이 발생하지 않는 이유는 은행이 예금 인출 요구에 언제든 응할 것이라는 믿음이 있기 때문이다. 그런데 어떤 이유로 신뢰가 무너지면 뱅크런이 생기고 건전한 은행도 망할 수 있다. 2023년 실리콘밸리은행 파산 사례에서 보듯이 은행 업무의 상당 부분이 디지털화된 이제는 뱅크런이 순식간에 생길 수 있다. 신뢰의 중요성이 과거보다 더 커졌다.

셋째, 은행업은 확률장사다. 규모의 경제와 대수(大數)의 법칙을 활용하여 차입자의 성공 확률을 계산하고 자원 배분의 효율성을 높인다.[6] 정보 비대칭이 심한 상황에서 부도 위험을 잘 계산하여 돈을 빌려주면 흥하고 계산이 잘못되면 망한다. 기업 정보 수집과 신용평가를 통해 역선택 소지에 대응하고 돈을 빌려준 후에는 모니터링을 통해 도덕적 해이를 줄여야 한다. 대출 부실화 가능성과 이에 대비하는 충당금 산정 능력은 실력 있는 은행과 그렇지 않은 은행을 구별하는 경쟁력이다. 그래서 은행은 방대한 데이터를 축적·분석·활용하기 위해 엄청난 돈을 IT 인프라에 투자한다.

은행은 차입자에 대한 정보를 생산하고 금융거래로 연결하는데, 정보의 외부효과가 있어 민간 금융회사는 기업 정보를 축적·공유할 유인이 충분하지 않다. 정보 과소 투자를 막기 위해 정부는 신용정보 공유제도를 마련하고 국책 금융기관을 통한 지원을 늘리고 있지만, 리스크는 정부가 부담하고 이익은 민간이 취하는 구조는 지속가능하지 않다. 기업 신용도와 사업 성공 확률을 분석하여 자금을 공급할 수 있도록 정보를 축적·공유하는 역량을 키워야 한다.

넷째, 은행은 통화금융기관이자 지급결제 인프라의 핵심이다. 돈을 찍어 통화를 창출하지는 않지만, 예금을 받아 대출하고 은행에 돌아오는 돈을 다시 대출하는 과정에서 예금 통화를 창출한다. 예대 활동은 경기와 물가에 영향을 미치기 때문에 은행은 중앙은행 통화정책의 주 대상이다. 경제에 충격 요인이 생겨도 자금중개와 지급결제 기능이 위축되지 않도록 금융당국은 은행을 상시 감독하며, 긴급 상황이 생기면 중앙은행은 최종대부자로서 유동성을 지원한다.

은행업의 역할과 특성을 종합하면 은행은 경제의 혈맥으로서 국가경제에 불가결한 공공 서비스를 제공하는 기관이다. 그래서 일반 회사보다 엄격한 규제와 감독이 적용된다. 은행은 자금과 리스크를 효율적으로 중개하며 돈이 생산적인 부문으로 흐르도록 하는 역할을 발휘해야 한다. 기업 정보를 축적·평가하고 경영 상황을 점검하며 기업이 미래 가치를 높이도록 도와야 은행이 발전할 수 있다. 시장실패를 막고 지급결제의 안정성에 대한 신뢰를 유지하기 위한 시장규율의 확립과 정부의 규제·감독에도 빈틈이 없어야 한다.

은행업의 미래를 결정하는 메가트렌드

은행업의 미래에 대한 논의는 ▲은행서비스, 즉 뱅킹(banking)의 내용과 형태가 어떻게 달라질 것인가 ▲누가 뱅킹을 제공할 것인가 ▲은행(bank)이 경쟁에서 살아남을 것인가가 주종이다. 은행업의 미래를 '변하는 것'과 '변하지 않는 것'으로 나누어 보면 자금중개 같은 은행업의 본질은 크게 변하지 않겠지만 은행서비스가 제공되는 방식과 주체에는 큰 변화가 있으리라는 견해가 지배적이다.

〈이코노미스트(The Economist)〉는 〈뱅킹의 미래(The future of banking)〉라는 특별보고서에서 중앙은행 디지털 화폐, 빅테크의 금융 진출 등으로 은행 없는 세상이 가시화되고 있다고(A world without banks is visible on the horizon) 경고했다.[7] 자금중개, 보관, 이체 같은 뱅킹 서비스는 경제에 필수적이라 지속되겠지만, 기관으로서의 은행은 사라질 수 있다는 뜻이다. 은행서비스의 영역이 전통적인 업무 경계를 넘어 비금융 분야로 넓어지고 은행이 플랫폼 기업으로 진화하는 움직임도 나타나고 있다.

은행업의 기저에 변화를 초래하는 미래 흐름, 즉 메가트렌드(megatrend)로는 ▲디지털 변혁 ▲기술기업 부상과 경쟁 심화 ▲규제 환경 변화 ▲지속가능경영 요구 등 금융에 대한 인식 변화를 꼽을 수 있다.

우선 디지털 변혁은 새로운 형태의 금융중개와 혁신을 가능하게 하여 은행의 업무영역을 흔들고 있다. 온라인 결제, 모바일 뱅킹, 디지털 플랫폼을 통해 고객은 은행을 방문하지 않아도 금융서비스에 접근할 수 있다. 디지털 기술의 파괴적인 힘은 은행업을 구현하는 방식과 나아가 금융 생태계의 판도에 변화를 일으킬 것이다. 금융업의 미래를 바꿀 대표적인 디지털 기술로는 인공지능, 블록체인, 클라우드 컴퓨팅, 로봇 프로세스 자동화(Robotic Process Automation, RPA), 사물인터넷, 웹 3.0 등이 있다.

4차 산업혁명의 핵심 기술인 인공지능(Artificial Intelligence, AI)은 고객 행동과 소비패턴을 분석해서 고객 경험을 개선하고 금융사기를 탐지하거나 내부 리스크를 줄이는 등 적용 분야를 넓히고 있다. 은행과 금융업무에 인공지능을 적용할 수 있는 분야는 ▲기업 분석과 여신심사 등 업무 콘텐츠 ▲맞춤형 상품 개발 등 소비자 인터페이스 ▲데이터 기반 트레이딩 등 자산관리 ▲조기경보시스템 등 리스크관리 ▲내부통제와 컴플라이언스에 이르기까지 무궁무진하다.[8] 금융당국도 규제 위반 모니터링 등에 인공지능을 활용하고 있다. 인공지능은 자동화된 알고리즘으로 작동하는 블랙박스 같아서 소비자에게 피해를 미치거나 책임 소재가 불분명한 문제가 있어 금융당국이 인공지능 가이드라인을 마련한 바 있다.

블록체인(Blockchain)은 암호화 기술을 사용해 영구적이고 조작 불가능한 거래 기록을 생성할 수 있다. 블록체인 원장에 기반한 스마트 계약은 계약 이행과 검증, 실행조건 처리 등 업무를 자동화할 수 있게 한다. 파생상품의 사후 거래, 무역금융 신용장 발행·지급 등 분야에서 사용되는 블록체인은 앞으로 쓰임새가 더욱 커질 전망이다. 중앙은행 디지털 화폐(Central Bank Digital Currency, CBDC)와 가상자산의 진화도 은행업에 영향을 줄 것이다. 금융시스템에 미치는 영향이나 현실 제약 때문에 CBDC 활용은 시간이 걸리겠지만 이론적으로는 은행시스템의 예금을 CBDC가 대체하는 것도 가능하다.

클라우드(Cloud) 컴퓨팅을 통해 금융회사는 값비싼 하드웨어에 투자하지 않고도 대량의 데이터를 처리하며 실시간 분석과 의사결정을 할 수 있다. 클라우드 기반 솔루션은 비용 효율성과 확장성, 유연성이 뛰어나 매력적인 옵션으로 부상했다. RPA는 데이터 입력, 보고서 생성 등 시간 소모적인 작업을 자동화하며 업무 효율성을 높이고 금융거래 오류를 줄이는 데 기여한다. 사물인터넷(Internet of Things, IOT)은 자산 흐름 추적, 사기 탐지와 같은 분야에서 널리 사용되고 있다. 사물인터넷 장치를 토대로 동산담보 데이터를 수집·전송하는 등 정확하고 시의적절한 의사결정이 가능해졌다.

두 번째로 빅테크, 핀테크가 부상하면서 은행은 격화된 경쟁 상황에 직면하고 있다. 기술기업이 금융업 진출을 통해 지분가치를 키울 유인이 커졌으며, 금융당국이 경쟁 촉진을 위해 기술기업에 우호적 태도를 견지하면서 금융 플랫폼화가 속도를 내고 있다. 플랫폼 경쟁력과 고객 접점으로 무장한 빅테크가 은행 등 전통 금융을 위협하는 가운데 은행은 금융 플랫폼의 후선 사업자로 남을지, 플랫폼비즈니스

기업으로 변신할지 선택의 기로에 놓였다.[9] 플랫폼화가 진행되며 금융기관이 제공하는 서비스도 전통적인 금융영역을 넘어 비금융 분야로 확대되고 있다.

기술기업의 은행 진출은 금융 혜택을 받지 못하던 소비자의 금융 접근성을 높이는 동시에 금융산업에 경쟁과 혁신을 촉진하는 효과가 있으나 복잡성과 잠재 위험 때문에 금융 안정성을 위협할 수 있다. 국제결제은행(Bank for International Settlements, BIS)은 이해 상충, 경쟁, 시스템 위험, 금융감독 등의 측면에서 기술기업의 은행 진출이 초래하는 리스크를 분석했다. 그중 빅테크를 가장 위험하다고 평가하며 경영진 선임 제한, 데이터 프라이버시 규제, 자본규제 강화 등 은행업 인가 정책을 정교화할 필요성을 제시했다.[10]

세 번째 트렌드는 규제 환경의 변화다. 금융소비자 보호 규제뿐 아니라 데이터 프라이버시, 사이버 보안, 자금세탁 등 규제가 더욱 강화되어 은행은 위험관리와 내부통제를 서둘러 고도화해야 한다. 각국 정부는 금융 데이터 공유를 의무화하고 있는데 오픈뱅킹과 API(Application Programming Interface) 등으로 소비자는 자기 데이터를 다른 공인된 사업자나 제3의 개발자와 공유할 수 있다.[11] 오픈뱅킹이 잔액조회 등 단순거래 위주로 쓰이고 있지만, 금융상품 비교 등 응용 서비스가 늘고 있

〈표 2-1〉 은행업에 진출한 기술기업의 분류

독립형 핀테크 (Stand-aloneFintechs)	모회사 없이 디지털 은행 라이선스를 취득하여 단독으로 금융서비스를 제공하는 핀테크[예시: 몬조뱅크(Monzo Bank), 스탈링뱅크(Starling Bank, 영국)]
다각화된 핀테크 (Diversified Fintechs)	은행 외에 모회사, 비은행 자회사 및 관련 계열사를 통해 광범위한 금융서비스를 제공하는 핀테크[예시: 마이뱅크(Mybank, 앤트그룹, 중국), 토스뱅크]
빅테크 (Big Techs)	SNS, 검색, 쇼핑, 통신 등 넓은 고객층의 핵심 비즈니스를 영위하며 금융서비스를 제공하는 기술기업[예시: 위뱅크(Webank, 중국), 카카오뱅크, 케이뱅크]

다. 그 결과 대환대출 플랫폼과 같이 소비자의 선택 폭이 넓어지고 금융회사 간 경쟁이 치열해지고 있다.

금융소비자 보호 규제도 늘어나고 있다. 사모펀드 사태 이후 정부는 은행의 고난도 사모펀드 판매를 제한하는 등 소비자 보호장치를 강화했다.[12] 2021년 시행된 금융소비자보호법은 적합성 원칙, 적정성 원칙, 설명의무 준수 등 의무를 규정하고 불완전판매로 인한 분쟁 시 입증책임을 금융회사에 부과했다. 금융회사로서는 내부통제 강화가 불가피해졌으며 규제 준수 비용이 커지면서 금융회사가 제공하는 금융상품 프런티어가 줄어들 소지도 있다.

마지막으로 ESG(Environmental, Social, Governance) 등 지속가능경영에 대한 인식 변화도 은행업의 미래에 영향을 주는 흐름이다. 기후변화와 사회적 불평등에 대한 경제사회의 우려가 커지면서 금융회사의 사회적 책임을 강화해야 한다는 요구가 확산되고 있다. 점점 더 많은 소비자와 투자자가 사회적·환경적으로 지속가능한 금융회사와 거래하기를 원하며 사회적 책임을 다하는 기업일수록 중장기 성과가 좋다는 분석도 있다. 재생에너지, 녹색 기술, 소외된 지역사회 지원 등 사회에 긍정적인 변화를 촉발하는 책임 투자는 금융회사의 경쟁력을 높이는 데 도움이 된다.

금융의 미래

금융의 미래 양상에 대해 업계와 학계의 전문가는 다양한 가능성을 제시하고 있다. 은행 감독 분야의 국제기구인 BIS 바젤은행감독위원회는 〈건전한 관행: 핀테크 발전이 은행과 은행감독자에 미치는 시사점(Sound Practices: Implications of fintech developments for banks and bank supervisors)〉이라는 보고서[13]에서 미래 은행의 모습을 진단하고 여러 시나리오를 제시했다. BIS는 아마존 등 새로운 시장 진입자인 금융 디스럽터(Disruptor)가 자기 분야 경쟁력을 바탕으로 금융업에 진출해 패권 경쟁을 벌일 것이며 금융회사들도 디지털로 정체성 전환을 추진할 것으로 보았다. 금융이 공급자가 아닌 고객 관점에서 고객 경험과 접점을 확대하는 방향으로 진화할 것이며 궁극적으로 은행이 보이지 않는 은행(Invisible Bank)으로 변모하리라 예측했다.

BIS는 기존 은행이 디지털 전환을 통해 금융업의 패권 유지에 성공(Better Bank)하거나, 새로운 챌린저 은행이 기존 은행을 대체(New Bank)하거나, 기존 은행과 기술기업이 금융업의 파이를 나누는 분업(Distributed Bank) 시나리오와 함께 디스럽터가 고객 접점을 지배하고 은행이 서비스 공급자로 전락(Relegated Bank)하거나 은행이 와해되고 디스럽터가 고객 접점과 금융서비스 제공 모두를 지배(Disintermediated Bank)하는 다섯 가지 시나리오를 제시했다. 이들 중 어떤 시나리오가 전개될지 예측하기 어려우나 기존 은행의 업무영역 침식은 불가피해 보인다. 결

〈표 2-2〉 **BIS가 제시한 미래 은행 시나리오**

더 나은 은행(Better Bank)	은행이 DT로 기술기업의 장점을 흡수하여 금융업 주도
새로운 은행(New Bank)	새로운 챌린저 은행 등이 기존 은행을 대체
분업·공존(Distributed Bank)	기존 은행과 디스럽터가 각각의 강점을 토대로 분업·공존
은행 강등(Relegated Bank)	고객 편의성을 갖춘 디스럽터가 고객 접점 지배, 은행은 서비스 공급
은행 와해(Disintermediated Bank)	디스럽터가 고객 접점 등 지배, 은행은 와해

과는 전통은행과 기술기업의 대응능력에 달려 있을 텐데 디지털과 오프라인 금융의 장점을 모두 살린 사업자가 승자로 살아남을 것이라는 전망이 제시된다.[14]

일본의 금융 전문가인 다나카 미치아키(田中 道昭)는《아마존 뱅크가 온다》[15]에서 차세대 금융산업의 패권 구도와 미래 금융 시나리오를 전망했다. 그는 디지털 기술, 고객과의 관계성, 산업 영역의 재편 측면에서 아마존, 알리바바 등 빅테크가 금융업에 충격을 줄 것이며 고객 접점과 고객 경험 차원에서 변화가 없으면 기존 금융회사는 소비자에게 외면당할 것으로 내다보았다.

또한, 미래의 금융거래 형태에 대해 대기업은 디지털화된 은행을 통해 거래할 것으로 전망했다. 대기업 거래는 전문성이 높은 기업금융 분야고 관계가 중요하기 때문에 은행이 계속 맡겠지만, 대기업 자체가 은행 이상으로 디지털화되고 있어 수준 높은 디지털 기술의 적용이 은행에 요구된다. 중소기업 거래는 새로운 은행이 늘어나고 핀테크도 활약할 것이므로 경쟁 심화를 예상했다. 기존 은행과 핀테크가 금융상품을 표준화하고 고객 서비스를 유지하면서 업무 생산성과 전문성을 얼마나 높일지에 따라 판가름 날 것으로 전망했다. 개인 거래는 기존 은행이 위협받을 분야다. 은행이 IT 기업의 플랫폼에 단발적인 금융서비스를 공급하는 존재로 전락할 가능성이 있으며 이를 막기 위해 기존 은행들이 개인 금융서비스를 디지털화하고 부유층 거래에 대한 투자를 늘리는 등 차별화를 추진할 것으로 내다봤다.

글로벌 컨설팅 회사인 캡제미니(Capgemini)는 매년 은행업의 주요 트렌드를 발표한다.[16] 고객 중심성, 고객 경험의 디지털 전환, 클라우드와 인공지능 활용 확대, 사이버 안전, 핀테크 제휴, 지속가능금융, 유연한 조직문화 등이 최근 몇 년간 빈번하게 선정되는 키워드다.

경영환경 변화와 은행의 대응

은행업의 본질, 추세적 변화의 동인과 미래 금융의 모습, 경제사회의 구조적 변화 흐름에 대한 논의를 종합해보면 다가올 미래에 대비해 은행이 나아가야 할 방향과 과제에 대한 윤곽이 나타난다. 무엇보다도 변하지 않는 업의 본질에 충실해야 한다. 많은 전문가가 예측하듯이 자금중개, 신뢰·정보·리스크 기반 산업이라는 은행업의 본질은 앞으로도 변하지 않을 것이다.

업의 본질을 현장에서 구현하려면 정보 비대칭과 시장의 불완전성을 시정하고 사업성과 리스크를 심사하여 신기술과 아이디어를 가진 기업에 돈이 흘러가게 해야 한다. 고객 이익을 우선하고 법과 원칙에 따라 소비자를 보호해야 고객 신뢰가 확보되며 그 결과로 은행 이익도 따라온다.

뱅킹 서비스의 제공 방식과 형태, 주체에는 엄청난 변화가 예상되므로 은행업의 미래를 결정할 변화에 대비해야 한다. 그 중심에 디지털 전환(Digital Transformation, DT)이 있다. 금융업의 판도를 바꿀 디지털 기술 변화에 올라타야 하며 미래 고객 확보 차원에서 디지털 세대인 밀레니얼의 수요에 부응하는 것이 중요하다. 디지털화에 성공하기 위해서는 일관된 리더십, 명확한 전략, 유연한 조직문화와 기술, 인적 역량이 필요하다.

빅테크와 언론사의 경쟁에서 드러나듯이 빅테크는 플랫폼 경쟁력과 고객 접점이 우월하다. 유럽에서 부상 중인 챌린저 은행은 소매금융을 디지털화하여 은행 대비 단순한 상품을 투명하고 저렴한 수수료에 제공하며 시장 비중을 늘리고 있다.[17] 영국의 경우 디지털 챌린저인 인터넷전문은행은 중대형 은행을 잠식하며 개인 고객 시장점유율을 2018년 1%에서 2022년 8%로 늘렸다.

전통적인 대형 은행의 입장에서 차별화된 금융수요를 충족하기 위한 경쟁은 해볼 만하다. 다만 핵심 경쟁력을 높이려면 방대한 금융거래 데이터, 디지털 기술과 인프라를 활용해 초개인화된 고객 경험을 제공해야 한다. 금융상품은 물론 비금융서비스까지 포함하여 고객 접점을 재설계하고 디지털 뱅킹의 완결성을 높여야 한다. 쉽지는 않겠지만 플랫폼 기업으로 전환하는 노력을 강화해야 하며 빅테크, 핀테크와의 전략적 제휴도 필요할 것이다. 디지털 전환에 필요한 인적 역량을 확보하기 위한 인력구조의 전환이 수반되어야 한다.

은행은 산업구조 재편 흐름에 부응하여 대차대조표의 자산 가치를 높여야 한다. 은행의 가치는 거래 고객의 성장성과 사업성에 따라 결정되므로 대출 포트폴리오를 미래지향적으로 재편하고 기술력과 사업성이 뛰어난 기업에 자금이 흘러가도록 해야 미래가 밝아진다.

이에 더해 높아진 사회적 책임 요구에 부응하고 지속가능경영을 선도하는 노력도 필요하다. 이는 경제사회에 긍정적 외부효과를 미치거나 삶에 본질적인 분야의 발전을 유도하는 UN 지속가능발전목표(Sustainable Development Goals, SDG)의 취지에도 부합한다. 기업시민으로서 기후변화, 환경, 삶의 질, 분배 개선, 양성평등 등 ESG 경영 트렌드를 선도해야 한다.

좋은 은행, 나쁜 은행, 훌륭한 은행

은행이 다 같은 건 아니다. 은행은 일반 회사와 마찬가지로 고객에게 상품과 서비스를 제공하지만, 금융이라는 공적 기능을 담당한다. 국가경제와 구성원에게 이로운 역할을 하는 은행이 있는 한편 시장 질서를 어지럽히거나 소비자 이익을 침해하고 경제에 부정적인 영향을 미치는 은행도 있다. 어떤 은행이 좋고 나쁜지, 더 나아가 훌륭한지를 판단하는 잣대에는 여러 가지가 있다. 은행업의 본질에 충실한지, 가계와 기업에 좋은 금융서비스를 제공하는지, 바르고 건실하게 경영하는지, 국가사회에 긍정적 영향을 미치는지 등이 주요 판단기준일 것이다.

좋은 은행의 범주에는 은행업을 통해 예금과 대출 등 다양한 금융서비스를 제공하고 자금을 중개하며 고용과 부가가치를 창출하는 은행이 속할 것이다. 남을 돕겠다는 선의에 기반하지 않더라도 다른 회사와 공정하게 경쟁하고 금융서비스를 제공하며 수익을 창출할 것이다. 그 과정에서 금융시장 가격 형성과 자금의 효율적 배분에 기여하며 국가경제에 긍정적 영향을 미칠 것이다. 수익을 많이 내거나 적게 낸다고 해서 좋거나 나쁘다고 단언할 수 없지만, 재무구조를 튼튼하게 관리하여 부실을 쌓거나 망하는 일은 없어야 한다.

나쁜 은행은 은행업 본연의 역할에 충실하지 못하거나 경제와 사회에 해를 끼치는 은행이다. 경영부실로 망하거나 사기나 횡령이 다반사로 일어나는 은행은 좋다고 할 수 없다. 실력이 없어서 여신 결정이나 자금관리를 잘못하거나 고객보다 회사 이익을 중시하여 신뢰를 잃거나, 뱅크런 혹은 자본 잠식을 일으키는 은행은 나쁜 은행이다. 은행이 망하면 금융시장과 경제에 심각한 폐해를 끼친다. 2023년 도산한 실리콘밸리은행은 한때 벤처기업에 자금을 공급하고 창업생태계 발전에 이바지한 혁신적인 은행이었다. 하지만 유동성 관리를 잘못해서 도산한 이상 안타깝게도 더는 좋은 은행이라고 부르기 어려워졌다.

좋은 은행의 범주를 넘어 훌륭한 은행으로 평가받으려면 금융발전을 선도하거나 국가경제에 긍정적인 영향을 미치거나 사회적으로 본받을 성과를 내는 정도는 되어야 한다. 단순히 은행업을 영위하고 은행과 종사자 이익을 위해 열심히 일하는 것만으로는 부족하다. 통상적인 자금 중개 역할을 넘어 보통 은행이 하지 못하는 혁신적인 서비스를 통해 새로운 부가가치를 창출하는 은행, 글로벌 경쟁력을 확보하고 대한민국 은행업의 지평을 넓히는 은행, 법과 윤리를 지키고 바른경영을 통해 어그러짐이 없을 뿐 아니라 기업시민 역할에 모범적인 은행, 환경·사회·지배구조 측면에서 지속가능하며 금융산업과 경제사회의 발전을 선도하는 은행 정도는 되어야 훌륭하다는 표현이 아깝지 않을 것이다.

훌륭한 은행은 은행만 열심히 한다고 해서 될 수 없다. 금융시장 안정과 금융소비자 보호를 위한 규제는 필요하지만, 과도한 규제와 간섭은 은행의 창의와 혁신 의지를 쪼그라들게 한다. 오랜 기간 어려운 과정을 통해 형성된 금융자율화의 취지에 대한 숙고 없이 포퓰리즘이나 다른 계산으로 금융시장의 규율과 원칙을 훼손하면 금융이 발전하기 힘들다. 문제가 있으면 근본 원인을 체계적으로 따져서 고쳐야지, 결과만 바꾸려 하면 재발하기 마련이다. 깊이 있는 고민과 논의를 바탕으로 금융의 미래에 대한 그림을 그리고 원칙을 지키며 가꾸어야 금융이 꽃을 피우고 훌륭한 은행이 나올 수 있다. 다양한 이해관계자의 노력, 관심과 사려 깊은 절제가 필요하다.

레프 톨스토이(Lev Tolstoy)의 《안나 카레니나》에는 "행복한 가정은 모두 비슷한 이유로 행복하지만, 불행한 가정은 저마다의 이유로 불행하다"라는 말이 나온다. 은행도 그렇다. 훌륭한 은행은 비슷한 이유로 성공의 길을 걷지만, 망한 은행은 위험관리 실패, 내부통제 부실, 금융사고 등 저마다의 이유로 사라진다. 훌륭한 은행과 나쁜 은행을 가르는 기준은 하나로 귀결된다. 시장과 고객과 국민의 신뢰를 얻으면 흥하고 잃으면 망한다. 은행이라 쓰고 신뢰라고 읽는 이유가 여기에 있다.

3장

금융을 바라보는 시각과 평가

금융은 중요하다

금융은 인류 역사와 궤를 함께해왔다. 돈에 숨어 있는 힘과 욕심 때문인지 금융은 탐욕의 상징이나 누군가의 삶을 짓밟는 도구로 여겨지거나 심지어 원수 취급당하기도 한다. 그러나 금융이 없으면 사회의 존립이 어렵다. 금융학자이자 고고학자인 윌리엄 괴츠만(William N. Goetzmann)은 "금융은 인류사회를 물질적, 사회적, 지적으로 진보하게 만든 가장 중요한 기술이며 문명을 낳은 원천"이라고 설파하기도 했다.[18]

금융이 오늘날 우리가 접하는 형태의 체계적이고 전문적인 업태로 발전한 것은 그리 오래되지 않았다.[19] 금융의 발전이 더딘 이유는 금융이 본질적으로 복잡하기 때문이다. 금융거래가 성사되려면 거래 상대방 간에 금액과 기간 그리고 가격이 일치해야 하며 상대방이 갚지 않을 확률까지 계산되어야 한다. 자금 수요와 공급이 연결되는 시장, 거래 동기를 충족시키는 상품, 자금과 리스크를 중개하는 회사가 있어야 금융이 원활하게 작동할 수 있다. 거래수요의 충족 정도는 금융발전 수준에 달려 있으며 후진적 시스템에서 금융거래가 문제없이 이루어지기를 기대하기는 어렵다.

금융은 중요하다. 잘 돌아갈 때도 중요하고 문제가 생겼을 때도 그렇다. 경제가 번창하려면 돈과 사람이 생산적인 곳으로 모이고 효율적으로 쓰여야 한다. 경제 현상을 최대한 단순화한 경제학의 틀을 이용해서 설명하자면, 한 나라의 성장은 생산요소인 노동(L)과 자본(K) 그리고 이들을 결합하는 방식, 즉 생산함수(f)에 달려 있다. 생산요소 투입이 많을수록, 생산함수가 효율적일수록 더 많은 산출물을 생산한다. 금융은 생산요소인 자본의 양을 늘리고 생산함수의 효율성을 높이는 역할을 통해 경제성장을 촉진한다. 생산함수 식(式)에서 K와 f, 즉 k와 p에 영향을 준다.

$$Y = f(L, K)$$

※ L: 노동, K: 자본, f: 생산함수

$$y = \alpha \times l + (1 - \alpha) \times k + p$$

※ y: 성장률, l: 노동 증가율, k: 자본 증가율, p: 총요소생산성 증가율

금융의 역할에 따라 경제의 성장과 투자의 효율이 달라질 수 있다. 금융이 잘못 작동하면 가계와 기업을 어렵게 하고 위기를 촉발한다. 금

융시장과 제도를 디자인하고 정책을 펼 때 고려해야 할 핵심 사항은 금융이 경제활동을 원활하게 뒷받침하고 자금을 효율적으로 배분하며 국가경제의 안정과 성장에 기여하느냐다. 자금 배분의 효율성과 금융 시스템의 안정성을 확보하려면 좋은 유인구조, 시장규율과 정부 규제의 조화, 발달된 금융시장과 인프라가 필요하다.

금융을 조심스럽게 다루어야 하는 이유

금융은 경제에 필수 불가결한 역할을 수행한다. 로스 르빈(Ross Levine) 교수는 첫째, 투자 기회에 관한 정보 생산과 자금 배분, 둘째, 투자 모니터링과 지배권 행사, 셋째, 리스크의 거래, 다변화 및 관리, 넷째, 저축 동원과 모집, 다섯째, 재화와 서비스 교환의 원활화를 금융의 역할로 들었다.[20] 그는 경제발전에 따라 금융기능의 중심이 저축 동원과 실물거래 원활화로부터 정보 생산, 리스크관리 및 모니터링으로 이동한다고 예측했다.

금융의 역할에 관한 기존 연구를 종합하면 첫째, 금융은 저축을 모집하는 동시에 자금을 남는 곳에서 필요한 곳으로 중개하는 역할을 담당한다. 둘째, 지급결제 기능을 통해 재화와 서비스의 거래를 지원, 완결한다. 셋째, 자금에 대한 수요와 공급을 바탕으로 금리 등 금융상품의 가격과 물량을 결정한다. 넷째, 여신심사 기능을 통해 효율적인 투자 기회는 지원하고 비효율적인 투자를 가려내어 경제의 효율성을 높인다. 다섯째, 정보를 창출하는 동시에 시장참가자에 대한 규율 기능을 발휘한다. 금융회사는 건전성을 유지하기 위해 대출했거나 투자한 기업의 정보를 모니터링하고 축적하는데, 이러한 정보는 시장참가자들에게 공유되며 사업성과나 전망이 부진한 기업은 시장에서 퇴출당할 수 있다. 여섯째, 금융시장은 시장참가자에게 위험관리 수단과 분산투자 기회를 제공하며 리스크를 줄이려는 투자자에게 안전자산을 공급한다.

금융은 특성이 실물거래와 달라 조심스럽게 다루어야 한다. 일반 상품은 사고파는 물건의 품질이 중요하지만 금융은 거래 상대방의 품질, 즉 신용도가 중요하다. 그런데 신용도는 눈에 보이지 않으며 정보 비대칭 때문에 역선택(adverse selection)이나 도덕적 해이(moral hazard)가 발생하기 쉽다. 즉 돈을 빌리려는 사람이 돈을 갚을지 사전적으로 알기 어렵고 차입자가 돈을 빌린 후 예상 밖의 위험한 투자를 할 수 있다. 일반 상품은 값이 비쌀수록 공급이 늘어나는 것, 즉 공급곡선이 우상향하는 것이 상례이지만, 금융은 그렇지 않을 수 있다.

금융시장은 균형상태에서 자금의 초과수요가 해소되지 않고 신용할당이 존재할 수 있다. 정보 비대칭 때문에 자금수요자가 더 높은 이자를 내려고 해도 돈을 빌릴 수 없는 상황이 생길 수 있다.[21] 〈그림 3-1〉에서처럼 은행 수익은 일정 수준의 이자율까지 증가하지만, 이자율이 더 올라가면 위험 사업 투자용 대출 수요가 늘어나는 반면(도덕적 해이) 건전한 차입자는 더는 대출을 신청하지 않게 되므로(역선택) 은행 수익은 줄어든 대출 수요만큼 감소한다. 은행 수익을 극대화하는 이자율은 신용 수요와 공급을 일치시키는 수준(i*)보다 낮으며 자금공급이 균형 수준보다 적어 초과수요가 존재하고 신용할당이 발생한다.

금융시장에서는 잘못된 뉴스로 인한 과잉 반응 등으로 뱅크런이 생길 수 있는 등 시장실패가 생기기 쉽다. 금융회사가 도산할 때 금융시

〈그림 3-1〉 금융시장의 신용할당

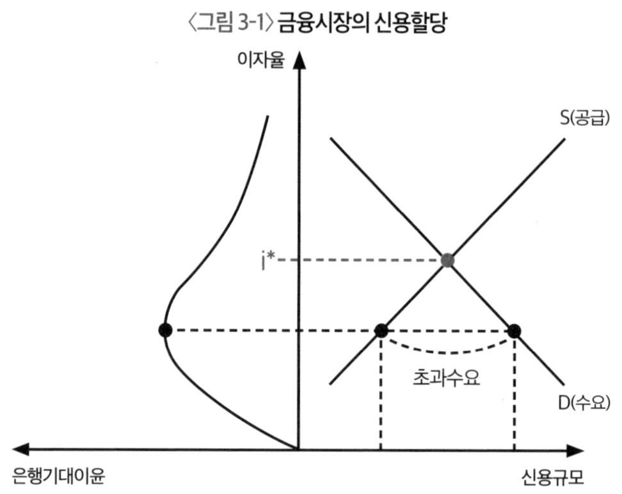

장과 경제에 미치는 해악은 일반 회사와 비교하기 어려울 정도로 크다. 금융회사에 심각한 부실이 생겨도 금융시장에 미칠 충격 때문에 부도 처리를 하지 못하고 구제금융을 제공하는 사례가 흔하다. 그래서 우리나라는 물론 시장을 중시하는 미국에서도 아무나 금융회사를 차리게 허용하지 않으며 진입과 영업활동에 대한 규제나 감독이 강하다.

공공재 성격이 강한 금융은 실물경제의 발전을 뒷받침하는 동시에 끊임없는 혁신을 통해 고부가가치 산업으로서 금융 자체의 경쟁력을 확보하는 것이 중요하다. 규제 완화, 기술 진보에 따른 경쟁 격화 때문에 금융혁신은 불가피한 흐름이다. 그러나 혁신이 무질서하게 진행되면 금융 역사에서 보듯이 위기를 초래할 수 있다. 팬데믹 이후의 거시 지형 변화, 세계경제 분절화와 지정학적 갈등, 인공지능과 혁신적인 정보통신기술 확산 등 세계경제의 지평이 빠르게 변화하고 있다. 그만큼 외생적 충격이 금융시장을 통해 파급되는 경로의 범위가 넓어지고 속도가 빨라져 한 금융회사의 문제가 순식간에 시간과 국경을 넘어 글로벌 위기로 파급될 수 있다.

세계 여러 나라의 사례를 보면 위기의 역사는 반복되고 있다. 금융자유화와 혁신은 경쟁을 촉진하고 금융소비자의 후생을 확대하는 효과가 있지만, 금융시스템에 예상치 못한 충격을 줄 수 있다. 1980년대 초반 미국의 상업은행은 금융혁신으로 여수신 경쟁이 치열해지며 수익성이 떨어졌다. 이익을 늘리려고 부동산 대출, 차입매수 등 리스크가 큰 사업을 확대하고 금융선물, 정크본드(junk bond) 등의 수단을 활용했다. 은행의 도산 위험이 커졌으나 예금자는 이를 견제할 인센티브가 없었고 금융당국도 규제와 감독에 느슨했던 결과, 1980년대 후반 연간 200건에 이르는 은행 도산 사태가 발생했다. 결국 미국 정부는 저축대부조합과 상업은행에 GDP의 3%에 달하는 약 1,500억 달러의 구제금융을 제공했으며 적기시정조치 도입, 차등 보험료 부과, 자기자본 규제 강화 등 조치를 시행했다.

한동안 잠잠하던 금융시장은 2008년 리먼 브라더스 도산과 서브프라임 시장 붕괴로 다시 위기를 맞았다. 이후 소비자 보호, 시스템적으로 중요한 금융회사(Systemically Important Financial Institution, SIFI) 지정 등 시스템 위험 규제, 자기거래 제한 등 볼커 룰(Volcker Rule) 도입, 파생상품 관리 강화 등 광범위한 금융규제를 담은 도드-프랭크(Dodd-Frank) 법이 2010년 제정되었다.

금융혁신과 자유화, 위기 발생, 재규제 등의 패턴은 앞으로도 반복될 것이다. 금융시장의 과도한 제한과 규제를 푸는 것은 금융산업 발전을 위해 불가피하지만, 준비 없는 자유화는 위기의 원인이 될 수 있다. 금융혁신이 활발하게 일어나게 하되, 시장이 감당할 수 있고 질서 있게 진행되도록 시장규율과 정부의 감독 역량 강화가 수반되어야 한다.

금융을 바라보는 시각

금융을 바라보는 시각은 각기 처한 상황에 따라 다르다. 차입자는 낮은 금리로 필요한 만큼 돈을 빌리기를 바라고 저축하는 사람은 높은 이자를 받기를 원할 것이다. 공급자인 금융회사는 예대마진을 늘리고 수익을 많이 내고 싶을 것이다. 각자 처지에 따라 정부의 역할에 관한 생각도 다르다. 은행이 담보를 잡지 않고 낮은 금리로 대출하기를 바라는 중소기업은 금융당국이 고금리를 규제하기를 바랄 것이다. 그러나 어느 한쪽의 시각에 따라 금융이 운용되면 시장에 왜곡이 생기고 금융 불안정 요인으로 작용하기에 금융산업의 건전한 발전을 기대하기 어렵다.

나는 수요자나 공급자가 아니라 시장과 제도를 디자인하고 관리하는 정책당국 위치에서 금융을 다루었다. 그러다 보니 금융 문제를 접할 때 개별 경제주체의 입장보다 국가경제와 전체 자금 수급 관점에서 접근했고 단기 시각보다 중장기 안목에서 금융 이슈를 바라보고 해법을 찾는 습관이 몸에 배었다. 지난 30여 년은 금융산업의 격변기였으며 경제와 마찬가지로 금융의 모습도 획기적으로 변했다. 자기 위치에서 성실하게 일한 금융업 종사자와 시장 참여자, 금융시장과 인프라 정책을 입안한 당국자 등 모두의 노력 덕분에 금융이 지금 모습을 갖출 수 있었다.

금융업무를 처음 맡은 이후 지금까지 정부 부처와 국제기구에서 일한 30여 년을 돌이켜 보면, 금융정책의 방향과 중점은 경제 상황과 시장 여건에 따라 달랐다. 1990년대까지 금융은 저축과 해외 차입을 통해 재원을 동원하고 투자, 수출 등 실물경제를 뒷받침했다. 금융시장이 발달하지 못하고 시장규율이 자리 잡지 못한 1990년대 초반만 해도 시장

실패를 막기 위해 정부가 금융에 개입하는 것이 다반사였다. 시장규율이 형성되려면 시간과 인내가 필요하지만, 규제가 과하면 시장 발전을 저해하고 정부 실패를 일으킬 수 있다. 중화학공업 중복 투자에서 보듯이 정부의 과도한 개입과 보호는 경제의 비효율을 수반한다.

1990년대 들어서는 정부 개입을 줄이고 시장기능을 강화하는 금융개혁이 우리나라를 포함하여 세계적인 추세였다. 그러나 자율화 흐름 속에 1997년 외환위기, 2003년 카드 위기, 2008년 글로벌 금융위기 등 크고 작은 위기가 터졌고 금융정책은 위기 수습과 시스템 안정에 주안점을 두었다. 2010년 이후 금융시장이 안정을 되찾고 자본시장 등 금융제도가 선진화되며 금융개혁의 방점은 하드웨어에서 소프트웨어로 옮겨졌다. 그 맥락에서 금융회사의 자율책임 문화 정착과 지배구조 개선, 모험자본 공급과 산업혁신 지원, 핀테크 육성, 금융감독 선진화 등이 핵심 이슈로 떠올랐다. 정부가 직접 개입을 지양하고 정보 제공을 확대하여 시장 불완전성을 보완하고 금융소비자를 보호하며 금융 안정을 확보하는 데 역량을 집중하는 것이 최근 선진국 추세다.

우리 금융산업 평가

금융은 자금에 대한 수요와 공급의 불균형을 해소하여 돈이 효율적인 곳에서 사용되도록 한다. 통상 자금의 순공급자는 가계, 순수요자는 기업인데 한국은행의 자금순환표를 보면 2023년 기준으로 기업이 110조 원, 정부가 13조 원을 (순)조달하며 흑자 주체인 가계는 158조 원을 (순)운용하고 있다. 자금을 중개하는 금융회사는 2023년 말 기준으로 국내에 3,400개인데 은행 20개, 보험사 31개, 상호금융 2,160개, 금융투자회사 939개, 여신전문회사 171개, 저축은행 79개다. 이들의 자산규모는 6,740조 원으로 GDP의 3배에 이른다. 금융산업의 핵심 기관인 은행이 3,672조 원을 보유하고 있으며 보험사 1,098조 원, 상호금융 707조 원, 금융투자회사 716조 원의 순서로 자산이 많다. 〈그림 3-2〉는 금융권별로 회사 수, 임직원 수와 자산규모를 나타낸다.

우리 금융산업은 실물경제의 성장과 궤를 같이하며 발전해왔다. 금융발전의 수준은 양적 측면에서는 금융자산규모를 GDP로 나눈 금융심화도(financial deepening) 지표를 통해 주로 평가한다. 우리나라 금융심화도는 금융시장 발전과 금융자산의 축적으로 1980년 GDP의 3배에서 2023년 11배로 상승했다. 미국과 영국보다 낮으나 독일보다 높은 수준이라 양적으로 크게 성장했음을 알 수 있다. 때로는 금융부실을 야기하여 경제에 부담을 주기도 했으나 금융은 질적 측면에서도 자금중개와

〈그림 3-2〉 **금융회사 수와 자산규모**

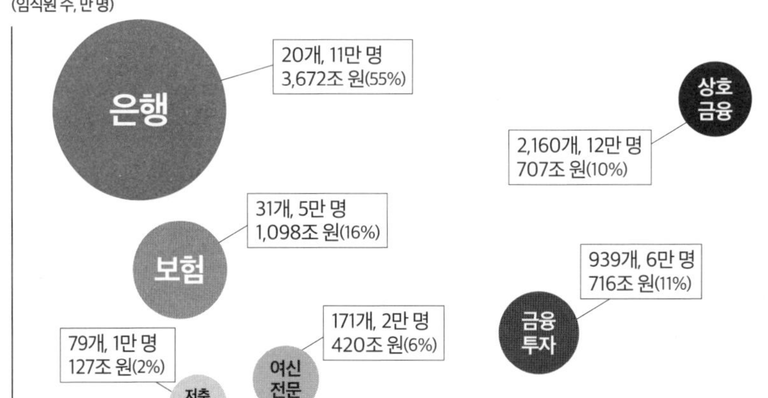

※ 자료: 금융감독원, 2023.
※ 주: 원의 크기는 자산규모를 나타낸다.

〈그림 3-3〉 우리나라 금융심화도 추이

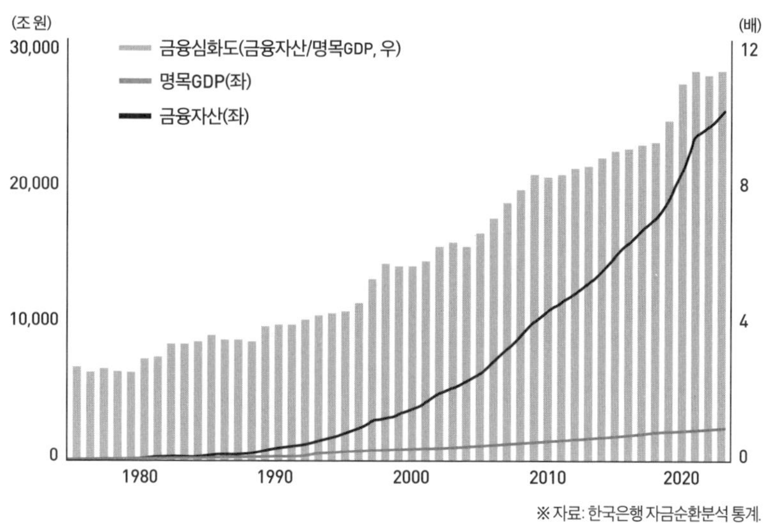

※ 자료: 한국은행 자금순환분석 통계.

〈그림 3-4〉 금융심화도 국제 비교

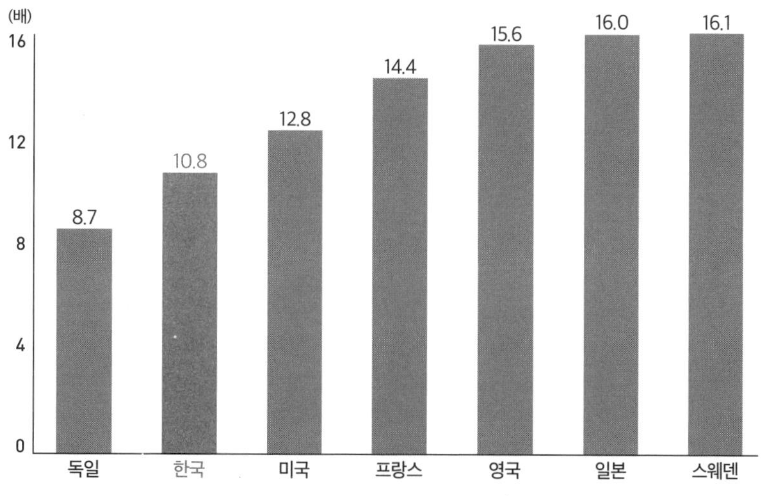

※ 자료: OECD(https://stats.oecd.org), 2020.

정보 창출, 리스크 거래, 기업 모니터링 등 역할을 발휘하며 국가의 핵심 산업으로 발전했다.

이와 같은 양적 성장과 질적 발전에도 불구하고 우리 금융산업을 후진적이라고 여기는 인식이 적지 않다. 금융에 대한 기대와 중요성을 고려하면 부족한 부분이 많은 것이 사실이다. 영국의 금융 전문지 〈더뱅커(The Banker)〉에 따르면 세계 100대 은행에 포함되는 국내은행은 기본자본 기준으로 6개이며 1,000대 은행 기준으로는 13개다.

금융발전의 질적 수준을 평가한 결과는 혼재되어 있다. 2020년 세계경제포럼(World Economic Forum, WEF)이 평가한 금융경쟁력 국가 순위에서 18위, 2024년 스위스 국제경영개발대학원(International Institute for Management Development, IMD)이 평가한 금융시장 효율성 국가 순위에서 29위였으나 설문조사 방법은 주관적 성격이 강해 국가 간 비교에 한계가 있다.

IMF가 2015년부터 생산하는 금융발전지수(Financial Development Index)[22]는 객관적인 통계를 기초로 하여 국제 비교에 참고가 된다. 깊이, 접근성, 효율성의 세 가지 측면에서 금융기관과 금융시장의 발전 정도를 평가하는데 민간신용, 주식시가총액, 보험료총액, 은행 지점 수, 예대금

〈그림 3-5〉 **IMF의 금융발전지수 상위 10개국**

※ 자료: IMF, "Financial Development Index Database," 2023. 7.

리차, 자기자본수익률(Return On Equity, ROE) 등 20개 지표로 구성되어 있다.

우리나라 금융발전지수는 2020년 기준 0.84로 183개 회원국 중 스위스, 일본, 호주, 미국, 캐나다에 이어 6위인데 금융시장 0.79, 금융기관 0.85로 선진국 평균을 상회한다. 우리 금융산업이 높은 평가를 받는 것에 의아해할 수 있는데, 성장과 혁신을 촉진하는 생산적인 금융의 역할 같은 항목이 IMF 지표에 포함되어 있지 않아서 그럴 수 있다. 하지만 국제기구의 평가 결과를 우리 스스로 깎아내릴 필요는 없다.

금융의 국가경제 기여도를 알기 위해 부가가치와 고용 비중을 보면 기대만큼 높지 않다. 2020년 기준 고용 측면에서 금융업 취업자는 80만 명, 전체 취업자의 2.8%로 줄었는데, 일본(2.3%)이나 독일(2.4%)보다 높으나 영국(3.3%), 미국(4.9%)보다는 낮다. 업무 자동화, 비대면 거래의 확산으로 앞으로 금융부문 취업자는 더 줄어들 공산이 크다. 6% 내외인 부가가치 비중 역시 일본(4.3%)이나 독일(4.2%)보다 높으나 영국

〈그림 3-6〉 **금융업 고용 추이**

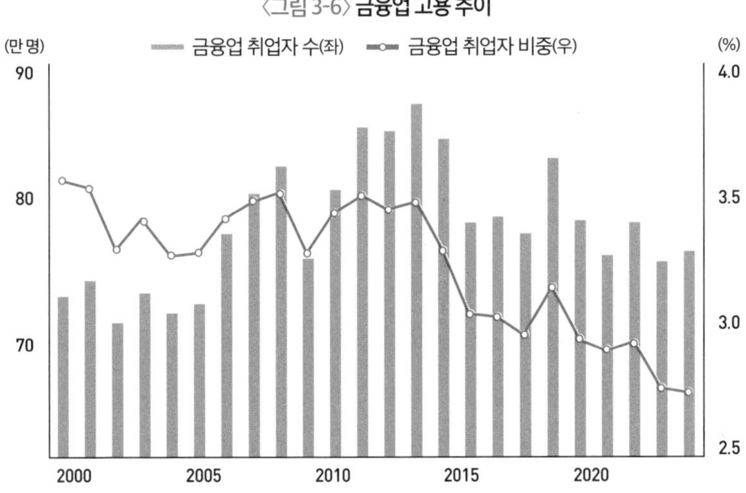

〈그림 3-7〉 **금융업 부가가치 비중 추이**

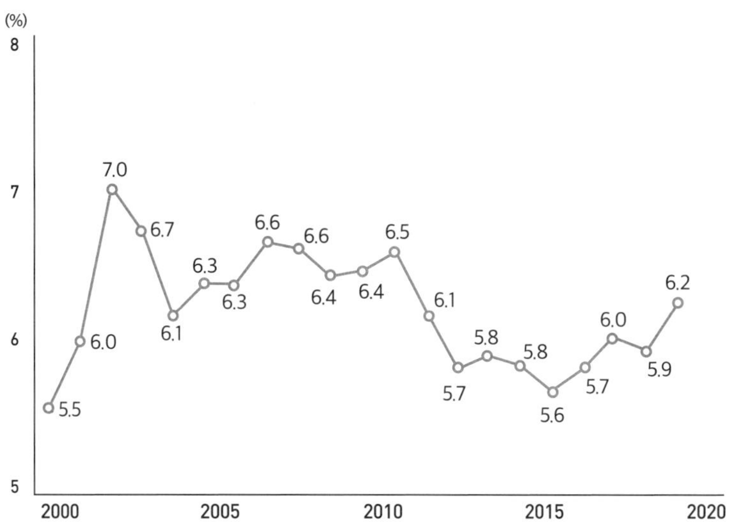

(9.1%), 미국(8.6%)에 비하면 낮다.

금융발전의 수준을 평가하는 좀 더 근본적인 질문은 우리나라 금융이 업의 본질에 부합하는 역할을 하고 있는가다. 거시와 미시 양측으로 접근할 수 있다. 거시 측면에서는 금융이 성장과 혁신을 통해 경제의 역동성을 높이는지, 소득분배를 개선하는지, 거시경제의 안정에 기여하는지 그리고 금융시스템이 튼튼한지가 중요하다. 미시적으로는 유효경쟁이 작동하는지, 자금 배분의 효율적이고 금리 결정이 합리적인지, 금융회사 수익과 분배구조가 적정한지가 핵심이다.[23] 이들 질문에 대한 답을 찾는 과정에서 금융의 역할과 바람직한 미래 모습을 그려볼 수 있다.

금융 인사이트

거시 측면의 질문

- ▶ (역동성) 금융이 경제의 성장과 혁신을 촉진하는가?
- ▶ (포용성) 금융이 부의 집중을 심화시켰나?
- ▶ (경제 안정) 금융이 거시경제의 안정에 기여하는가?
- ▶ (금융시스템 안정) 금융시스템이 튼튼한가? 안정 위협요인은 없는가?

미시 측면의 질문

- ▶ (유효경쟁) 은행산업에 유효경쟁이 작동하는가?
- ▶ (금리 결정) 금리 결정과 여수신 관행이 합리적이고 투명한가?
- ▶ (수익구조) 예대마진이 과하지 않은가? 은행 수익성이 적절한 수준인가?
- ▶ (수익 배분과 보상) 수익 배분과 금융업 종사자 보상이 적정한가?

4장

금융의 길에 대한 몇 가지 질문

금융이 성장과 혁신을 촉진하는가

금융이 경제의 성장과 혁신을 촉진하는가? 자원 배분의 효율을 높이고 부가가치와 고용 창출에 기여하는가? 금융심화 정도는 높을수록 좋은가? 은행 중심적 또는 시장 중심적 금융구조에 따른 차이는 없는가?

금융이 성장과 혁신을 촉진하려면 돈이 생산성 높은 곳으로 흘러가도록 물꼬를 트는 역할이 중요하다. 자금수요자와 공급자를 연결하는 단순 중개역할도 필요하지만, 투자위험을 감수하며 미래 성장을 견인할 신기술과 유망산업에 자금을 공급하는 역할이 뒷받침되어야 한다.

현실에서는 은행이 위험을 적극 중개하기보다 위험회피 성향을 보이며 혁신적인 투자에 눈을 감는 사례가 많다. 은행 입장에서는 차입자의 사업성이나 신용도를 정확히 파악하기 쉽지 않은 데다 도덕적 해이 때문에 돈을 떼이는 일이 생길 수 있기 때문이다.

금융의 발전이 경제성장에 긍정적인 영향을 미칠 것으로 생각되지만, 현실에서 양자의 관계는 그리 간단하지 않다. 금융이 성장을 촉진하는지에 관한 학계 의견은 다양하다. 1990년 노벨경제학상 수상자인 머턴 밀러(Merton Miller) 교수는 금융의 역할이 "논의할 필요조차 없이 당연(too obvious for serious discussion)하다"라는 견해를 밝힌 반면, 1995년 노벨경제학상 수상자인 로버트 루카스(Robert Lucas) 교수는 금융의 중요성이 "심하게 과장되었다(severely exaggerated)"라고 지적했다. 2008년 글로벌 금융위기 때처럼 금융이 경제에 거품이나 위기를 초래하면 촉진은커녕 성장 기반을 갉아먹기도 한다.

알렉산더 포포브(Alexander Popov)는 금융과 성장에 관한 기존 연구를 종합하여 몇 가지 결론을 제시했다.[24] 첫째, 금융발전이 성장에 긍정적인 영향을 미친다는 사실은 대부분의 연구에서 확인된다. 둘째, 금융발전 초기 단계에는 금융과 성장 간에 양(陽)의 상관관계가 있지만, 일정 수준을 넘어서면 관계가 약해지는 경향이 있다. 양자의 관계가 단선적이지 않은 것이다. 〈그림 4-1〉에서 보듯이 금융심화 초기 단계에서 민간신용과 성장률은 같은 방향으로 움직이지만, 민간신용이 GDP의 150% 부근을 넘어서면 성장률이 하락하는 모습을 보인다.

자본시장이 혁신과 생산성을 촉진하는 효과가 은행보다 뛰어나다는 연구 결과도 있다. OECD 국가를 대상으로 한 연구에서 금융심화 지표로 민간신용을 사용했을 때 성장과 부(負)의 상관관계가 있었지만, 자본시장 규모와 성장은 양(陽)의 상관관계가 나타났다.

국가경제의 건전한 발전을 유도하는 차원에서 은행시스템이 좋은

<그림 4-1> OECD 국가의 금융심화도와 경제성장률

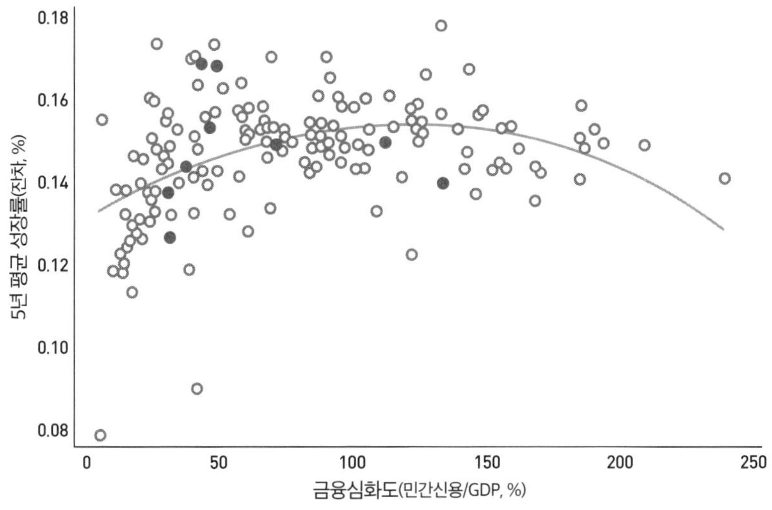

※ 자료: 김천구·박정수, <우리나라 금융의 적정성과 경제성장 효과>, 2018. 9.
※ 주: 파란 점이 한국.

<그림 4-2> 은행 대출(민간신용), 자본시장 규모와 경제성장(OECD 국가)

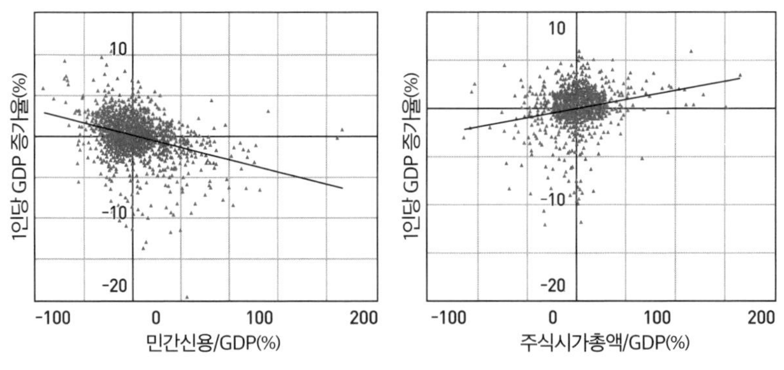

※ 자료: OECD, "Finance and Economic Growth in OECD and G20," 2015. 6.

지, 자본시장 중심으로 발전시키는 것이 좋은지는 경제와 금융의 발전 단계에 따라 다르다. 대출은 부채계약의 특성상 투자가 성공해도 이자만 받지만 실패하면 원금까지 날릴 수 있어 은행은 위험이 큰 투자에 선뜻 나서기 어렵다. 자본시장 투자는 기업 성장의 이익을 공유할 수 있어 위험 감수 능력이 우월하며 추가 자금을 조달해도 기업의 재무위험에 영향을 주지 않는다. 그래서 미국과 영국처럼 주식시장이 발달한 선진국에서 혁신 활동이 활발하다는 연구 결과도 있다.[25]

자본시장이 성장과 혁신 친화적이라고 해서 무턱대고 금융시스템을 자본시장 중심으로 바꾸는 것이 답은 아닐 것이다. 시장에는 다양한 금융수요가 존재하므로 은행은 은행대로, 자본시장은 자본시장대로 역할을 발휘하도록 보완하며 발전시켜 나가는 것이 바람직하다. 은행의 투자는 대출과 달리 높은 리스크 자본을 요구하지만 성공 이익을 공유할 수 있는 장치를 여신 조건에 포함하거나 신용 보강, 기술과 지식재산권의 담보 범위 확대 등 투자위험을 완화하는 방안을 모색할 필요가 있다.

금융이 부의 집중을 심화하는가

성장과 분배는 경제정책의 양대 목표다. 금융과 소득분배의 관계에 관한 연구는 금융과 성장에 관한 연구만큼 활발하지는 않았다. 재원 배분의 효율성과 시스템 안정성이 금융 논의의 주된 관심이어서 그랬겠지만, 금융의 포용성에 관한 논의 또한 중요하다. 금융발전으로 저소득 취약부문의 금융 접근이 쉬워지면 이들의 소득 창출 능력이 높아져 분배를 개선할 수 있다. 그러나 있는 사람이 돈 빌리기 쉽고 자산을 많이 보유할수록 수익을 많이 내는 것이 금융의 생리여서 정책 고려 없이 시장에 맡겨두면 부의 집중이 심화되기 쉽다.

그간의 연구를 보면 금융발전은 다양한 경로로 분배에 영향을 준다. 금융 미발전 단계에서는 금융이 일부만 혜택을 주지만, 금융발전과 함께 일반의 금융 접근성이 개선되어 소득 및 성별 불평등이 완화될 수 있다는 연구 결과가 제시된 바 있다. 금융발전으로 고소득층이나 대기업의 혜택이 강화되어 불평등을 심화시킨다는 결과도 있다. 금융위기는 신용경색과 경기 위축을 초래하기 때문에 불평등을 악화시킨다는 견해가 지배적이다.

금융의 포용성에 관한 관심은 글로벌 금융위기 이후 커졌다. 소득, 부와 기회의 불평등에 대한 우려가 커짐에 따라 2015년 OECD는 '포용적 성장' 드라이브를 강화했다. 〈금융과 포용적 성장(Finance and Inclusive Growth)〉[26]이라는 보고서에서 "금융이 부의 집중을 심화시켰나?"라는 질문을 던지며 과도한 금융화는 금융 불안정을 초래하고 부의 집중을

〈그림 4-3〉**OECD 국가의 금융심화와 소득 불평등**

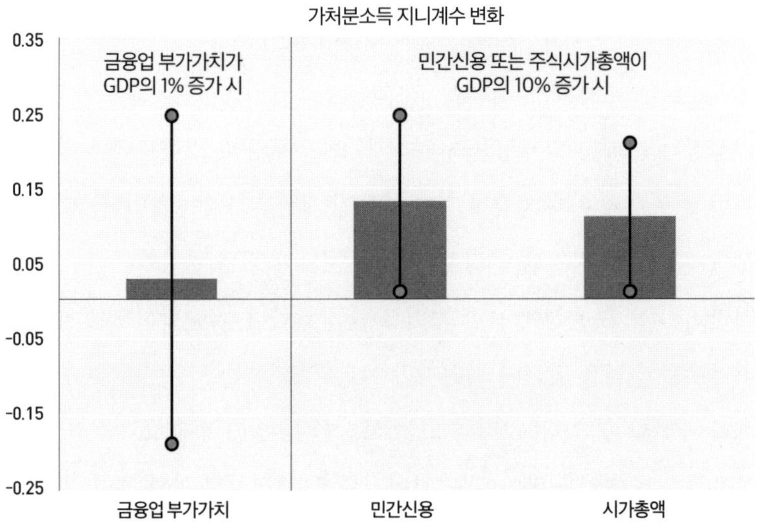

※ 자료: OECD, "Finance and Inclusive Growth," 2015. 6.

〈그림 4-4〉 **금융심화도와 지니계수**

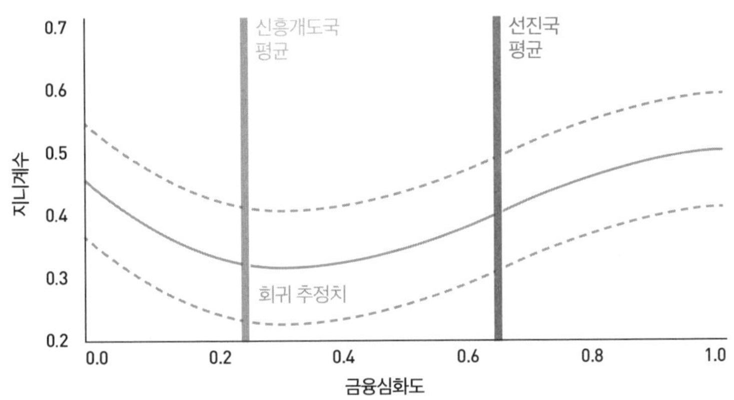

※ 자료: Cihak and Sahay, "Finance and Inequality," 2020. 1.

심화시킨다는 분석 결과를 제시했다. 고소득자의 금융 접근이 쉽고 자산보유자에게 고수익 상품을 제공하며 금융 종사자의 임금이 높다는 점이 근거로 제시되었다.

금융업 부가가치, 민간신용, 주식시가총액의 세 가지 지표를 이용하여 지니계수와의 관계를 분석한 연구(〈그림 4-3〉)에서는 금융발전이 소득분배에 부정적 영향을 미치는 것으로 나타났다. 금융업 부가가치가 GDP의 1%만큼 증가했을 때 지니계수는 0.03%p 상승했으며 민간신용이나 주식시가총액이 GDP의 10%만큼 증가했을 때 지니계수는 0.1%p 상승했다.

IMF도 금융발전지수를 이용하여 금융심화와 소득 불평등의 관계를 분석했는데 금융심화 초기 단계에서 분배가 개선되지만(지니계수가 낮아지지만) 일정 수준을 넘어서면 악화 경향이 있다고 분석했다.[27] 우리나라를 포함하여 금융이 발전한 선진국의 경우 금융심화가 소득과 부의 분배를 악화시킬 가능성이 높다는 이야기다.

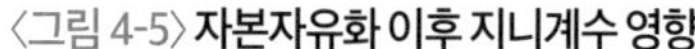
〈그림 4-5〉 자본자유화 이후 지니계수 영향

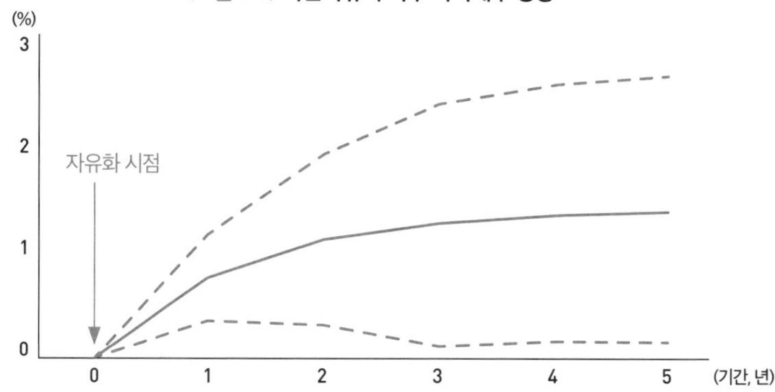

〈그림 4-6〉 금융자유화 이후 노동소득분배율

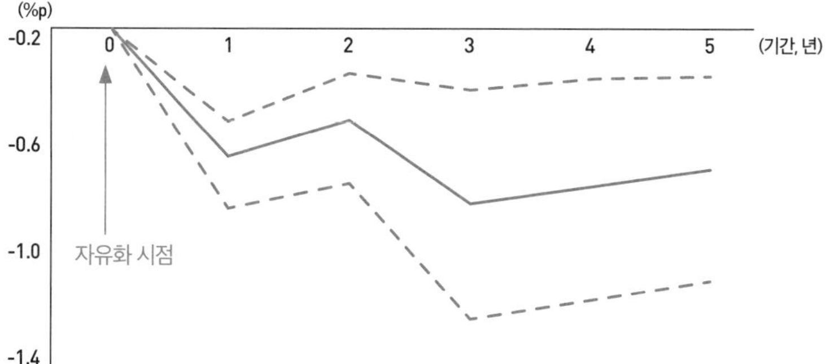

〈그림 4-7〉 금융자유화 이후 상위 5% 소득 비중

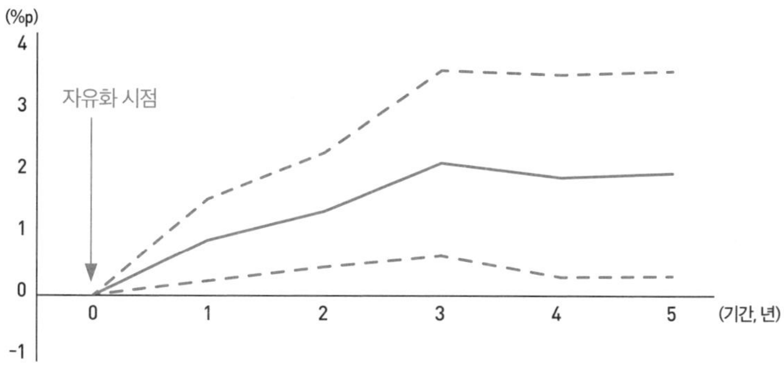

※ 자료: Jonathan Ostry, "Confronting Inequality: How Societies Can Choose Inclusive Growth?," 2019.

선진국을 대상으로 민간신용과 불평등의 관계를 분석한 연구는 꽤 있다. 제임스 우드(James Wood)는 1966년부터 50년 동안의 영국 시계열 자료를 토대로 금융심화가 불평등을 일으키는지 연구했는데, 금융화로 금융회사의 수익, 금융자산 보유자와 금융업 종사자의 소득이 높아져 소득 불균형이 심화하는 것으로 나타났다.[28] 우리나라 연구에서도 가계부채 증가가 단기적으로 불평등을 심화시키는 경향이 있는 것으로 나타났다.[29] 자본자유화와 금융자유화가 소득분배에 부정적 영향을 미친다는 IMF 연구도 주목할 만하다. IMF의 조너선 오스트리(Jonathan Ostry) 부국장은 자본자유화 이후 지니계수가 1.5%p 상승했으며, 금융자유화 이후 노동소득분배율이 하락하고 상위 소득자 비중이 상승했다는 연구 결과를 국내 콘퍼런스에서 소개했다.[30]

자원 배분의 효율성이 핵심인 금융업에 분배 개선을 우선하라고 강요할 수는 없다. 그러나 사업성 있는 중소기업이나 상환 의지가 강한 서민의 금융 접근이 막힌다면 금융이 제 역할을 못 한 것이다. 금융자산 집중도가 실물자산보다 높고 금융이 부자의 재산 증식 도구가 되어 부의 집중이 심화했다는 주장은 자본소득이 노동소득보다 우위에 있다는 토마 피케티(Thomas Piketty)의 주장과 궤를 같이한다.

금융소득이 부의 축적에 미치는 영향이 크다 해서 부자의 금융 이용을 제한할 수는 없다. 그러나 퇴직연금, 개인연금 등 금융상품을 통해 서민 중산층의 자산 형성을 지원하고 금융소비자를 보호하는 것은 금융이 응당 해야 할 일이다. 금융 취약계층의 금융 접근성을 개선하고 이들의 채무조정을 지원하는 것도 분배에 도움이 된다. IMF는 〈금융과 불평등(Finance and Inequality)〉 보고서에서 저소득 계층에 대한 지급서비스 확산 사례를 들며 포용적 금융이 불균형 시정에 필요하다고 강조했다. 인공지능, 블록체인 등 디지털화로 금융 생태계가 빠르게 변화하는 상황에서 금융이라는 그릇에 어떤 가치를 담을지 숙고해야 한다. 어떤 금융을 원하느냐에 따라 금융의 미래는 달라진다.[31]

금융이 거시경제의 안정에 기여하는가

은행 등 금융회사의 자산은 민간의 부채이므로 대출이 늘어난다는 것은 가계나 기업의 빚이 늘어난다는 이야기다. 국가경제 관리 측면에서는 민간 부채가 늘어나면 불안요인이 커지므로 금융심화가 마냥 반가운 일은 아니다. 은행으로서는 대출을 늘리면 수익을 높이는 데 유리하겠지만, 너무 빠르게 늘어나면 물가를 올리고 자산가격의 거품을 초래한다. 거품이 꺼질 때는 금융시장과 경제에 충격을 주고 위기로 귀결되기도 한다.

그렇다면 대출을 어떤 속도로 늘려야 할까? 자금 총량 등 금융의 규모와 증가 속도는 경제주체가 감당할 수 있고 금융시장 불안이 생기지 않는 수준으로 조절해야 한다. 지금은 중앙은행이 금융부채의 양을 직접 관리하는 명목 기준지표(nominal anchor) 없이 금리 조절을 통해 유동성 수준을 관리하지만, 하나의 수단으로 물가안정과 금융안정 등 여러 목표를 달성하기는 어렵다. 가계와 기업부채 증가 속도를 조절하기 위해 미시 감독 수단을 활용하고 있는데, 그것만으로 부채를 제어하기는 어렵다. 그래서 LTV, DTI와 같은 거시건전성 감독(macroprudential supervision) 수단을 활용하지만, 유연한 대응에는 한계가 있다. 위기를 예방하려면 유동성 수준과 자산가격 등 시장 상황을 지켜보며 부채가 과도하게 늘어나지 않도록 거시·미시 수단을 함께 활용해서 관리해야 한다. 손익계산서 항목 등 플로우(flow) 지표뿐 아니라 대차대조표 항목, 즉 스톡(stock) 지표에 주의를 기울여야 하는 이유는 부채가 금융위기의 출발점이기 때문이다.

2008년 글로벌 금융위기 당시 영국 금융감독청의 아데어 터너(Adair Turner) 의장은 "위기 발생은 은행의 대마불사(too-big-to-fail) 때문이 아니라 부채 중독(addiction-to-debt) 때문"이라고 지적했다.[32] 그는 물가불안이 나타나지 않는 한 성장을 위해 부채를 늘려도 괜찮다고 보는 인식은 과연 정당한가라는 질문을 던졌다. 금융회사는 신용 창출을 통해 경제의 부채 총량을 늘리는데, 부채 급증은 자산가격의 급등락을 초래하고 금융위기와 불황으로 연결될 수 있다. 자본규제 강화 등을 통해 대출을 철저히 관리해야 한다는 그의 주장을 새길 필요가 있다.

금융시장은 비합리적 과열이 자주 발생하며 위기에 취약한데 대부분의 경우 부채가 금융위기의 씨앗이다. 위기를 예방하려면 부채의 누증을 막고 상시 모니터링과 함께 위험 요인을 수시 점검해야 한다. 기획재정부에서 경제정책국장으로 일하던 2009년부터 〈거시경제안정보고서〉[33]를 작성하여 국회에 제출하고 대외 공개한 바 있다. 공개에 따른 부담이 크고 품이 많이 드는 작업이라 직원과 함께 고생을 많이 했는데 거시경제 상황과 잠재 위험 점검을 체계화하는 등 의미 있는 작업이었다. 경제정책국장에서 물러난 이후 보고서 발간이 중단되어 아쉬웠다.

한국은행이 〈금융안정보고서〉를 발표하고 있어 그나마 다행이다. 2011년 한국은행법 개정에 따라 연 2회 이상 〈금융안정보고서〉를 국회에 보고한다. 업무 성격, 인력 수준 등을 고려할 때 한국은행은 금융시장에 내재하는 위험 요인을 감지하고 관리하는 실력이 뛰어나다. 금융위원회와 금융감독원도 방대한 자료를 토대로 금융시장과 금융기관

〈그림 4-8〉 IMF, OECD의 경제·금융 관련 핵심 보고서

〈세계경제전망〉 〈글로벌금융안정보고서〉 〈한국경제서베이〉

※자료: IMF, "World Economic Outlook," 2023. 10., IMF, "Global Financial Stability Report," 2023. 10., OECD, "Economic Surveys: Korea," 2022. 9.

건전성에 대한 정보를 생산한다.

국제기구 자료도 한국경제와 금융에 대해 전문적인 시각을 담고 있어 좋은 참고가 된다. IMF와 세계은행은 연차총회 논의를 위한 기초자료로 〈세계경제전망(World Economic Outlook, WEO)〉과 〈글로벌금융안정보고서(Global Financial Stability Report, GFSR)〉를 매년 봄, 가을에 발표하는데 세계경제와 국제금융시장 상황을 진단하고 글로벌 정책 흐름을 파악하는 데 유용하다. 우리나라를 분석한 자료로는 IMF의 〈한국 연례협의보고서(Staff Report)〉, 〈금융부문평가프로그램(Financial Sector Assessment Program, FSAP)〉, OECD의 〈한국경제서베이(Korea Survey)〉가 있다.[34] FSAP는 아시아 금융위기 이후 도입되었는데 글로벌 금융위기를 거치며 시스템적으로 중요한 29개국에 대한 평가가 의무화되었다. 우리나라도 2020년 FSAP 평가를 받았는데 외부 전문가 시각에서 우리 금융 상황과 구조적 문제를 진단하고 개선 방안을 제시하고 있어 차별성을 지닌다.

금융시스템이 튼튼한가

금융시스템의 안정성을 평가하려면 평균 외 분포에 대한 정보가 중요하다. 평소에 잘 굴러가더라도 변동성이 크면 예기치 못한 불안요인이 생겼을 때 시장이 흔들리고 위기로 비화될 수 있다. 취약 요인의 분포가 어떤지, 외부 충격을 견뎌낼 정도로 금융시스템이 튼튼한지 살펴야 한다.

경제의 기초체력이 강해지고 금융시장이 성숙하면서 우리 금융시스템의 안정성이 개선되었다. 금융안정 상황을 보면 금융시장, 기관, 인프라, 정책 및 감독 등에서 크고 작은 불안요인이 있지만 단기간 내에 갑작스런 위기를 초래할 시스템 리스크 소지는 크지 않은 것으로 보인다. 그러나 민간 부채 수준, 부동산금융 익스포저, 비은행 취약성 등 위험 요인이 도사리고 있다.

우리나라의 국가 총부채(매크로 레버리지)는 GDP의 251%로 이미 주요 선진국을 웃돌고 있다. 국가부채를 제외하고 가계와 기업 등 민간부채만 보면 205%로 프랑스에 이어 가장 높아 부채의 수준과 질에 대한 점검을 강화해야 한다.

특히 우리나라 가계부채 수준은 OECD 평균보다 높고 변동금리부, 일시 상환형 대출이 많아 평소에 거시건전성 규제 등 가계부채 증가를 제어할 필요가 있다. 기업부채도 빠르게 증가하는 가운데 한계기업 비율이 19%로 OECD 평균(13.4%)보다 높아 부채비율이 높고 수익성이 낮은 중소기업의 구조개선과 경쟁력을 높이기 위한 노력이 필요하다.

IMF는 2020년 진행된 FSAP에서 글로벌 금융위기 같은 스트레스 상황을 가정하고 금융시스템의 안정성을 검토했는데, 우리나라 금융시

〈그림 4-9〉 주요국의 매크로 레버리지(국가 총부채/GDP)

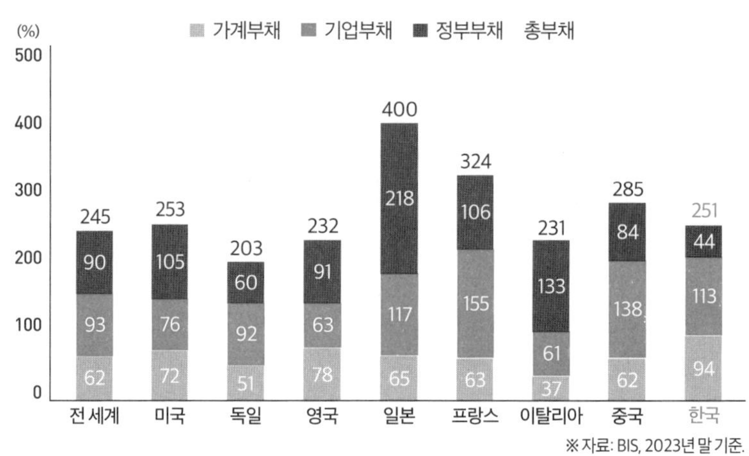

※ 자료: BIS, 2023년 말 기준.

스템의 복원력을 높게 평가하면서도 취약 요인에 대한 모니터링 필요성을 강조했다.

오픈뱅킹과 전자화폐의 금융시장 영향, 스트레스 테스트, 경기대응 완충자본, 금융그룹의 비상시 정리 계획 등 12개 분야에 걸친 FSAP 권고에 대해 숙고할 필요가 있다.[35]

금융시장은 조금만 주의를 놓쳐도 위기에 노출되기 쉬운 민감한 분야다. 금융시장이 발달하고 시장규율이 작동하는 선진국은 정부의 시장 개입을 자제한다. 대신 문제를 일으키는 회사는 무겁게 처벌한다. 위기 예방을 위해서는 거시당국, 금융당국과 중앙은행이 유기적으로 협력해야 한다. 모양새보다 실질이 중요하므로 더 긴밀하고 다층적이며 상시적으로 협의해야 한다. 과거 재무부와 한국은행이 매주 통화금융실무협의회를 열어 시장 상황과 현안을 함께 점검하고 대책을 논의하며 불안요인에 선제 대응했던 사례를 참고할 필요가 있다.

은행산업에 유효경쟁이 작동하는가

은행업은 완전경쟁 시장이 아니다. 인가 산업의 특성상 은행업은 유효경쟁을 확보하기 어려운 과점구조가 일반적이다. 유효경쟁은 충분히 많은 기업이 있고 담합이 존재하지 않는 등 실질적인 경쟁이 이루어지는 상태를 뜻한다. 우리 은행업은 경쟁이 제한적이라서 차별화된 금융서비스를 제공하기보다 비슷한 여수신 업무를 취급하며 갑의 위치에서 수익을 늘리고 소비자에게 피해를 주고 있다는 인식이 상당하다.

우리나라 은행산업에 유효경쟁이 작동하는가? 경쟁도를 완전경쟁 수준으로 높이는 편이 좋을까? 진입을 자유롭게 허용해서 은행들이 치열하게 경쟁하고 뒤처지는 은행은 망하게 두어도 괜찮을까? 국내외에서 많은 관련 연구가 있었으며 글로벌 금융위기 이후 논의가 재점화되기도 했다.

경쟁 찬성론자는 진입을 막고 은행 대형화를 선호하는 정부 정책 때

〈그림 4-10〉 **시장집중도와 시스템 리스크**

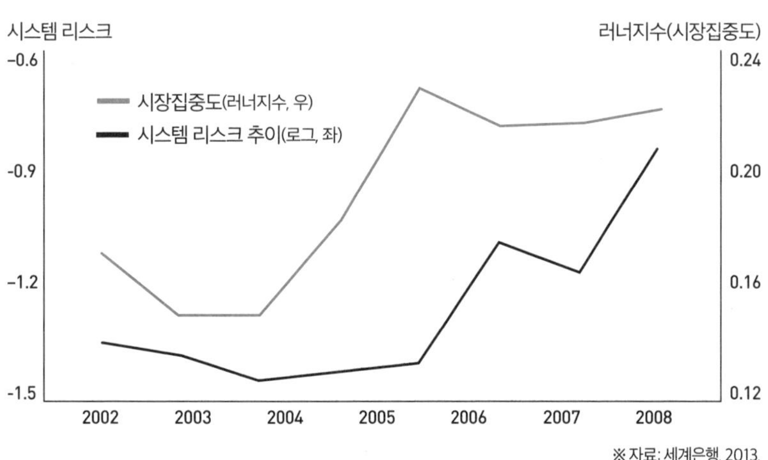

※ 자료: 세계은행, 2013.

문에 집중도가 높아지고 경쟁이 줄어들어 금융 접근성이 제약되는 결과를 초래했다고 주장한다. 더 나아가 경쟁 제한과 높은 집중도는 대마불사 등 도덕적 해이를 일으켜 더 큰 불안을 야기할 수 있다고 본다. 〈그림 4-10〉에서 보듯이 시장집중도와 시스템 리스크는 함께 움직이는 경향이 있어 집중도가 낮고 경쟁이 심해도 시스템 안정성을 해치지 않으며 은행업의 효율성과 금융 접근성을 높일 수 있다고 지적한다.[36]

반대론자는 서브프라임 모기지시장에서 은행 간의 과도한 경쟁이 위기를 촉발한 계기가 되었다는 점을 지적하며, 지나친 경쟁은 무분별한 대출과 투자를 조장하여 금융 불안이나 위기를 초래할 수 있다고 주장한다. 금융의 효율성과 안정성 간의 관계가 불확실한 점을 고려할 때 은행업의 경쟁 촉진 문제는 섣불리 결론 내릴 사안은 아닌 듯하다.

우리나라 은행은 1997년 31개에 이르렀으나 외환위기 후 부실 은행 구조조정과 인수합병의 결과 지금의 20개로 줄어들었다. 은행법에 따라 설립된 일반은행이 시중은행 7개(외국은행 지점 2개 포함), 지방은행 5개, 인터넷전문은행 3개를 포함하여 15개이며, 특별법으로 설립된 특수은행이 산업은행, 수출입은행, 기업은행, 농협은행, 수협은행 등 5개다.

우리 은행업의 경쟁도는 시장집중 비율(Concentration Ratio, CR)이나 허핀달-허쉬만지수(Herfindahl-Hirschman Index, HHI)로 가늠해 볼 수 있다. 금융당국은 시장집중도와 영업 관행 등을 수시 점검하는데, 2022년에 은행업 경쟁도를 분석한 결과 상위 3개 은행 시장점유율(CR3)이 은행권 총자산의 61%로 기준선인 75%를 밑돌아 시장지배적 사업자가 없다는 평가가 나왔다. HHI 기준으로는 1,660이어서 '다소 집중된 시장'으로 평가했다.[37] 기업은행, 농협, 수협이나 저축은행까지 고려하면 시장집중도는 더욱 낮아진다. 항목별로 보면 가계대출의 시장집중도가 2015년 이후 낮아졌으나 중소기업 대출은 오히려 상승하여 전체 대출의 시장집중도에는 큰 변화가 없다. OECD 국가와 비교하면 우리나라 은행의 시장집중도는 36개국 중 16위로 중간 정도다.

시장지배적 사업자가 없다고 해서 유효경쟁이 작동하고 있다는 것은 아니다. 신흥국을 대상으로 한 OECD의 분석 결과를 보면 금융시장의 집중도와 효율성 간의 관계는 불분명하다. 효율성 높은 은행이 시장

〈그림 4-11〉 **대출시장 집중도: CR3 및 HHI**

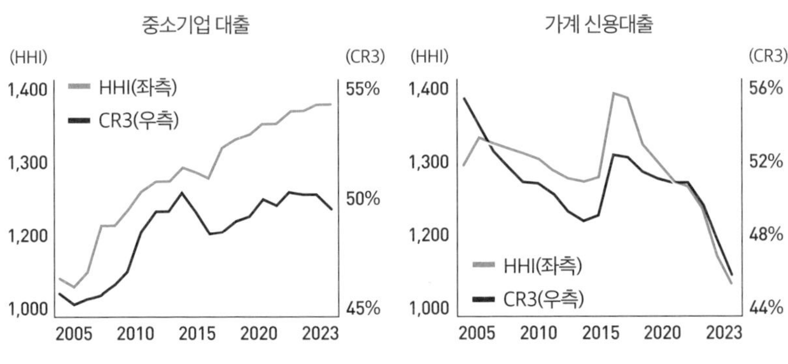

※ 자료: 이수진·권홍진·이병윤, 2024. 9.

〈그림 4-12〉 **OECD 국가 상위 5개 은행의 시장점유율**

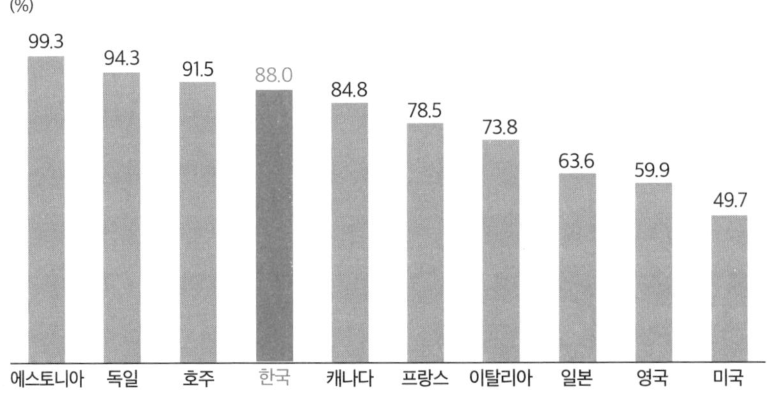

※ 자료: 세계은행, 2021년 말(상위 5개 은행 총자산 기준).
※ 주: 36개국 중 10개국 발췌.

점유를 확대할 수 있으나 장기적으로는 시장집중도가 높아지면 시장지배력을 행사하여 효율성을 저해할 소지가 있다. 그러나 유효경쟁은 다르다. 금융시장의 진입과 퇴출이 자유롭고 유효경쟁이 높을수록 은행시스템의 독점적 영향이 줄어들며 유효경쟁과 효율성 간에 대체로 정(+)의 상관관계가 있는 것으로 나타났다.[38]

은행에 온 이후 금융 현장에서 살펴보니 대출, 예금, 자산관리 등 업무에 따라 은행 간 경쟁이 치열한 분야는 있었으나 전반적으로는 유효경쟁이 충분하다고 생각되지 않았다. 시(市) 금고, 대기업, 우량 중소기업과 같이 신용도가 높거나 고액 자산가의 경우 신규 고객을 유치하거나 기존 고객을 빼앗기지 않으려는 경쟁은 치열하다. 그러나 일반 중소기업이나 업력이 짧은 기업, 담보나 보증이 없는 고객을 상대로 한 영업은 달랐다. 경쟁이 심하다고 보기 어려웠고 오히려 은행이 여신 조건의 결정을 주도하는 편이었다. 협상력이 낮은 고객은 이러한 행태를 갑질이라고 여길 법도 하다. 대출이 주 업무인 은행의 특성 때문이기도 하겠지만 위험이 수반되는 모험자본 투자나 미래 산업에 대한 대출 경쟁은 제한적이다.

정부는 중금리 대출 시장의 경쟁을 높이는 역할을 기대하며 2018년 인터넷전문은행 특례법을 제정했으나 경쟁 촉진 효과는 기대에 못 미친다. 다만 러너지수 등 시장지배력을 나타내는 지표는 2022년 이후 낮아지는 모습을 보였는데 이를 대환대출 인프라 구축, 예대금리차 공시 강화 등 경쟁촉진 정책의 효과로 해석하기도 한다.[39]

정부는 은행권의 유효경쟁이 부족하다고 판단하는 것 같다. 2023년 금융당국은 "5대 시중은행 중심의 과점적 구조에서 은행들이 역대 최고 수익을 임직원과 주주를 위한 성과급과 배당으로 지급하고 있다"라고 하며 은행권의 경영, 영업 관행 및 제도 개선 방안을 제시했다.

은행권의 경쟁 촉진을 위해 ▲지방은행을 시중은행으로, 저축은행을 지방은행으로 전환하고 신규 인가 추진 ▲은행과 비은행 간의 경쟁 ▲스몰라이선스, 챌린저 은행 같은 특화 전문은행 도입 방안 등을 내놓았다.[40]

과점구조로 인한 경쟁 제한성을 극복하려면 신규 플레이어의 진입을 확대할 필요가 있다. 정부의 제안처럼 업무영역, 지역, 영업 형태 등에 차별화된 방식을 시도하는 것은 바람직해 보이나 인가 규제에 대해 유연하게 접근하는 방안도 검토해야 한다. 인가 요건 중 물적 설비 조항의 전산체계 등 요건을 완화하면 타 사업자의 전산 시설을 빌려 낮은 비용으로 영업하려는 특화 은행이 들어설 수 있어 경쟁 확대에 도움이 될 것이다.[41]

과거 지방은행이나 저축은행, 투신사 등 금융회사가 신설된 후 손실로 도산하며 부작용을 초래한 전례를 보면 은행업 진입 규제를 섣불리 완화하는 것이 능사는 아니다. 신규 플레이어가 시장에 진입하면 수익을 내기 위한 자기 동학(dynamics)으로 시장 불안을 야기할 가능성이 크기 때문에 당국은 눈을 부릅뜨고 감시해야 한다.

시장규율이 미흡한 상황에서 감독이 시장을 따라가지 못하면 문제가 생긴다. 규율이 없고 법과 원칙이 지켜지지 않는 시장은 약육강식과 사기가 판치는 정글이 되기 쉽다. 진입 제한을 푸는 것은 방향성이 맞지만, 그 속도는 부작용을 제어할 수 있는 시장규율의 수준과 감독 당국의 역량에 달려 있다.

대출금리가 합리적이고 투명하게 결정되는가

대출받는 사람은 금리가 낮을수록 좋고 예금자는 높을수록 좋다. 자금의 가격인 금리는 자금 수급을 반영하여 금융시장에서 결정된다. 시장기능이 원활하지 못하던 1990년대 이전에는 정부가 대출 총량과 금리를 정했고 은행은 이를 따랐다. 예대금리가 균형 수준보다 낮아 대체로 대출자에게 유리했고 예금자는 받아야 할 만큼 이자를 받지 못했다. 만성적인 초과수요로 대출받는 것 자체가 어려웠고 자금 배분의 비효율을 초래했다.

금융시장의 가격기능을 살리려고 정부는 금리자유화를 추진했다. 금리 상승에 대한 저항으로 후퇴한 적도 있었지만, 10년에 걸친 힘든 과정을 거쳐 1998년 금리자유화가 마무리되었다. 금융정책과에서 일할 당시 중소기업 정책자금 금리를 자유화할 때 반대가 상당했던 기억이 생생하다. 힘든 과정을 통해 자유화된 후 25년이 지났는데 아직도 대출금리는 낮을수록 좋다는 인식이 강하다. 경쟁이 충분치 않아 은행이 대출금리를 높게 부과한다는 생각이 기저에 깔려 있는 것 같다. 제법 큰 호텔을 경영하는 경제학과 동기마저 은행이 폭리를 취한다고 분통을 터트리며 정부 개입을 주장할 정도이니, 많은 중소기업이 같은 의견일 것이다.

시장금리가 오르거나 내리면 은행이 고객에게 적용하는 예금 및 대출금리도 함께 움직인다. 그러나 시장금리가 오를 때 예대마진이 커지고 수익이 늘어나는 경향이 있다. 경쟁을 촉진하면 대출금리가 더 내려갈 여지가 있을까? 금리가 낮아지면 물가나 자산가격 상승압력이 커질텐데 금리를 낮추는 것이 국가 전체 차원에서 좋을까? 은행의 여수신

금리 결정에 당국이 개입해도 되는가? 은행의 금리 산정방식에 대한 정보는 공개하면 안 되는 영업비밀인가?

이들 질문에 대한 논의가 한쪽 방향으로 흐르는 것은 바람직하지 않다. 더욱이 금융당국이 여수신 금리 결정이나 금리 수준 판단에 개입하는 모습은 좋아 보이지 않는다. 그러나 은행이 협상력을 남용해서 자의적으로 대출금리를 높이고 예금금리를 낮춘다면 이는 적극 시정해야 한다. 금리 결정 체계의 투명성을 높이는 것 또한 은행과 고객 모두를 위해 필요한 일이다.

우리나라 은행은 대출금리를 결정할 때 다른 나라와 마찬가지로 원가 가산모형(cost plus model)을 사용하지만, '대출금리 산정 모범규준'이라는 협회의 가이드라인이 있다. 외국에서는 소비자 보호 차원에서 장기 변동금리 주택담보대출의 금리 인상 한도를 제한하는 사례는 있으나 금리 결정에 대한 공식 가이드라인은 없다.[42] 선진국의 은행은 영업력과 수익성을 고려하여 금리를 자율 결정하며 대출금리 결정에 당국이 개입하는 경우는 없는 것 같다.

은행연합회의 대출금리 산정 모범규준은 "대출금리는 대출 기준금리 및 가산금리로 구분하여 각 은행이 자율적으로 합리적인 기준에 따라 체계적으로 산정한다"라고 규정한다. 기준금리는 CD(Certificate of Deposit) 등 시장금리나 지표금리 또는 은행이 자체 산정한 내부 기준금

〈표 4-1〉 **대출금리 산정 모범규준에 따른 은행의 대출금리 구성항목**

① 기준금리	② 가산금리							③ 우대금리	
	원가	리스크관리 비용				법적 비용	기타		
	업무원가	리스크 프리미엄	유동성 프리미엄	신용 프리미엄	자본비용	교육세 출연료	목표 이익률	부수거래 감면금리	본부·영업점 조정금리

리를 사용하며, 가산금리는 업무원가, 리스크관리 비용, 자본비용 같은 항목에 목표이익률 등을 반영한다.

금리 항목의 산정에 있어서는 은행에 상당한 재량을 부여하고 있다. 모범규준은 보편적인 원가 가산모형을 체계화한 것인데 대출금리 구성항목을 합리적으로 제시하고 있어 금리 결정의 투명성을 높이고 소비자 이해를 돕는 데 유용하다.

대출금리 산정 모범규준이 엉뚱한 방향으로 개정된 경우도 있다. 가산금리 인하를 유도하기 위한 당국 요청에 따라 2022년 10월 모범규준에서 신보 출연료, 지급준비금, 교육세 등 법적 비용을 삭제한 것이다. 이들은 합리적인 근거가 있는 항목이며 제외하더라도 다른 항목에서 보전될 가능성이 크기 때문에 금리를 낮추는 효과보다 금리 결정의 투명성만 저해할 소지가 크다.

경제수석으로 일하던 2019년, 여신금리 결정의 투명성을 높일 것을 금융위원회에 주문했다.[43] 은행은 2010년부터 코픽스(Cost of Funds Index, COFIX)를 변동금리 가계대출의 기준금리로 활용하고 있었다. 그런데 요구불예금 등 저원가 예금은 단기자금이라는 점과 거액의 입출금 시 금리 변동성이 커질 수 있다는 이유로 코픽스 산정에서 제외되었다. 저원가 예금도 대출재원으로 활용되는 점을 고려하여 조달 비용을 산정할 때 이들 예금을 포함하는 잔액기준 코픽스를 신규 도입했다. 그 결과 코픽스가 27bp 하락하는 효과가 나타났다.

은행 금리 결정의 자의성을 줄이고 투명성을 높이기 위해 금융당국은 예대마진 공시제도를 도입했다. 정보 공시가 중·저신용자의 대출 위축으로 이어질 수 있다는 지적도 있지만, 금융소비자와 은행 간의 협상력 차이를 완화하고 금리 경쟁을 촉진하는 효과가 있다. 사실 예대마진 공시를 우리나라처럼 상세하게 하는 나라는 별로 없다. 나라마다 관행과 인식이 달라 어떤 것이 정답이라고 단정하기는 어렵지만, 과점구조로 인한 유효경쟁의 제약과 소비자 이익 침해 가능성을 고려하면 금리 결정의 투명성을 높이고 금융소비자의 이해를 돕는 공시 확대는 필요하다고 본다.

2021년 이후 금리 상승국면에서 고금리에 대한 불만이 커지며 국회에서 금리산정 체계와 관련한 법안이 발의되기도 했다. 금융위원회는 대출금리 산정방식의 합리성과 투명성을 높일 목적으로 2022년 이후 금리정보 공시제도 개선 방안, 은행권 예대금리차 공시 확대 방안을 발표했고 그 내용은 은행연합회의 대출금리 산정 모범규준에 반영되었다.[44]

눈여겨볼 사안은 요구불예금 등 저원가 예금이 예대마진 공시 대상에 포함된 점이다. 악마는 사소한 곳에 숨어 있다는 서양 속담처럼, 요구불예금은 시장금리가 오를 때도 제로금리 수준에서 유지되어 예대마진과 은행 수익을 늘리는 주요인이다. 국내은행의 저원가 예금 조달 비중은 30% 안팎인데 그동안 대출금리 결정에 고려되지 않았고 예대마진 공시 대상에도 포함되지 않았다. 은행장으로 일할 때 공시 대상에 포함할 필요성을 당국과의 간담회에서 제기했고 이후 제도 개선이 이루어졌다. 이제는 저원가 예금이 포함된 잔액 기준 예대마진 통계가 은행연합회를 통해 매월 공시된다. 금리정보 공시 확대로 소비자 선택권이 늘어나고 은행 간 금리 경쟁을 촉진하는 효과도 있다. 어느 정도 시간이 지난 후 예대마진 통계를 점검하면 공시 확대 조치가 예대마진의 하락으로 연결되는지 여부를 확인할 수 있어 흥미로울 것이다.

우리나라 대출금리가 높은가, 예대마진과 수익이 과도한가

대출금리 수준은 성장과 물가 등 실물경제 여건과 자금 수급 등 금융시장 상황을 반영하여 결정된다. 그래서 국가 간 비교는 신중해야 한다. 실물경기가 부진하고 물가가 낮은 일본이나 스위스는 대출금리가 낮으며 성장률이 높고 물가상승률이 높은 콜롬비아나 우즈베키스탄은 대출금리가 두 자릿수로 높다. 그런 한계를 전제로 국제 비교하면 자료 입수가 가능한 IMF 통계를 기초로 할 때 우리나라 대출금리는 다른 나라보다 낮은 편이다.

우리나라의 평균 대출금리가 한 자릿수로 낮아진 시기는 2000년 이후로, 성장률과 물가상승률이 낮아지고 자금 초과수요가 줄어들며 여수신 금리가 함께 낮아졌다. 2023년 말 한국은행 기준금리는 3.5%, 3년 만기 국고채 금리는 3.3%이며 정기예금 등 저축성예금 금리는 평균 3.9%,

〈그림 4-13〉 **주요국 대출금리 수준**

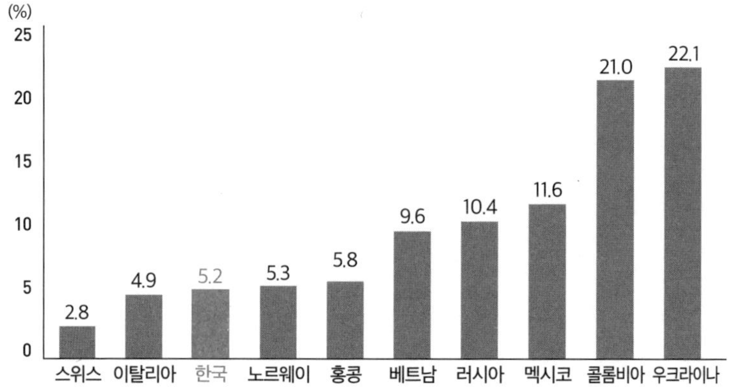

(%)
25
20
15
10
5
0
2.8
4.9
5.2
5.3
5.8
9.6
10.4
11.6
21.0
22.1
스위스 이탈리아 한국 노르웨이 홍콩 베트남 러시아 멕시코 콜롬비아 우크라이나

※ 자료: IMF WEO 통계, 2023(22개국 중 10개국 발췌 작성).
※ 주: 한국은 22개국 중 5번째로 낮다.

대출금리는 5.1%다.

우리나라 은행의 예대마진은 과도한 수준인가? 예대마진은 대출금리(수입이자/대출금)와 예금금리(지급이자/예수금)의 차이를 뜻한다. 예금금리에는 자금조달 원가가 주로 반영되며 대출금리에는 자금조달 원가에 위험관리 비용, 자본비용, 목표이익률이 가산된다. 가산비용이 클수록 예대마진이 커지는데 신용 리스크가 큰 중소기업 대출이 많을수록 가산금리와 예대마진이 커진다.

예대마진에 관한 최초 연구로 알려진 호(Ho)와 손더스(Saunders)는 예대마진 결정 요인으로 경영진의 위험회피 정도, 거래 규모, 은행시장 구조, 금리 변동성 등을 들고 있다.[45] 은행 간 경쟁이 약할수록, 차입자의 신용위험이 클수록, 은행의 위험회피 성향이 강할수록 예대마진이 확대되는 경향이 있다. 우리나라 은행을 분석한 연구에서는 기준금리 상승 시기에 예대금리차가 확대되고 변동금리 대출이나 저원가 예금 비중이 높아질 때 확대 정도가 커졌으며, 은행 간 경쟁이 촉발되는 시기에 예대금리차가 줄어드는 것으로 나타났다.[46]

예대마진 수준을 평가하려면 산정기준과 포괄범위를 잘 살펴야 한다. 예금과 대출이 잔액 기준인지, 신규 취급액 기준인지에 따라 예대마진이 달라지며 요구불예금 등 저원가 자금 포함 여부에 따라서도 차이가 난다. 은행의 수익성 수준을 평가하려는 취지라면 저원가 자금이 포함되는 잔액 기준 예대마진이 적절할 것이다. 국내은행의 잔액 기준 예대마진은 2013~2022년 평균 2.3%p다. 신규 취급액 기준으로는 1.8%p다. 2005년 3%p를 웃돌던 예대마진은 2020년 2.1%p로 낮아졌다가 2022년 2.5%p(대출금리 4.9%-예금금리 2.4%)로 상승했다. 예대마진은 기준금리 상승기에 커지고 하락기에 줄어드는 경향이 있는

〈그림 4-14〉 국내은행의 예대마진 추이

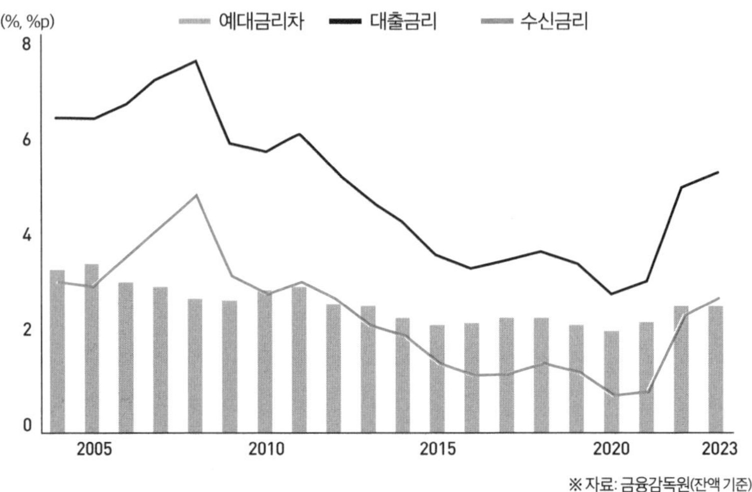

※ 자료: 금융감독원(잔액 기준).

데 경기변동과 예대마진 간의 관계가 강건하지는 않다. 은행이 수익 안정성을 위해 경기와 관계없이 예대마진을 일정하게 유지하려 하기 때문일 수도 있다.

은행 유형별로는 기업은행과 지방은행의 예대마진이 2013~2022년 평균 2.5%p로 시중은행(2.2%p)보다 크다. 이는 대출자의 부도 위험을 반영하는 가산금리가 크기 때문이다. 기업은행과 지방은행은 중소기업 대출이 많은데 부도 위험에 상응하여 높은 가산금리가 적용된 결과 예대마진이 크다. 가산금리가 큰 만큼 대손충당금을 많이 쌓아야 하므로 은행 수익에는 도움이 되지 않는다. 가계대출을 많이 취급하는 시중은행은 가계 부도율이 낮아 가산금리가 낮고 예대마진도 작다. 차주 부도율을 보면 자영업자가 4% 중반이나 근로소득자 가계는 1% 중반이다.

우리나라 예대마진이 다른 나라보다 높은가? 외국에서는 대출금리를 잘 공시하지 않고 예대마진 산정기준도 나라마다 달라 국제 비교에

〈그림 4-15〉 **주요국 예대마진**

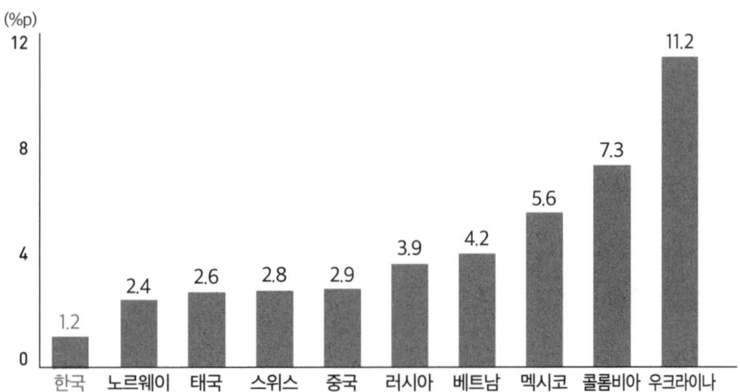

※ 자료: IMF WEO 통계, 2023(23개국 중 10개국 발췌 작성).
※ 주: 한국은 23개국 중 가장 낮다.

〈그림 4-16〉 **주요국의 순이자마진**

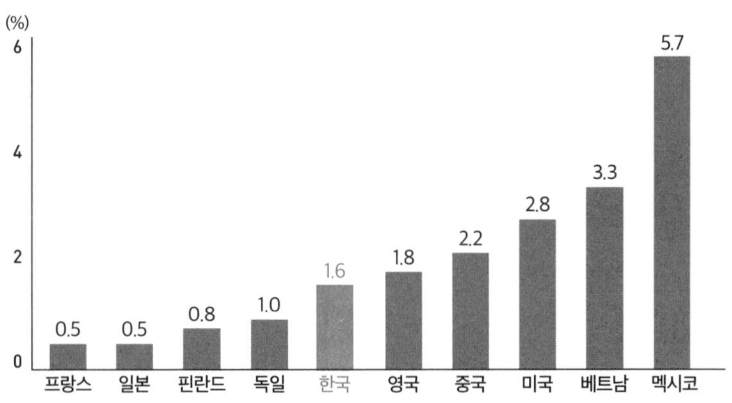

※ 자료: 세계은행, Global Financial Development, 2021(44개국 중 10개국 발췌 작성)
※ 주: 한국은 44개국 중 20번째로 낮다.

어려움이 있다. IMF 통계는 은행의 중단기 대출금리와 요구불 및 저축성 예금금리를 산정기준으로 제시하지만 나라마다 적용 예가 달라 비교에 한계가 있다. 이러한 한계와 경제 여건의 차이에도 불구하고 최근 IMF 통계를 기준으로 비교하면 우리나라 은행의 예대마진은 비교 국가 중 가장 낮다. 정부도 우리나라 예대마진이 2.0%로 싱가포르 5.1%, 홍콩 5.0%, 스위스 3.0% 등 주요국보다 낮다고 평가한다.[47]

NIM(Net Interest Margin)이라고 불리는 순이자마진은 예대마진과 유사한 개념이지만 좀 더 포괄적인 수익성 지표다. 예금과 대출은 물론 유가증권 투자에서 얻는 수익과 비용까지 포함하며 총이자수익에서 총이자비용을 뺀 금액을 이자부 자산 총액으로 나누어 계산한다. 세계은행 통계를 토대로 비교하면 우리나라의 순이자마진은 1.6%p로 44개 조사 대상국 중 20번째다. 통상 개도국이 높고 선진국이 낮은 패턴을 보이는데 우리나라는 캐나다, 호주, 영국과 비슷한 수준이다.

우리나라 은행은 총이익 중 이자 이익 비중이 90%로 미국, 일본(50% 수준)보다 높고 비이자 이익이 적어 전체 이익률은 상대적으로 낮다. 총자산이익률(Return On Asset, ROA) 기준으로 수익성을 비교하면 0.6% 내외로 글로벌 은행(0.7%)보다 약간 낮은 수준이다. 예대마진이 높다고 보기는 어렵지만 우리나라 은행은 주택담보대출을 포함한 대출 총량이 많고 꾸준히 증가하고 있어 한 해 수익이 20조 원을 웃돈다.

우리나라 은행의 예대마진이나 수익률이 다른 나라보다 낮다고 해서 현 수준이 적정하다던가 낮아질 여지가 없다고 단정할 수는 없다. 산업 특성이나 시장 여건에 차이가 있어 타 업종과 단순 비교하기는 어렵지만 은행의 자기자본 순이익률은 2020~2022년 기준 6.6%로 전산업 평균(6.4%)이나 서비스업 평균(6.3%)보다 소폭 높다. 레버리지 업종의 특성에 기인한 효과도 있겠지만 진입 규제에 따른 경쟁 제한으로 높고 안정적인 수익을 향유하고 있다.

은행 수익과 예대마진에 대한 우려는 진입 규제를 풀어 경쟁을 촉진하고 금리 결정의 투명성을 높여 시장 압력을 통해 해결하는 것이 바람직하다. 은행 수익에 대한 비판이 있더라도 정부가 대출금리 결정에 개입하는 것은 득보다 실이 크다. 정부가 금리 수준을 결정했던 시절 겪었던 비효율과 폐해를 돌이켜봐야 한다. 많은 시행착오와 험난한 과정을 거쳐 어렵게 정착한 금리자유화의 취지를 되새길 필요가 있다.

금융업 종사자의 임금이 적정한 수준인가

임금은 근로자의 소득 원천인 동시에 기업의 생산비용 중 하나다. 임금이 높으면 회사의 비용 부담이 커지지만, 근로 동기와 생산성을 높이는 효과가 있어(efficiency wage) 임금이 높다고 회사에 꼭 불리한 것은 아니다. 금융업을 포함하여 대기업을 중심으로 노조의 협상력이 높아지고 보상에 대한 요구가 늘어나면서 해마다 임금을 둘러싼 노사 갈등이 나타나고 있다.

금융업의 경우 임금이 타 업종보다 높아 인상 요구에 대한 일반 국민의 시선은 호의적이지 않다. 임금을 둘러싼 갈등이 커지면 고용 관행과 근로 윤리에 악영향을 미친다. 회사는 근로자가 그만두지 않을 정도만 월급을 주고 근로자는 해고되지 않을 정도만 일한다는 자조 섞인 얘기까지 나온다. 임금은 노동 수급, 생산성, 산업 특성의 영향을 받기 때문에 특정 분야 임금의 적정성을 판단하기는 쉽지 않다. 전체적(holistic) 시각에서 여러 측면을 고려해야 한다.

은행업 종사자의 평균 연봉은 은행과 금융지주사 사업보고서를 통해 공개된다. 4대 시중은행 직원의 2023년 평균 급여는 1억 1,600만 원이며, 직급이나 연차가 높은 금융지주 직원은 1억 7,100만 원으로 더 많다.[48] 기업은행 등 국책은행의 평균 급여는 1억 원 안팎이며 지방은행은 이보다 조금 낮다. 증권회사 직원 연봉은 성과급에 따른 차이가 크나 은행보다 높고 보험사, 카드사나 저축은행 직원의 연봉은 상대적으로 낮다.

CEO의 경우 국책은행장 연봉은 공공기관 급여 지침에서 정해지는데 2억 원 남짓의 기본급과 성과급 80%(평가 결과 A등급 기준)를 합치면 세전 3억 8천만 원 정도다. 금융지주사 회장 연봉은 20~25억 원, 시중은행장은 10억 원 내외, 지방은행장은 5~8억 원으로 차이가 있다. 증권회사는 회사나 성과에 따라 차이가 큰데 50억 원 이상의 연봉을 받는

〈그림 4-17〉 **산업별 월평균 임금**

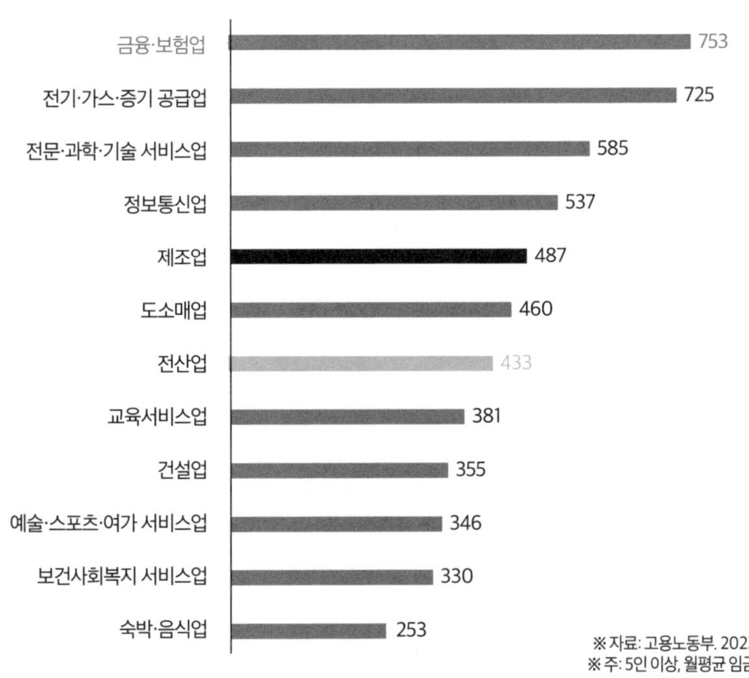

※자료: 고용노동부. 2023.
※주: 5인 이상, 월평균 임금.

CEO도 있다.

선진국과 비교하면 금융회사 CEO의 연봉이 많은 건 아니다. CEO의 생산성을 측정하기 어려운 데다 나라마다 선임 과정이나 역량, 수익에 기여한 정도가 달라 연봉 수준의 적정성을 획일적으로 재단하기 어렵다. 현 연봉에도 CEO를 하겠다는 물밑 경쟁이 치열하고 정부 입김이 작용하거나 암투를 벌이는 사례도 있으니 좋은 CEO를 선임하는 데 연봉 수준이 결정적인 장애 요인이라고 보기는 어렵다.

임금 통계를 살펴보면 금융업 임금의 절대 수준은 다른 업종보다 높다(〈그림 4-17〉). 은행, 보험 등 금융업의 월평균 임금은 2023년 기준 753만 원으로 전산업 평균(433만 원)보다 74% 많고 제조업 평균(487만 원)보다 55% 많다. 금융업 임금은 우리나라가 7만 달러 수준으로 미국(8.1만 달러)과 영국(9.6만 달러)보다 낮지만 일본(5.2만 달러)보다 높다. 잘사는 나라일수록 임금이 높을 테니 1인당 소득과 비교한 임금 배율을 다른 나라와 비교하면, 우리나라 금융업 임금은 1인당 소득의 2.2배로 다른 나라의 금융업 임금 배율(미국 1.1배, 일본 1.5배, 영국 2.1배)보다

〈그림 4-18〉 1인당 GDP 대비 임금 수준 비교

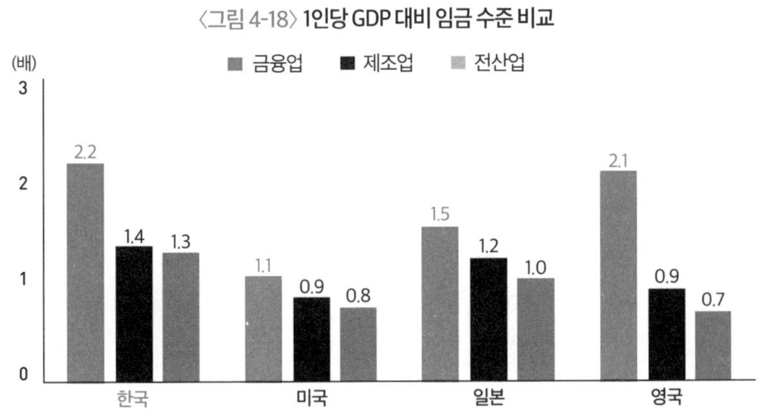

※자료 : 한국 고용노동부, 미국 BLS, 일본 후생노동성, 영국 통계청, 1인당 GDP는 World Bank 참고. 2022년 기준.

높다(〈그림 4-18〉).

우리나라 금융업 종사자의 임금이 다른 업종보다 높은 데는 경쟁 제한, 생산성, 노조의 협상력 등 여러 이유가 있을 것이다. 생산성 측면에서 금융업 종사자는 2020년 기준으로 16.8만 달러의 부가가치를 창출했는데 제조업 종사자 부가가치(12.9만 달러)보다 30%가량 높으며 전산업(7.9만 달러)보다 두 배 이상 높다(〈그림 4-19〉). 그런데 금융업의 임금은 제조업보다 60% 더 높다(〈그림 4-20〉). 전산업과 비교하면 금융업 임금이 생산성보다 크게 높다고 보기 어려우나 그렇다고 생산성 낮은 서비스 산업이 포함된 전산업과 비교할 수는 없는 노릇이다(〈그림 4-21〉).

제조업과 비교한 금융업의 생산성과 임금을 다른 나라와 비교하면, 우리나라 금융업의 생산성 프리미엄(30%)은 35개 OECD 국가 중 31위로 영국(91%), 일본(42%) 등 대부분 국가보다 낮았다(〈그림 4-22〉). 반면 임금 프리미엄(60%)은 영국(123%)보다 낮으나 일본(24%), 미국(25%)보

〈그림 4-19〉 **산업별 노동생산성**

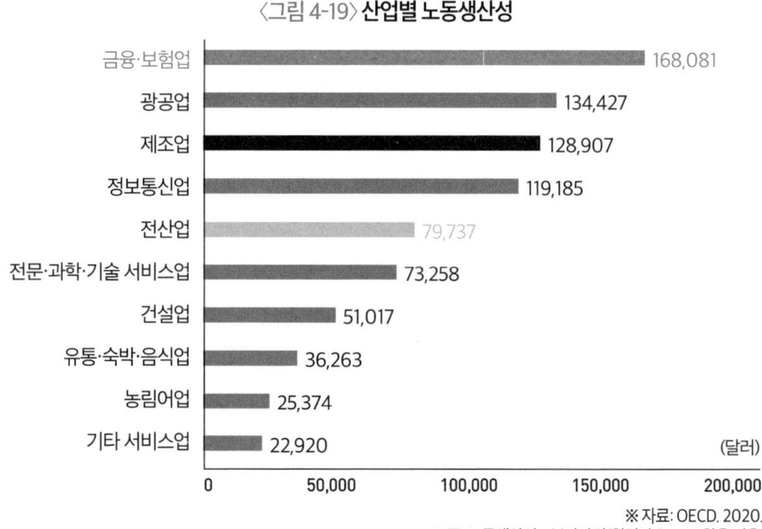

※ 자료: OECD. 2020.
※ 주: 노동생산성 = 부가가치/취업자수, ppp 환율 적용.

〈그림 4-20〉 금융업 임금 프리미엄

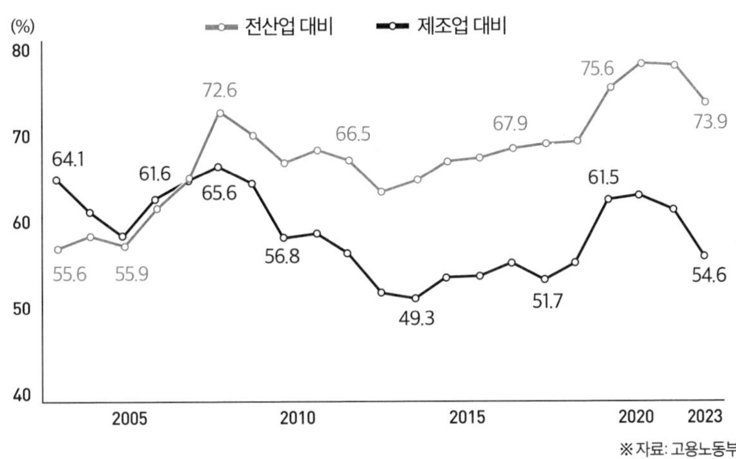

※ 자료: 고용노동부.

〈그림 4-21〉 금융업 생산성 프리미엄

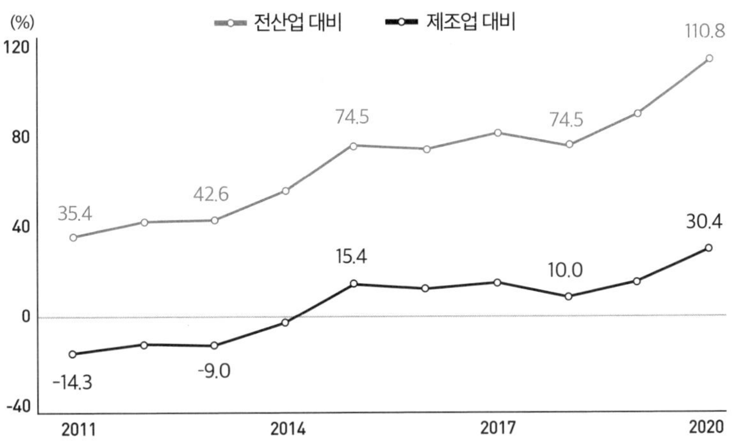

다 높아 국제적으로 우리나라 금융업의 임금 프리미엄은 대체로 생산성 프리미엄보다 높은 것으로 나타난다(〈그림 4-23〉).[49]

금융업 임금 수준에 대한 여러 지표를 종합하면 우리나라 금융업의 임금은 절대 수준이나 1인당 소득의 배율, 생산성 대비 임금 프리미엄

〈그림 4-22〉 **금융업 생산성 프리미엄(제조업 대비)**

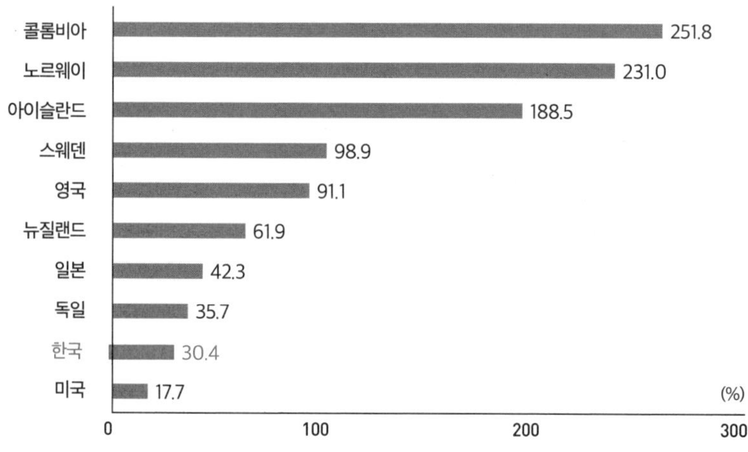

※ 자료: OECD. 2020.
※ 주: 한국은 35개국 중 31번째로 낮다.

〈그림 4-23〉 **금융업의 임금 및 생산성 프리미엄 국제 비교(제조업 대비)**

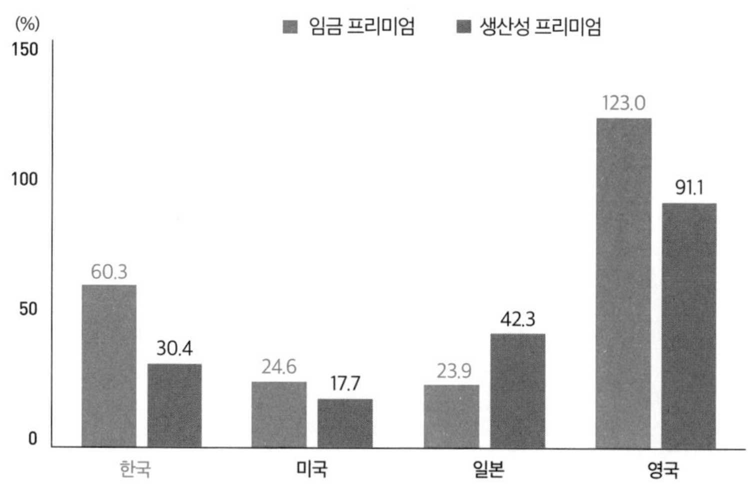

※ 자료: 한국 고용노동부, 미국 BLS, 일본 후생노동성, 영국 통계청. 2022.
※ 주: 생산성은 2020년 기준.

측면에서 외국에 비해 높은 수준으로 평가된다.[50] 그러나 몇 가지 잣대로 임금 수준의 높낮이를 예단하기보다 기업 규모나 자본장비율 등을 고려한 더욱 깊이 있는 분석이 필요하다. 아울러 다른 나라나 다른 업종과 비교하여 차이가 나는 이유는 무엇인지, 시장구조와 임금 결정 방식에 문제는 없는지 등을 고민하는 것이 훨씬 생산적일 것이다.

금융 인사이트

금융의 길에 대한 거시적 · 미시적 질문은 금융이 제 역할을 하고 있는지 평가하고 변화의 방향성을 정립하는 데 유용하다. 이들 질문이 제시하는 길이 엇갈리고 상충될 때도 있다. 성장과 혁신을 촉진하는 정책이 금융 불안이나 분배 악화를 야기하지 않도록, 국가경제의 수요에 부응하는 정책이 금융의 효율성이나 경쟁력을 저해하는 일이 생기지 않도록 금융제도를 설계하거나 정책을 입안할 때 각별히 유의해야 한다.

5장

정책금융의 역할과 국책은행의 과제

금융시장에서 정부의 역할

금융시장에서 정부가 하는 역할에 대한 견해는 다양하다. 정부가 시장에 언제, 어느 정도 개입하는 것이 좋은지는 일률적으로 접근할 사안은 아니며, 경제발전 단계나 금융시장 성숙도에 따라 달라진다. 금융시장과 제도를 디자인하고 운용하는 방식은 나라마다, 시대마다 달랐다.

금융을 시장에만 맡겨두면 국가에 필요한 금융수요가 충족되지 못하거나 바람직하지 못한 결과를 초래할 수 있다. 특히 중소기업 금융의 경우 위험회피, 담보·보증 요구, 중장기 설비자금공급 미흡, 자금 양극화 등 문제를 일으킬 수 있다. 시장규율이 미흡한 상황에서 자금 배분 기능을 시장에 방치하면 금융은 약육강식의 무법천지가 되기 쉽다. 자유로운 경쟁 속에서 경제주체가 자기 이익(self-interest)을 추구하면 사회 이익이 증진된다는 애덤 스미스(Adam Smith)의 《국부론》 관점에 동의하지만, 시장이 공정하거나 자유롭지 못한 상황이라면 문제는 간단치 않다.[51]

금융은 아주 예민하고 불안정해서 잘못 다루면 낭패 보기 십상이다. 정보 비대칭과 불완전 경쟁 등 속성으로 시장실패가 발생하기 쉬우며, 사고가 터지면 감당해야 할 비용이 엄청나다. 정부는 국가경제에 필요한 금융서비스를 제공하고 시장실패를 막기 위해 ▲금융회사 인가, 자금조달·운용 등 업무를 규제·감독하고 ▲보조금 등 재정을 지원하며 ▲국책 기관을 설립하는 등 다양한 정책수단을 사용한다. 정부 역할은 분명 필요하지만, 과하게 개입하거나 정치적 압력으로 문제를 엉뚱하게 봉합해 시장 원칙을 훼손하고 문제를 키우는 사례도 흔하다.

학계에서는 금융시장에서 정부가 적극적인 역할을 해야 할 근거가 있다는 견해와 과도한 정부 역할을 경계하는 견해가 병존한다. 조지프 스티글리츠(Joseph Stiglitz)는 공공재로서의 모니터링, 금융사고의 외부성, 시장 불완전성, 독과점을 정부 개입이 필요한 근거로 들고 있다. 글로벌 금융위기 이후 정부 역할을 재점검한 세계은행은 조성자(promoter), 소유자(owner), 규제자(regulator), 감독자(overseer) 역할을 제시하고 역할 간 균형을 잡는 것이 중요하다고 지적했다.

기존 연구를 통해 보면 정부 역할은 첫째, 정보 비대칭 완화와 금융 접근성 제고, 둘째, 외부효과 시정과 리스크 감수, 셋째, 금융안전판 및 경기대응적 자금공급, 넷째, 전략 부문 지원과 성장 촉진으로 정리할 수 있다.

이러한 정부 역할은 시장이 어느 정도 발달한 상황을 주로 염두에

둔 것이다. 금융시장 발전이 미흡한 단계의 역할까지 포함해서 외연을 넓히면 금융시장에서 정부가 수행하는 역할은 크게 시장형성, 시장보완, 시장선도, 시장안정, 시장감독·견제의 다섯 가지로 종합할 수 있다.

▲시장형성은 금융발전 초기 단계에 두드러지는 역할인데 은행, 증권 등 금융제도의 디자인과 인프라 확충, 금리자유화 등 시장기능 활성화를 포함한 정부 본연의 기능이다. ▲시장보완은 정보 비대칭성 완화와 금융 접근성 제고 등의 역할로 중소기업 금융, 서민 금융, 지역 금융을 예로 들 수 있다. ▲시장선도는 전략 부문 지원, 리스크 감수 등 경제발전을 위한 적극적인 역할을 의미하며 ▲시장안정은 금융위기와 자금경색 대응, 대출로 인한 경기변동성 완화 역할을 포괄한다. ▲시장감독·견제는 금융소비자를 보호하고 금융회사의 건전성을 감독하며 금융시장의 유효경쟁을 촉진하고 금융서비스의 가격이 국민경제 입장에서 적절한 수준을 벗어나지 않도록 시장을 견제하는 기능으로 정의할 수 있다.

금융시스템 안정과 소비자 보호 등의 정책 목적은 공적 규제와 시장규율을 통해 달성할 수 있다. 금융당국이 법령이나 규정을 통해 민간금융 활동을 규제하는 공적 규제가 가장 기본적인 제도적 틀이다. ▲금융권 협회의 자율규제 ▲신용평가와 외부감사 등 시장규제 및 ▲금융기관 내부통제의 세 가지를 통칭하는 시장규율 또한 건전한 영업질서 유지와 투자자 보호를 위해 중요하다.

우리나라 금융회사의 숫자와 총자산 규모가 2001년 392개, 1,297조 원에서 2021년 961개, 6,495조 원으로 늘어났지만, 감독 인력은 2001년 1,537명에서 2021년 2,307명으로 늘어나 공적 규제 역량이 규제 수요를 따라가지 못할 수 있다. 금융소비자 보호, 불법 사금융 대응, 포용금융

〈표 5-1〉 금융시장에서 정부의 역할에 대한 기존 연구

정보 비대칭 완화 및 금융 접근성 제고	위기 시 금융안전판 및 경기대응적 자금공급
- Stiglitz and Weiss(1981): 대출시장 내 정보 불완전성 때문에 균형상태에서도 신용할당이 존재 - Burgess and Pande(2003): 인도 지방은행(국책) 확대가 경제금융발전에 기여 - Behr et al.(2013): 국영은행 대출비중 증가가 중소기업 자금조달 제약 완화	- BIS(2008): 금융시스템의 경기순응성이 경기변동 및 금융불안 증폭 기제로 작용 - Brei et al.(2013): 금융위기에 민간은행 대출 축소, 국영은행 대출은 확대 - Bertay et al.(2015): 국영은행 대출의 경기순응성이 낮으며 지배구조가 좋은 국가일수록 뚜렷
외부효과 시정 및 리스크 감수	**빅 푸시(Big Push) 등 성장 촉진**
- Baderscher et al.(2013): 공기업의 존재가 투자 불확실성을 완화하여 민간 투자를 유도 - Chen et al.(2021): 중소기업 디지털화 제약요인을 파악하고 정책금융 등 정부 역할 강조	- Murphy et al.(1989): 산업화 촉진을 위해 정부 주도 투자 필요(시그널링 기제) - Gerschenkron(1962): 러시아 사례를 통해 개도국에서 금융발전이 경제성장의 조건임을 제시

등 감독수요가 늘어나고 있어 공적 규제의 한계를 보완하는 수단으로 시장규율의 중요성이 커지고 있다. 자율규제는 활용도가 증가하고 있으나 절차적 투명성과 집행력을 확보하기 위해 운영원칙 마련, 사후관리 등 시스템적인 정비가 필요하다는 의견이 제기된다.[52] 자율규제, 시장규제와 내부통제가 원활하게 작동하면 정부 개입의 필요성을 낮출 수 있다.

정책금융 유형과 운영 방식

정책금융은 민간의 상업금융과 대비되는 공공적 성격의 금융을 말한다. "정부의 출자 또는 출연 등으로 설립된 기관 또는 주체가 국민경제와 공공의 이익을 위한 정책 목적 달성을 위해 자금중개, 리스크 선별 등 금융기능을 통해 자금 및 금융서비스를 공급하는 것"으로 정의된다.[53] 정책금융은 나라마다 다른 형태로 발전해왔다. 간접금융 위주

로 발전한 독일과 일본은 국책은행 같은 별도 기관을 설립하여 정책금융을 담당하게 했다. 미국과 영국처럼 직접금융 위주로 발전한 나라는 민간 금융회사를 활용하는 시장 중심 형태다. 우리나라는 기관 중심의 형태를 따르고 있으나 최근 벤처기업 지원을 위해 시장을 활용하는 사례가 늘고 있다.

국책금융기관은 설립 목적과 지배구조, 재원의 조달과 운용 방식에 따라 개발은행형 국책은행, 시장경쟁형 국책은행과 개발 금융기관으로 나뉜다. 우리나라의 국책금융기관은 11개로 산업은행 등 개발은행형 2개, 기업은행 등 시장경쟁형 3개와 개발 금융기관 6개가 있다.[54] 숫자로는 독일(33개), 스위스(32개), 프랑스(25개) 등에 이어 여섯 번째로 많은 편이나 은행 총자산에서 차지하는 비중(24%)은 세계 평균(25%)과 비슷한 수준이다.

정책금융의 대표적인 지원 대상은 중소기업이다. 중소기업 금융의 시장 한계를 보완하기 위해 미국 중소기업청(Small Business Administration, SBA), 영국 기업은행(British Business Bank, BBB), 독일 재건은행(Kreditanstalt für Wiederaufbau, KfW), 일본 정책금융공사(Japan Finance Corporation, JFC) 등 정책금융기관이 중소기업의 경쟁력 제고와 생태계 발전을 목적으로 신용보증, 직접 및 간접 대출, 출자 등 정책금융 제도를 시행 중이다.

정책금융기관의 운영 방식은 각국의 금융시장구조에 따라 다르다. 2008년 글로벌 금융위기를 맞아 국책은행이 위기 극복에 기여하면서 그 역할에 대한 재검토가 이루어졌다. 세계은행에서는 61개 국가, 90개 국책은행에 대한 설문조사[55]를 토대로 설립 목적, 재원 조달, 비즈니스 모델, 수익성, 지배구조, 규제·감독 방식 등을 비교했는데 지배구조와

〈표 5-2〉 주요국의 중소기업 지원 정책금융기관

미국 중소기업청(SBA)	영국 기업은행(BBB)
- 1953년 설립 - 대출 : 직접 대출은 시행하지 않음 : 금융기관, 개발기관 등과 제휴 및 대출 보증 - 보증 : 보증받을 수 없는 소기업에 90% 이내 재보증 - 투자 : 중소기업투자공사(SBIC)를 통해 성장 자본 제공 : 중소기업 투자 292억 달러 중 146억 달러 지원	- 2014년 설립 - 대출 : 고성장 중소기업 대상 시중은행을 통한 간접 대출과 창업기업 대상 소액대출 제공 - 보증 : 금융기관에 중소기업 대출액 75%까지 보증 - 투자 : ① VC펀드 투자, ② 금융기관 투자 방식으로 고성장 혁신기업 및 담보 부족 기업 지원
독일 재건은행(KfW)	**일본 정책금융공사(JFC)**
- 1948년 설립 - 대출 : 업력 5년 이상 국내 중소기업에 운전자금을 최대 20년, 2,500만 유로까지 대출 - 보증 : 최대 80% 보증, 125만 유로 상한으로 보증 - 투자 : EU 중소기업 기준을 충족하는 신생 기업에 대해 전체 투자금의 최대 50%를 투자	- 2008년 설립 - 대출 : 창업, 사업전환, 재해 피해 중소기업 등에 연간 30만 건 대출 지원 - 보증 : 52개 지역 신용보증협회의 보증을 재보증 : 일반 2억 엔, 무담보 8,000만 엔 한도 - 투자 : 민간 VC가 운영하는 펀드의 최대 50% 출자

운영 방식이 일률적이지 않은 것으로 나타났다. 도전과제로는 리스크 관리 역량 개선(71%), 재정적 지속가능성(59%), 지배구조 투명성(50%), 전문인력 확보와 인사 유연성(40%), 부당한 정치적 개입 방지(31%)를 들고 있다(복수응답).

정책금융의 공과

정책금융의 역할은 금융시장 안정과 시장실패 보완에 주안점이 놓여 있지만, 국가 발전 지원이나 구조개혁과 같은 적극적인 역할을 강조하는 견해도 있다. 일본의 재무성은 정책금융의 역할로서 민간 금융시장 보완, 위험 감수, 민간자본 유도의 세 가지를 제시한다. UN(2015년)은 국책은행의 존재 이유에 대해 금융산업 발전, 금융시장 안정뿐 아니라 경제개발, 환경보호와 기후변화 대비, 지역과 사회 발전 등 광범위한 분야의 지원을 제시하고 있다.[56]

정책금융이 잘 작동하면 정보 비대칭 등으로 인한 시장실패를 보완하고 자금 배분의 효율성을 높일 수 있다. 민간자본이 충분히 공급되지 못하는 분야의 자금 애로를 시정하고 전략 산업을 지원하여 국가 발전을 선도할 수 있다. 2008년 글로벌 금융위기 직후 BIS는 금융시스템의 경기순응성이 경기 진폭을 확대하고 시장 불안을 야기했다는 분석을 내놓았는데, 국책은행은 시장안정과 경기진폭 축소에 기여한다. 시장경쟁형 국책은행은 과점적 시장구조에서 제한될 수 있는 유효경쟁을 촉진하고 적정한 서비스 가격(금리)을 발견하게 하는 효과를 거둘 수 있다.[57]

긍정적 효과에도 불구하고 정책금융은 정부 개입에 따른 비효율성과 재정 낭비, 민간 금융회사의 활동 구축 등 부작용 소지를 내포한다. 공공의 이익보다 기관 내부 이익을 위해 움직이는 대리인 문제에도 유의해야 한다. 의사결정이 정치적 압력에서 자유롭기 어려우며 문제가 터졌을 때 포퓰리즘 때문에 잘못된 방향으로 봉합되거나 시장규율을 훼손할 소지도 있다.

정부 역할이 필요하다면 좀 더 세련된 방식으로, 더욱 투명하고 합리적으로 대응해야 한다. 세계은행은 정부가 금융시장에서 제 역할을 해야 하는 당위성이 분명히 있다고 평가하면서도 과도한 개입을 경계한다. 각국의 국책은행 사례를 통해 경기 안정 역할은 발휘했으나 자금 배분의 효율성을 높였는지에 대한 효과는 인상적이지 않다고 평가했다. 세계은행은 정부의 시장 개입보다 신용정보 공유 확대, 은행 간 시장경색 예방, 거래 상대방 위험 해소 등 시장실패를 막기 위한 인프라 강화를 주문한다.[58] 결국 좋은 지배구조하에 정책목표 달성을 위해 얼마나 효율적으로 운용하느냐가 관건이다.

우리나라 정책금융기관은 1960년 이후 시장기능을 보완하고 한정된 재원을 전략 부문에 공급하는 개발 금융 기능을 수행해왔다. 1990년대 이후에는 금융자율화와 개방화에 부응하여 선진화된 모습으로 탈바꿈했다. 예금은행의 총대출금에서 정책금융이 차지하는 비중이 10% 이하로 낮아졌으나 정책금융 증가율은 여전히 높아 과잉 공급을 우려하는 견해도 있다. 국책금융기관 간의 업무중복과 비효율, 정부가 바뀌면 동시다발적으로 비슷한 대책을 내놓는 현상, 민간은행과의 시장 마찰 등의 문제가 지적되며 정책금융을 효율화할 필요성도 제기된다.

국책은행의 대출행태는 민간은행과 다른가

경제발전 과정에서 국책은행이 없었다면 어떻게 되었을까? 금융시장이 발달한 지금도 국책은행이 필요할까? 국책은행이 중소기업 자금난을 해소하고 경제와 금융발전에 이바지한 성과를 부인하는 사람은 없을 것이다. 국가경제에서 차지하는 비중은 크지 않으나 국책은행은 경제발전 단계에 따라 요구되는 소임을 수행하며 민간은행이 가지 않은 길을 걸어왔다. 그러나 국책은행의 공과를 객관적이고 정량적으로 분석하기란 어려운 일이다. 국책은행이 없었더라면 나타났을 결과에 대한 분석은 가상의(counterfactual) 상황을 전제로 하기에 분석이 쉽지 않다.

국책은행 역할 중 대출의 경기대응성과 관련한 해외 연구를 살펴보면, 전 세계 은행에 대한 분석에서 민간은행 대출은 경기순응성을 보였으나 국책은행은 그렇지 않은 것으로 나타났다.[59] 위기 때 국책은행이 대출 감소를 상쇄하는 역할을 했다는 연구도 있다. 국내 연구는 더 제한적이어서 민간은행 대출은 경기순응성이 강하나 국책은행은 뚜렷하지 않다는 연구[60] 정도였다.

은행장으로 일하며 기업은행이 국책은행 역할을 제대로 했는지 궁금했으나 객관적인 분석이 별로 없었다. 직원에게 물어보면 중소기업 대출을 얼마나 공급했고 위기 때 대출을 늘렸다는 설명 정도였다. 그래서 ▲경기가 나쁠 때 대출을 늘렸는지(경기대응성) ▲위기 때 자금난을 완화했는지, 즉 비 올 때 우산을 씌워줬는지(금융안전판) ▲시장 접근이 어려운 중소기업을 지원했는지(금융 접근성)의 세 가지 측면에서 국책은행이 민간은행과 다른 행태를 보였는지 분석했다.[61]

분석 결과를 소개하면 다음과 같다. 첫째, 1999~2022년 통계로 대출의 경기 민감도를 분석해보니 불경기에 민간은행은 대출을 줄였으나(즉 경기순응적이었으나), 국책은행은 대출을 늘린 것으로 나타났다. 다만 통계적 유의성이 기대보다 낮은 점은 아쉬웠다. 아마도 시중은행과 대출 경쟁하는 과정에서 경기가 좋을 때 대출을 늘리는 등 경기대응성이 충분히 발휘되지 못한 듯하다.

둘째, 위기 때 민간은행은 대출에 소극적이었으나 국책은행은 대출을 늘린 것으로 나타났다. 특히 개인사업자 대출의 경기대응성이 강했는데 코로나 위기 당시 소상공인에게 긴급자금을 공급한 효과가 반영된 것으로 보인다.

〈그림 5-1〉 **경기대응성: 대출의 경기민감도(β_2)**

$\triangle Loan_t = \beta_0 + \beta_1 \cdot \triangle Loan_{t-1} + \beta_2 \cdot \triangle GDP_t + \beta_3 \cdot D_t + \varepsilon_t$

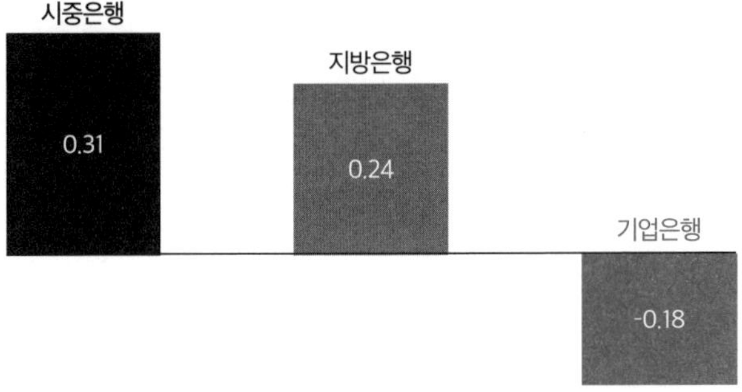

※ 자료: 윤종원·성병희·최정훈, 2023. 7. 31.

〈그림 5-2〉 **금융 접근성: 신용등급별 기업여신 분포**

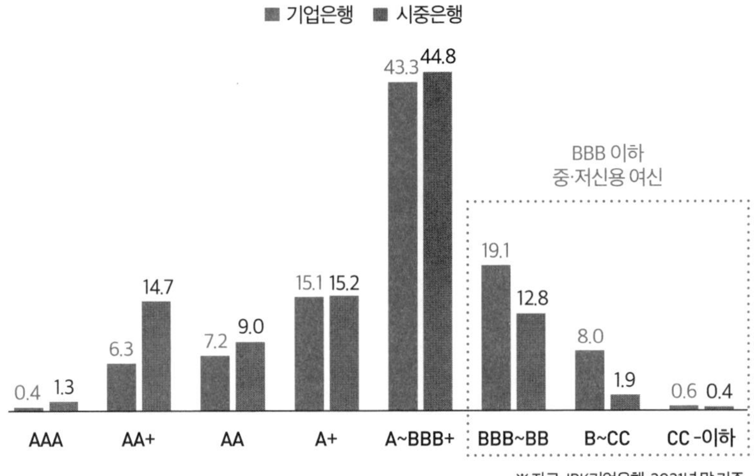

※ 자료: IBK기업은행. 2021년 말 기준.

셋째, 신용등급별 여신 분포를 보면 중·저신용 기업에 대한 기업은행의 대출 비중은 시중은행보다 높았다. 2017년부터 2020년 사이 중소기업 재무·여신 정보를 활용한 패널 분석에서도 기업은행은 업력이 짧고 신용도가 낮은 중소기업에 시중은행보다 대출을 더 많이 공급한 것으로 나타났다.

국책은행과 민간은행의 대출행태가 다르게 나타났다고 해서 국책은행 역할을 충분히 수행하고 있다고 평가하기는 이르다. 중소기업과 스타트업에 대한 자금공급, 설립목적과 경영목표의 부합 여부, 경영 관행, 내부통제 등에 있어 미흡한 부분도 있다. 현실의 제약과 상충하는 목표 속에서 국책은행이 필요하다는 평가를 받으려면 끊임없는 성찰과 혁신이 필요하다.

국책은행의 변화 과제

아시아개발은행(Asian Development Bank, ADB)은 우리나라와 미국의 중소기업 정책금융을 소개하면서 중소기업의 금융 접근성을 높이기 위한 공공의 역할을 강조한다. 중소기업에 대한 정책대출의 효과성, 시장실패 보완과 위기 때 금융안전판 역할의 필요성을 지적하며 기업은행 사례를 소개했다.[62]

대출 포트폴리오를 보면 기업은행은 시중은행보다 부채비율이 높고 상대적으로 수익성이 떨어지는 취약 중소기업을 대상으로 자금을 지원하여 자금 접근성 측면에서 긍정적인 역할을 수행하고 있다. 민간 금융회사를 통해 해소하지 못하는 중소기업 금융수요를 국책금융기관이 흡수해온 결과로 우리나라의 정책금융 의존도는 GDP 대비 정책금융 비중이 50%를 넘을 정도로 높다.

국책은행의 역할은 앞으로도 필요할 것이다. 그러나 기존 방식에 안주하기보다 중소기업 금융의 미래 모습에 부응한 변신이 요구된다. 금

〈그림 5-3〉 기업은행과 시중은행의 대출기업 특성 비교

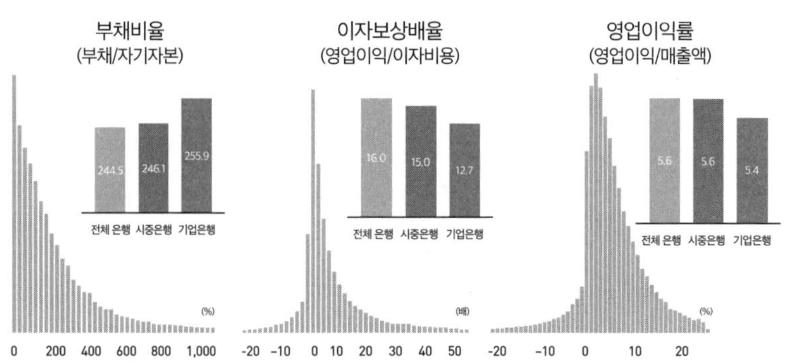

※자료: 기업은행, 한국기업데이터. 2021년 말 기준.

융과 산업의 혁신이 급격하게 진행되는 변혁기를 맞아 국책은행에 요구되는 역할을 재점검하고 미래 준비를 서둘러야 한다. 국가경제에 필요한 리스크 투자에 구성원이 나서도록 경영평가(Key Performance Indicator, KPI) 등 유인 체계를 손보는 일도 중요하다.

국책은행 효율화와 시장과의 마찰 축소 차원에서 국책은행이 취급하고 있는 상업금융업무를 민관에 이관해야 한다는 주장이 있다. 우리나라 정책금융은 직접 대출 방식으로 운영되고 있어 민간은행과의 마찰이나 비효율 소지가 있으나 시장을 보완하고 경쟁을 촉진하며 시장을 견제하는 효과도 있다. 또한 상업금융에서 창출하는 수익으로 손실이 불가피한 정책금융업무를 수행하고 있는데 상업금융을 이관하면 매년 정부가 상당 규모의 재정을 지원해야 한다. 상업금융 이관문제는 정책 효과성, 경쟁 영향, 재정 보전 문제 등을 따져 조심스럽게 접근해야 한다.

소프트웨어 차원의 개혁을 넘어 정책금융기관을 개발 금융, 중소금융, 주택·서민 등 소규모 그룹 체제로 묶은 후 장기적으로 하나의 정책

금융지주회사로 통폐합하자는 의견도 있다. 기관 통합 문제는 여러 가능성을 열어놓고 검토해야 하지만 산업은행에서 정책금융공사를 분리했다가 재통합했던 실패 사례를 반추하며 신중하게 접근해야 한다.

금융 인사이트

시장금융을 보완하고 국가경제의 미래를 선도하기 위한 국책은행의 역할이 필요하다. 특히 단순 자금중개를 넘어 경제의 역동성과 포용성을 높이는 역할을 수행해야 한다. 산업의 미래가 스마트, 친환경, 융합화의 방향으로 움직인다면 리스크가 있더라도 저탄소, 신기술, 유망산업으로 돈이 흘러가도록 물꼬를 터야 한다. 지원 방식도 융자 일변도에서 벗어나 투융자 복합방식을 병행할 필요가 있다.

6장

중소기업과 중소기업 금융

중소기업 위상과 경영 현실

중소기업에 대한 일반의 인식과 평가는 중소기업의 기여에 비해 박한 편이다. 일상생활에서 접하는 서비스 중소기업은 규모가 영세한 경우가 많고 제조업 중소기업은 소재, 부품 등 중간재를 생산 납품하는 특성 때문인지 활동이 눈에 잘 띄지 않는다. 브랜드 인지도, 품질의 완결성이 부족하여 판로가 제약되고 있으며 근로환경 등 다양한 이유로 청년들이 그리 선호하는 직장이 아니다.

그러나 중소기업은 생산·판매, 고용과 부가가치 창출뿐 아니라 산업혁신의 주체로서 국가경제의 역동성과 포용성을 높이는 원동력이다. 중소기업이 튼튼해야 국가경제가 바로 선다. 금융의 역할이 특히 중요

〈참고〉 중소기업의 정의와 우리나라 중소기업 현황

중소기업기본법에 따르면 중소기업은 '영리 목적의 법인 또는 개인 기업으로 규모 요건(매출액 400~1,500억 원 이하, 자산 5,000억 원 미만)과 독립성 요건(대기업 자회사가 아닐 것)을 충족하는 기업'이다. 중소기업은 중기업과 소기업으로 나눌 수 있는데, 소기업은 매출액 10~120억 원 이하의 기업을 말한다. 소상공인 보호 및 지원에 관한 법률에서 정의하는 소상공인은, 소기업이면서 상시 근로자 수가 5~10인 미만인 기업이다. 중소기업 기본통계에 따르면 우리나라 중소기업은 2022년 기준으로 기업 수의 99.9%(804만 개), 종사자의 81.0%(1,895만 명), 매출의 44.2%(3,309조 원)를 차지한다.

중소기업 중에서 벤처기업은 신기술과 아이디어를 개발하여 사업에 도전하는 기술집약형 기업을 뜻하는데 벤처투자형, 연구개발형, 혁신성장형으로 구분된다.[63] 벤처기업 수는 1998년 2,042개에서 2023년 40,081개로 빠르게 늘어났는데 혁신성장형(64%), 연구개발형(17%), 벤처투자형(17%) 순서로 많고 제조업(58%)과 정보처리 S/W업(22%) 비중이 높다.

〈그림 6-1〉 우리나라 중소기업 현황

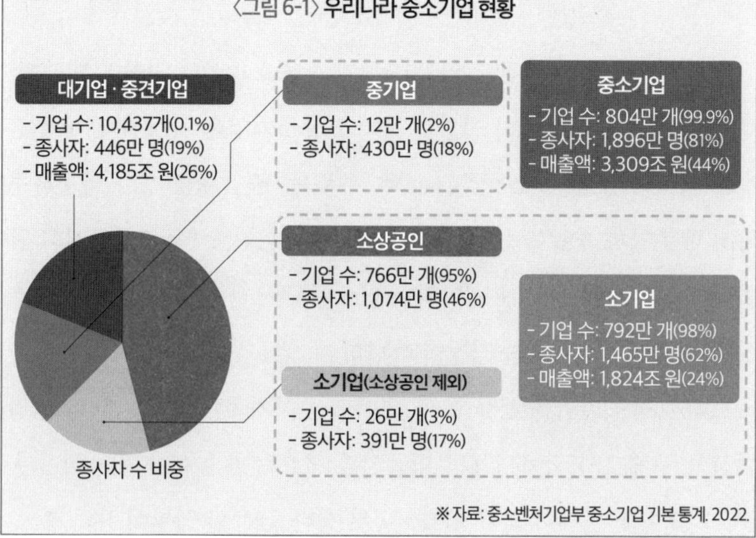

※ 자료: 중소벤처기업부 중소기업 기본 통계. 2022.

한데, 중소기업 금융의 전문성을 높이려면 중소기업 상황에 대한 올바른 진단을 토대로 지원의 방향성과 효과성을 높여야 한다.

중소기업의 국가경제 위상은 통상 기업 수, 고용, 부가가치에서 차지하는 비중으로 평가한다. 2022년 기준으로 우리나라에는 804만 개의 중소기업이 있으며 1,896만 명이 일하고 있다. 기업 수 기준으로 중소기업 비중은 대부분 국가에서 99% 내외로 높은데 우리나라는 99.9%로 더 높다. 고용 비중은 우리나라(81%)가 OECD 국가 평균(68%)보다 현저하게 높아 중소기업이 고용 창출의 원동력임을 알 수 있다. 중소기업의 부가가치 비중은 54%로 OECD 평균(56%)에 미치지 못하며 70%대인 프랑스, 독일과 차이가 있다. 수출에서 차지하는 비중도 18% 수준으로 낮다.

중소기업에서 일하는 사람이 많은데 창출하는 부가가치가 적다는 것은 생산성이 낮다는 이야기다. 우리나라 중소기업의 노동생산성은 대

〈그림 6-2〉 중소기업의 고용 비중

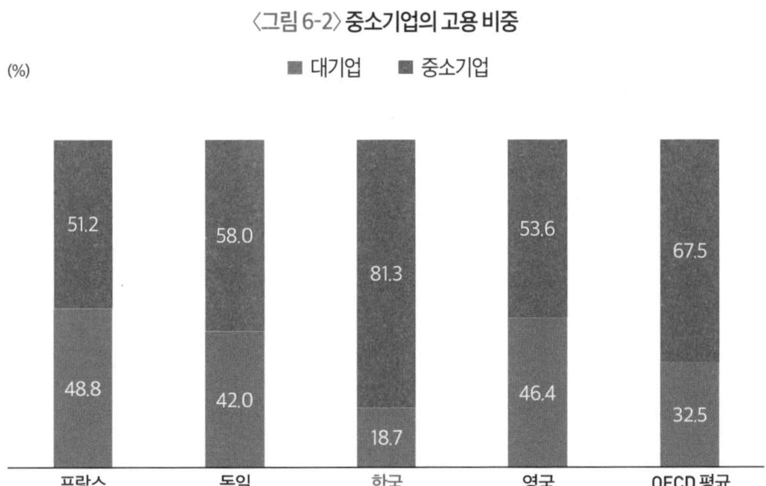

〈그림 6-3〉 부가가치 비중

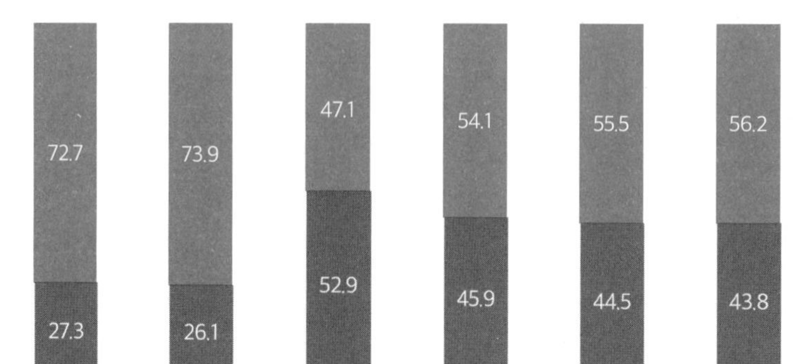

※ 자료: OECD 통계, 한국은 중소벤처기업부 통계.
※ 주: 한국은 2020년, 영국은 2018년, 나머지 국가는 2019년 기준.

기업의 30% 수준이다. OECD 국가와 비교하면 1~9인인 영세 소기업의 생산성은 31개국 중 28위이며 소기업과 중기업도 20위와 29위로 낮다.[64] 대·중소기업 간 생산성 격차는 임금 격차의 원인으로 작용한다. OECD 국가는 대기업이 중소기업보다 생산성이 2.1배, 임금이 1.5배 높은데 우리나라는 생산성 2.5배, 임금 2배로 격차가 더 크다. 임금과 근로조건이 취약해 직원 채용이 어려우며 저숙련·비정규직이 늘어나고 있다. 대·중소기업 등 기업 간 거래관계에 있어 불공정 관행이 개선되고 있으나 아직 갑을 관계에서 수평적 파트너십으로 발전하지 못하고 있으며 중소기업 간 불공정 관행은 더 심각한 문제로 대두되고 있다.

중소기업은 업종과 양태가 다양한 데다 중소기업 내에서도 차별화가 진행되고 있어 경영 상황을 평균적으로 재단하면 안 된다. 재무적으로 튼튼하며 높은 기술력으로 세계시장에서 인정받는 중소기업이 늘고 있으나 대다수는 저생산성, 영세화, 노후화로 어려운 상황에 놓여

〈그림 6-4〉 대기업과 중소기업의 생산성 격차

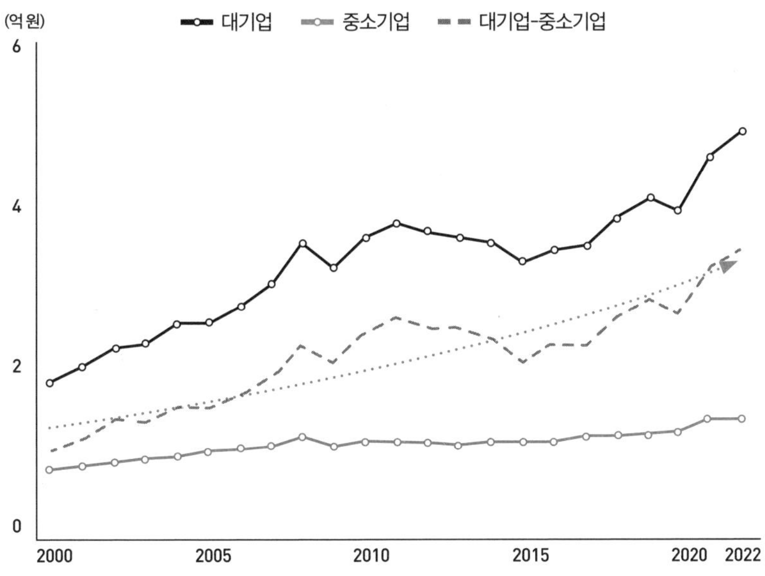

※ 자료: 통계청.
※ 주: 시간당 부가가치(부가가치/근로시간).

〈그림 6-5〉 중소기업 비정규직 수 추이

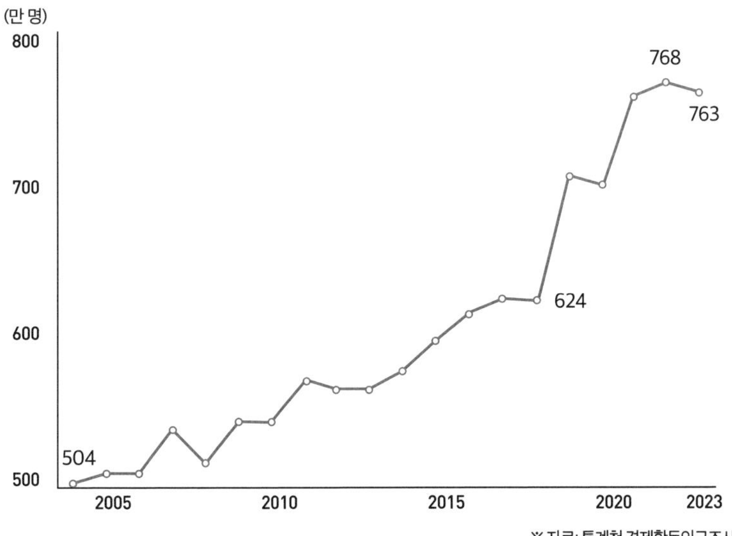

※ 자료: 통계청 경제활동인구조사.

〈그림 6-6〉 **중소기업 CEO의 연령분포, 제조기업**

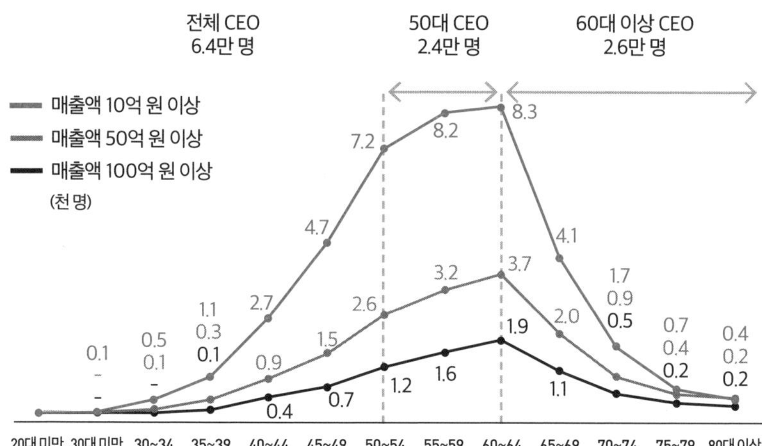

※ 자료: 기업은행 여신을 보유하고 있는 중소법인. 2021. 6. 기준.

있다. 대·중소기업 간 영업이익률 격차가 벌어지고 있으며 매년 130만 개 기업이 창업하지만 90만 개가 사라져 기업의 5년 생존율은 28% 정도로 낮다. 노후 산업단지가 36%에 이르는 등 산업단지의 활력이 떨어지고 있다. 종사자 나이를 보면 40대 이상 66%, 50대 이상 29%로 고령화가 진행되고 있으며 특히 기업 CEO는 60대 이상 비중이 높아 기업 승계의 부담이 크다.

중소기업이 다가오는 미래에 살아남으려면 시장과 기술의 변화에 적응하고 생산성을 높여야 하는데 기술혁신 기반은 여러 면에서 취약하다. 중소기업의 연구개발 지출은 전체 기업의 17%로 낮으며 경영 여력이나 혁신 자본도 부족하다. 디지털 전환에 적응하며 경쟁력을 높이는 그룹(vanguard)과 뒤처지는 그룹(laggard) 간 성과 격차의 골이 깊어지고 있다. 플랫폼 등 신산업의 부상으로 시장지배력을 가진 거대기업이 출현하며 중소기업의 입지는 더욱 좁아지고 있다.

〈그림 6-7〉 중소기업 디지털화 준비 수준　　〈그림 6-8〉 대·중소기업 간 디지털 활용 격차

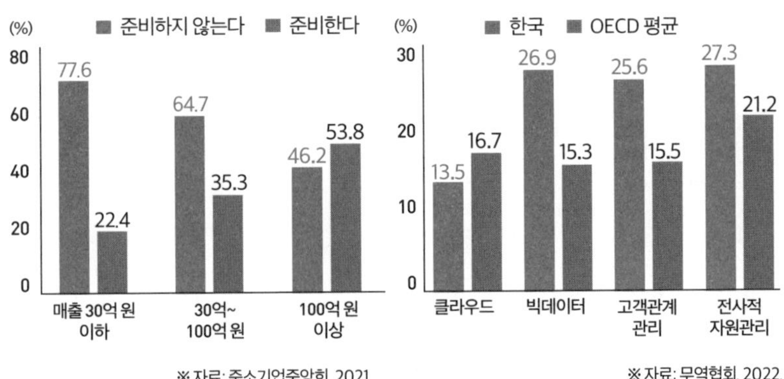

대기업과 중소기업 간의 생산성 격차를 완화하는 방안으로 디지털화를 통한 기술혁신이 강조되지만 디지털화에 대한 중소기업의 투자는 낮은 수준에 머물러 있다. 중소기업중앙회 조사에 따르면 매출액 규모가 낮을수록 디지털화 준비가 미흡한 것으로 나타났으며, 무역협회는 빅데이터 등 디지털 기술 활용도에서 대·중소기업 격차가 OECD 평균을 상회한다는 분석 결과를 제시했다. 디지털 격차는 생산성과 성장 격차로 이어지기 때문에 격차 완화를 위한 정부와 금융부문의 지원이 요구된다.

중소기업 경영환경 분석을 위한 OECD 프레임워크

OECD는 중소기업 경영을 개선하기 위해 경영환경을 분석하는 시범 프로젝트에 착수했고 작업 결과를 〈작지만 강한 기업(Small, Medium, Strong)〉[65]이라는 보고서로 2017년 발표했다. ▲제도·규제 프레임워크

▲시장 접근 ▲자원 가용성 ▲기업문화의 4개 범주, 16개 항목으로 분석했는데 OECD 국가와 비교하여 우리 중소기업의 경영환경과 제약의 정도를 객관적으로 평가해볼 수 있다.

제도·규제 프레임워크는 규제, 법률, 조세, 경쟁, 공공행정의 5개 항목으로 구성되어 있다. 규제에 있어 우리나라는 절차의 복잡성이나 규제 비용이 높게 나타났다. 창업 소요 시간은 OECD 평균이지만 창업 비용은 많은 편이다. 기업 분쟁 해결에 OECD는 평균 427일 소요되는 등 법률 비용이 부담으로 작용하는데 우리의 법률 비용은 상대적으로 낮았다. 기업 활동에 대한 정부 개입은 35개국 중 4위, 진입 장벽은 6위로 높았다.

시장 접근은 무역·투자, 내수, 인프라, 공공 구매 측면에서 분석한다. 대부분 국가에서 관세 및 외국인 직접투자 장벽이 줄어들었으나 우리나라는 관세 장벽이 가장 높았으며 서비스 시장의 진입 장벽은 OECD 평균 수준이다. ICT 인프라는 중소기업의 시장 접근성을 평가하는 잣대 중 하나인데 우리는 통신 인프라가 OECD에서 가장 우수한 것으로 나타났다.

자원 가용성은 금융, 인력, 지식기술, 에너지 측면에서 접근한다. 금융은 우리 중소기업이 담보와 신용 부족으로 애로를 겪고 있으며 창업기업의 어려움이 크다는 점을 지적하고 있다. 중소기업 대출이 OECD 평균보다 많으며 금리는 OECD 평균(4%)과 비슷했으나 대출 거절률이 40%로 높았다. 인력과 지식기술에서 고등교육 이수율, 청년의 문제해결 능력, 연구개발 투자는 양호했으나 기업의 교육훈련 투자, 중소기업 연구개발 투자는 미흡한 것으로 나타났다. 에너지는 산업용 전기요금이 OECD에서 노르웨이에 이어 가장 낮았다.

마지막 범주인 기업문화에 있어 창업에 대한 긍정 인식 비율이 20%로 OECD 최하위권이었으며 기업 실패에 대한 두려움도 높은 편으로 나타났다.

OECD 프레임워크를 토대로 중소기업의 경영환경을 국제적으로 평가하면, 인력의 질, ICT 인프라, 에너지, 정부 지원 등은 양호하지만 규제, 관세 장벽, 금융 접근성, 창업에 대한 인식과 비용 측면의 개선이 필요하다. 중소기업이 현장에서 체감하는 경영환경은 OECD가 제시한 것보다 더 어려울 것이다. 산업구조와 기술의 변화 속에서 미래에 대비하고 경쟁력을 확보하려면 중소기업 스스로 달라져야 한다. 경영환경 개선을 위한 정부의 체계적인 대응도 필요하다.

중소기업의 진로

산업의 미래

대변혁의 시대를 맞아 기술혁신이 가속화되는 가운데 기후변화 대응과 탄소중립 목표를 지키기 위한 에너지 대전환, 산업 간 융합 패러다임이 강화되고 있다. 중소기업도 스마트화, 친환경, 융복합 추세에 부응하고 노후화, 영세화된 구조와 저생산성 문제를 시정해야 한다. 미·중 갈등 등 지정학적 구도와 글로벌 가치사슬 변화, 탈세계화 움직임 등 글로벌 환경도 급변하고 있다. 제2차 세계대전 이후 80년 가까이 안정과 번영을 가능케 한 자유와 합리의 원칙이 약해지고 힘과 이익이 중시되면서 불확실성의 시대가 열리고 있다. 이러한 변화와 도전은 양날의 칼이다. 결과는 어떻게 대응하느냐에 달려 있다.

우리 경제는 초기 경제개발은 물론 중진국 함정에서 벗어난 드문 발전 사례다. 1인당 소득이 OECD 평균은 물론 일본을 넘어설 만큼 괄목하게 성장했으며 제조 강국(industrial powerhouse)으로서 경쟁력과 글로벌 위상이 높아졌다. 그러나 산업의 핵심인 제조업은 주력산업이 성숙단계에 들어선 가운데 신산업 성장이 지체되고 서비스 산업도 경쟁 제한적 규제 등으로 발전이 더디다. 선진 기술을 모방하고 싸게 만들어 파는 추격형 성장전략은 한계에 다다랐으며 유망산업을 선별해서 지원하는 방식도 득보다 실이 큰 것으로 나타났다. 중소기업이 대기업과의 수직계열화를 통해 성장하는 구조도 유효성을 상실했다.

활력 있는 다수의 기업이 창의성과 자율성을 발휘하고 이들의 융합을 통해 부가가치를 창출하는 구조로 바뀌어야 한다. 산업의 저변을 구성하는 중소기업이 혁신을 통해 성장동력을 창출하는 건강한 산업 생태계를 만들어야 한다. 정부는 특정 분야를 선별 지원하는 패러다임에서 벗어나 경제와 산업의 왜곡을 최소화하도록 중립적이고 기능적인 지원 체제로 전환해야 한다. 미래 산업 육성을 위한 국가 간 경쟁이 치열한 상황이라 반도체, AI, 바이오, 연료전지 등 전략 분야 지원이 필요할 수 있다.[66] 그러나 지원 방식은 규제 완화, 인력 양성, 연구개발 지원, 클러스터 육성 등 중립적인 수단을 활용해야 왜곡을 줄일 수 있고 실효성도 높다.

우리 산업이 직면한 도전과 향후 진로와 관련하여 《축적의 시간》, 《축적의 길》은 개념 설계(concept design)와 축적이라는 말로 핵심 과제를 요약한다.[67] "개념 설계 역량은 사오거나 아이디어 하나 얻었다고 금방 생기지 않는다. 오래도록 직접 그려보고 적용해보면서 시간을 들여 꾸준히 시행착오를 축적해야 얻을 수 있는 것이다"라는 설명처럼 도전과 시행착오를 통해 경험을 축적하고 남들이 가지지 못한 기술 경쟁력을 확보해야 한다.

경제수석으로 일하던 2019년, 산업이 나아갈 길을 제시하기 위해 관계부처 합동으로 '제조업 르네상스: 비전과 전략' 대책을 수립했다. ▲스마트화, 친환경화, 융복합화를 통해 산업구조를 업그레이드하고 ▲주력산업의 고부가가치화와 신산업 성장 기반을 강화하며 ▲인력, 금융, 연구개발 등 산업 생태계를 도전과 축적을 지원하도록 개편하고, ▲정부는 기업하기 좋은 환경을 조성하고 투자와 혁신을 뒷받침하는 방안을 제시했다. 과제 하나하나가 현실의 규제 장벽에 막혀 있어 성과를 내려면 이익집단의 기득권을 뚫어낼 대대적인 개혁이 필요하다.[68]

제조업 르네상스 전략에서 제시한 정책 방향과 과제는 지금도 타당하며 산업의 허리이자 혁신의 주체인 중소기업에 시사하는 바가 크다. 산업구조 재편과 기술혁신이 진행되는 변화 속에서 시장 수요와 기술 변화를 읽고 신기술과 아이디어로 무장해야 살아남을 수 있다. 한국경제의 미래는 중소기업이 얼마나 빨리 혁신의 옷으로 갈아입고 경쟁력을 높이느냐에 달려 있다.

중소기업 혁신과제

"이 세상에 작은 기업은 없다." 은행에 있을 때 중소기업인의 어려움에 공감을 표하며 언급했던 문구다. 기업 경영에 있어 생산·판매, 수요 예측과 재고 관리, 자금, 인사, 세무 등 업무 하나하나가 녹록지 않다. 하나의 영양소만 부족해도 몸이 고장 나듯이 수많은 업무 중 하나라도 구멍 나면 회사는 흔들린다. 그래서 금융과 비금융을 비롯한 종합 지원이 필요하다.

단순히 중소기업이 작고 약하기 때문에 지원해야 한다는 시혜론적 설명은 설득력이 부족하다. 중소기업을 지원해야 하는 합리적인 이유는 많다. 첫째, 중소기업이므로 받게 되는 불합리한 차별은 시정되어야 한다. 중소기업에 대한 차별이 시장의 불완전성 때문이든, 힘이 없는 을(乙)의 위치에 있어서든 부당한 차별은 없어져야 한다. 중소기업의 금융 접근성을 높이고 거래관계에 있어 협상력의 남용을 막아야 한다. 둘째, 중소기업이 국가경제에 기여하는 긍정적인 외부효과에 상응한 지원은 타당하고 또 필요하다. 셋째, 중소기업이 성장하여 고용을 창출하고 경쟁력을 키우도록 돕는 정부의 역할은 시장경제의 건강성과 포용적 성장을 위해 중요하다.

중소기업 지원의 필요성은 분명하지만, 재원은 한정되어 있는데 중소기업은 항상 선(善)이라는 식의 정치 논리로 접근하면 기업 체질을 약화시키고 경제의 비효율을 초래할 수 있다. 지원 수단과 채널을 점검해서 중복되고 비효율적인 부분은 합리화해야 한다. 중소기업이 많다고 꼭 좋은 것만은 아니다. 중소기업 혜택을 누리기 위해 중소기업의 테두리를 벗어나지 않으려는, 즉 작은 규모를 유지하려는 피터 팬 증후군이나 대기업에 대한 차별적 규제는 바로잡아야 한다. 작은 것이 아름답고 중소기업 특성이 발휘될 분야가 분명 있지만, 규모와 범위의 경제를 살릴 수 있고 청년이 일하고 싶어 하는 대기업 되기를 꺼리게 만드는 현상은 뭔가 잘못된 것이다. 포퓰리즘에 휘둘리기 쉬운 사안이라 문제의 원인을 곱씹어 보고 정책적으로 어떻게 대응할지 고민해야 한다.

중소기업 정책은 발전했지만 아직도 개선할 점이 많다. 중소벤처기업부 입장에서는 정책 수요자인 중소기업을 보호하는 역할이 필요하겠지만 모든 중소기업을 보듬고 갈 수는 없다. 기업 지원에 있어 옥석을 가리고 시장을 통한 구조조정이 자연스럽게 이루어지도록 해야 한다. 생산성이 낮은 만성 부실기업의 존재는 정상기업의 성장과 자원 이용을 방해한다는 연구도 있다. 막힌 하수구를 뚫어 한계기업의 퇴출 길을 열고 새로운 피를 수혈해야 혁신이 원활해진다. 중소기업이 '작지만 강한 기업'으로 성장하고 혁신 역량을 높이도록 지원하는 한편 산업단지를 현대화하여 동시다발적 혁신을 유도해야 한다.

중소기업 금융의 미래

중소기업의 금융 이용 현황

금융은 중소기업이 어려움을 호소하는 대표 분야다. 재무 정보가 부족한 데다 신뢰성이 높지 않아 직접금융시장을 통한 자금조달이 어렵다. 오너가 회사를 개인 소유로 인식하는 경향이 있으며 지분 희석과 소유권 침해를 우려하여 주식시장을 통한 자금조달을 꺼리는 경우가 많다. 그 결과 중소기업은 은행 등 간접금융에 많이 의존하는데 은행 대출은 우량 중소기업 중심으로 이루어지고 있어 영세 소기업은 정책자금, 비은행 금융회사, 사채 의존도가 높다. 중소기업으로서는 높은 금리, 까다로운 대출기준과 담보 요구 등 대출 조건이 불합리하게 여겨질 것이다. 그러나 중소기업은 담보 부족, 높은 부도율, 정보 비대칭 때문에 신용위험이 크고 모니터링 비용이 많이 든다. 다만 중소기업의 금융 조건이 불리한 이유에는 리스크를 심사하는 은행의 실력 부족도 있으므로 은행 또한 여신심사 능력을 높여야 한다.

중소기업 금융은 양적으로 많이 늘어났다. 2022년 말 기준 은행의

〈그림 6-9〉 OECD 주요국의 은행 중소기업대출 비중

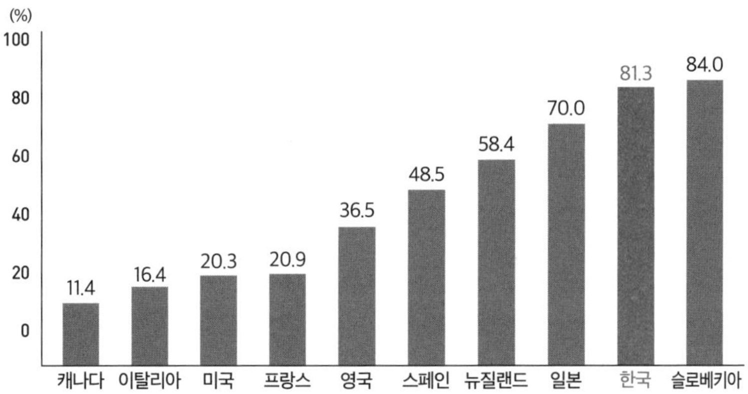

※ 자료: OECD, Financing SMEs and Entrepreneurs 2024(36개국 중 10개국 발췌).
※ 주: 한국은 36개국 중 2번째로 높다.

중소기업 대출은 1,000조 원을 넘어섰으며 금융권 전체로는 대출 잔액이 GDP(2,150조 원)의 70%인 1,500조 원에 이른다. OECD는 경제 규모와 국민소득을 토대로 기업대출 중 중소기업 대출이 차지하는 비중을 비교 분석하고 있다.[69] 경제 규모가 클수록 대기업이 많아 중소기업 대출이 적을 것이며 소득이 낮은 국가일수록 금융발전이 낙후되어 중소기업의 대출 접근성이 어려울 것이라는 예단에 기초한다. OECD 분석에 따르면 우리나라의 중소기업 대출 비중은 82%로 OECD 국가 중 가장 높으며 경제 규모와 국민소득으로 추정한 수치를 넘어 이례적으로 높은 수준이다.

중소기업 대출이 많은 것이 항상 좋은 건 아니다. 우리나라의 중소기업 대출 비중은 중소기업이 생산과 매출(43%), 부가가치(54%) 등 국가경제에서 차지하는 비중보다 현저하게 높다. 중소기업 의무대출, 신용보증, 정책금융 등 다양한 지원제도와 정책에도 원인이 있을 것이다. 이들 제도는 정보 비대칭을 완화하고 대출 접근성을 높이는 긍정적인

효과가 있지만 과도한 지원은 한계기업의 연명을 돕고 비효율을 초래한다. 중소기업 금융과 관련한 시장의 한계를 보완하는 일이 중요한 것과 마찬가지로 중소기업 지원이 금융원리를 벗어나지 않도록 경계할 필요가 있다.

중소기업 금융실태조사

중소기업이 겪고 있는 자금 애로가 지속되면 중소기업뿐 아니라 국가경제 발전에도 걸림돌로 작용한다. 기업은행은 중소기업의 금융 이용 실태를 파악하고 데이터를 구축하기 위한 목적으로 '중소기업 금융실태조사'[70]를 실시한다. 조사 항목에는 중소기업 경영 상황, 자금 전망, 자금조달, 금융기관 이용 만족도 등이 포함되는데, 은행 업무는 물론 정부의 중소기업 정책 수립이나 학계와 유관기관 연구를 위한 기초자료로 쓰인다.

실태조사에서 나타난 추이를 살펴보면, 중소기업 경영 상황은 통상 경기 사이클의 영향을 많이 받는다. 자금조달 원천으로 통상 은행(60%)–정책자금(20%)–비은행(10%)–사채 등(10%)의 순서를 보였으나 코로나 위기 이후 정책자금 비중이 30%로 늘어났다. 절반 이상의 중소기업이 금융자산을 보유했으며 대금결제가 많은 특성상 입출금식 예금이 금융자산의 80% 이상이었다. 판매대금 결제 수단은 현금(60%)–신용카드(28%)–외상(8%)–약속어음(7%) 순이었다. 약속어음 이용 비중과 기간은 줄어드는 추세인데 평균 지급 기간은 90일 이내가 85% 이상이었다.

주거래은행 선택 이유(복수응답)로는 점포 접근성(50%)을 중요하게 생각하지만, 지점과의 관계(40%), 금리 조건(40%)의 비중도 높았다. 대

〈그림 6-10〉 판매대금 결제 수단

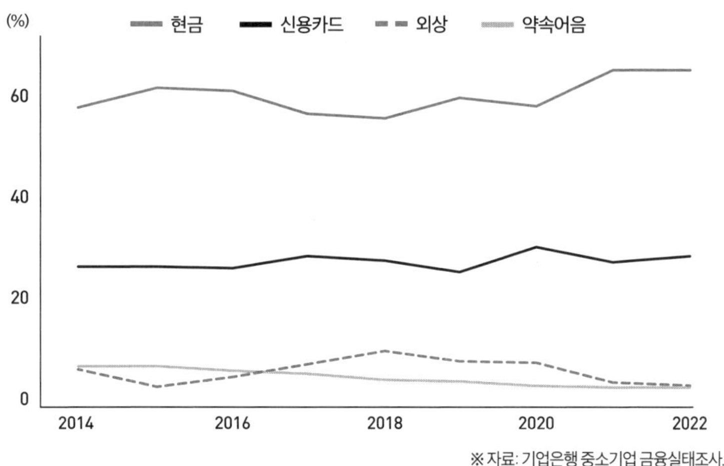

※ 자료: 기업은행 중소기업 금융실태조사.

〈그림 6-11〉 대출 시 불편 사항(복수응답)

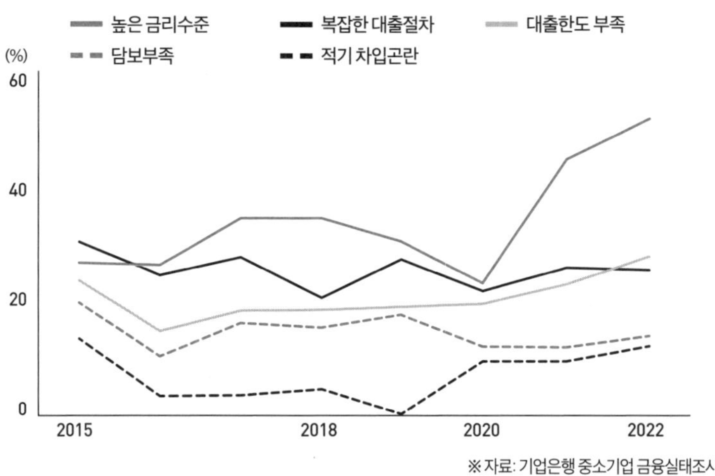

※ 자료: 기업은행 중소기업 금융실태조사.

출 불편 사항(복수응답)으로는 금리 불만(46%)-대출 절차 복잡성(25%)-대출한도 부족(23%)-담보 부족(10%) 순이었다. 실태조사 결과를 보면 중소기업의 자금 가용성이나 판매대금 결제조건이 조금씩 나아지는 듯하지만 대출 절차와 금리 조건은 개선할 부분이 많아 보인다.

중소기업 금융의 미래

경제와 기업 환경이 급변하는 상황에서 중소기업의 적응과 성장을 지원하는 금융의 역할에 대해 고민해야 한다. 중소기업 금융의 미래는 중소기업이 맞게 될 미래와 관련하여 금융이 어떤 역할을 할지의 문제일 것이다. 기업은행 창립 60주년을 맞은 2021년 국제학술대회에서 중소기업의 가치를 재조명하고 중소기업 금융의 미래에 대한 논의가 이루어졌다. 중소기업 금융포럼(SME Finance Forum, SMEFF)의 맷 갬저(Matt Gamser) 대표는 디지털 혁신과 신규 플레이어의 등장으로 중소기업 금융에 경쟁과 혁신이 본격화할 것이라고 내다보았다. OECD의 카말 챠오위(Lamia Kamal-Chaoui) 국장은 중소기업의 회복탄력성 향상이 필요하며 친환경 및 디지털 전환을 위한 중소기업 투자 지원 필요성을 강조했다.[71] 대출 심사에서 지속가능성, 친환경 투자 등 비재무적 사항이 고려되고 있어 지속가능 투자를 유도하기 위한 지원이 더욱 중요해졌다는 것이다.

금융이 본연의 역할을 다하면 중소기업을 변화시킬 수 있다. 양적으로 늘어난 중소기업 금융을 질적으로 심화시키고 중소기업과 경제가 필요로 하는 금융수요를 충족하려면 금융이 달라져야 한다. 중소기업이 직면한 어려움을 헤쳐나가도록 돕고 디지털화, 친환경, 융복합, ESG 등 환경 변화에 적응할 수 있도록 지원해야 한다.

중소기업 금융의 미래 방향성을 몇 가지 제시하자면 우선, 은행업의 본질이 금융 현장에서 구현되도록 정보 비대칭과 시장의 불완전성을 시정하고 자금중개의 효율성을 높여야 한다. 재무제표 등 과거지향적인 지표를 기반으로 하는 은행의 여신심사 행태를 손볼 필요가 있다. 금융회사가 보유하는 금융정보의 투명성을 높이고 정보 공유를 확대해야 한다. 중소기업과의 지속적인 관계를 통해 얻는 정성적인 연성정보나 축적한 데이터를 토대로 기업 경영·재무 상황을 종합 진단하여 기업에 적합한 금융 솔루션을 제공하면 정보 비대칭 문제를 완화할 수 있다. 의사가 환자를 돌보듯이 은행이 중소기업의 금융주치의 역할을 수행해야 한다.

둘째, 중소기업이 생겨나고 성장·소멸하는 전 단계에 걸쳐 은행과 기업이 상생하는 선순환 구조가 필요하다. 우량기업에 자금이 편중되는 현상을 시정하고 미래가 유망한 중소기업에 돈이 흘러갈 수 있도록 금융의 방식과 채널을 재정비해야 한다. 기술력이나 사업성이 뛰어난 중소기업을 알아보는 역량을 키우고 금융지원 방식을 다양화해야 한다. 모험자본 생태계를 활성화하면 창업기업과 기술형 기업에 종잣돈을 제공하고 성장잠재력이 큰 혁신기업의 성장을 지원할 수 있다.

셋째, 금융뿐 아니라 비금융(beyond finance)서비스를 확대할 필요가 있다. 플랫폼 경쟁에서 알 수 있듯이 비금융과 결부되지 않고서는 고객 접점을 확대하기 어렵다. 금융과 연관성이 있고 축적한 데이터를 활용하는 컨설팅 등 비금융서비스는 거래 기업과 은행의 경쟁력에 도움이 된다. 녹색금융 등 중소기업의 ESG 전환을 위한 지원도 그런 맥락에서 이해할 수 있다.

온라인 플랫폼과 모바일 금융 등 중소기업 금융의 디지털화 추세에도 부응해야 한다. 핀테크와의 협업을 통해 P2P 대출, 크라우드 펀딩 등 다양한 자금조달 옵션을 중소기업에 제공할 수 있다. 친환경 전환과 디지털 전환을 지원하기 위한 역할도 강화할 필요가 있다.

* * *

지금까지 은행업의 본질과 금융의 미래, 국책은행 역할, 중소기업과 중소기업 금융의 과제에 대해 살펴보았다. 이어지는 2부에서는 1부의 분석을 토대로 바람직한 금융의 길을 기업은행에 적용한 혁신전략과 실행 과제를 소개한다. 혁신을 추진하는 과정에서 발생한 코로나 팬데믹을 극복하기 위한 위기 대응 사례도 살펴본다.

2부

은행의 과거, 현재와 미래

7장

한눈으로 보는 기업은행 : IBK at a glance

소명과 비즈니스 모델

헌법 제123조, 중소기업은행법 제1조

한 기관을 혁신하려면 그 존재 이유와 비즈니스 모델, 성장 역사와 경영 현황 등에 대한 진단을 토대로 문제를 파악하고 변화 방향에 대한 공감대를 모아야 한다. 변화가 불연속적일 수 있으나 과거와 현재에 대한 이해가 수반되어야 혁신의 실현 가능성을 높일 수 있다.

기업은행이 설립된 1961년은 극심한 가난에서 벗어나려고 정부 주도 개발 전략이 추진되던 시기였다. 당시 특수한 목적을 가진 정책금융기관이 만들어졌는데 기업은행도 그중 하나다. "현상 유지도 곤란, 고리채로 연명"이라는 당시 기사로 짐작할 수 있듯이 중소기업 자금 사정은 매우 어려웠고 금융지원은 체계적이지 않았다. 중소기업에 특화된 은행 설립과 함께 중소기업자에 대한 정의가 내려졌고 중소기업 금융의 틀이 갖추어졌다.[72]

은행이 중소기업을 지원하는 것은 헌법 제123조와 중소기업은행법 제1조에서 명령하고 있기 때문이다. 헌법이 중소기업에 대해 취한 입장은 시대마다 조금씩 바뀌어 왔다. "국가는 중소기업을 보호·육성하여야 한다"라는 조항(제123조 3항)이 헌법에 명기된 시기는 1980년에 이르러서다.[73]

설립 근거법인 중소기업은행법은 1961년 공포되었다. 헌법 조항이 마련되기 이전이다. 법 제1조에서는 "이 법은 중소기업은행을 설치하여 중소기업자에 대한 효율적인 신용제도를 확립함으로써 중소기업자의 자주적인 경제활동을 원활하게 하고 그 경제적 지위의 향상을 도모함을 목적으로 한다"라고 존재 목적을 규정한다.

목적 조항에 '효율적'이라는 말이 담긴 이유가 있다. 중소기업을 지원하더라도 보조금 주듯이 하면 경쟁력 없는 기업을 골라낼 수 없다. 한정된 자금으로 많은 중소기업을 지원하려면 사업 유망성과 상환 가능성을 꼼꼼하게 따져야 한다. 대출 기업의 부도로 손실이 나면 은행 자본을 까먹게 되고 중소기업 지원을 계속할 수 없다.

한 지방자치단체가 1% 금리로 지역 상공인에게 신용대출을 했는데 연체가 늘어나 얼마 후 사업을 중단한 사례가 언론에 보도된 적이 있다. 갚을 의사와 능력이 있는지 심사하지 않고 돈을 빌려주는 것은 '효율적'이지 않다. 금융과 복지는 구분해야 한다. 기업은행은 금융을 하는 기관이라 중소기업을 지원할 때 공공성과 시장성을 고려하여 '효율적'으로 해야 한다.

〈그림 7-1〉 위기 때 대출 공급 추이 비교

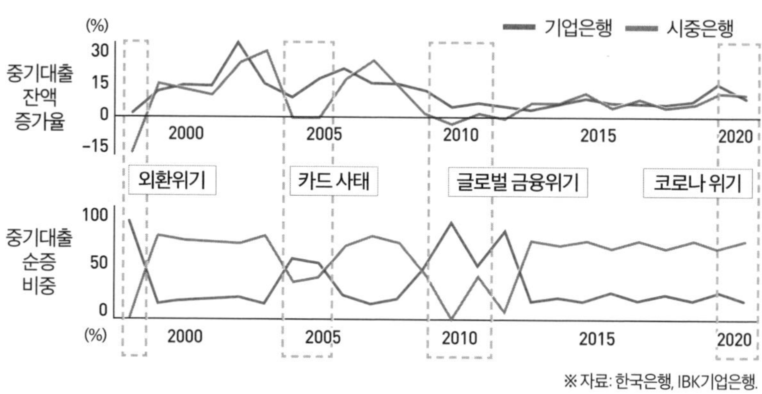

※ 자료: 한국은행, IBK기업은행.

몸 사리는 은행, 몸 던지는 은행

경제개발 초기인 1960~1970년대에 기업은행은 중소기업 금융을 위한 시장을 형성하고 지원체계를 구축하는 데 중점을 두었다. 저축과 해외 차관으로 조성한 자금을 토대로 중소기업의 자금 접근성을 높이고 시장실패를 보완하며 전략 산업과 경제의 고도성장을 뒷받침했다. 1974년과 1978년 석유파동으로 보증을 받은 중소기업까지 대출을 거부당하는 사태가 생기자 특별자금을 공급하며 자금난을 완화했다. 이후에도 중소기업의 자금난이 지속되었으며, 1982년부터 중소기업금융채권(중금채) 발행이 가능해져 중소기업의 시설자금수요에 대응했다.

1990년대 들어 세계화의 흐름 속에서 금융실명제, 금융자율화 등으로 금융시장의 변동성이 커졌다. 급기야 1997년 외환위기가 터지며 기업 부도가 줄을 이었다. IMF의 고금리 처방과 BIS비율을 맞추기 위해 민간은행이 대출을 회수하자 국책은행은 중소기업 대출을 늘리며 시장 불안을 진정시켰다.[74] 위기는 또 찾아왔다. 2008년 글로벌 금융위기 당시 국책은행은 중소기업 대출 순증액의 90% 이상을 공급하며 자금 공백을 막았다. 이러한 역할은 코로나 위기 때도 발휘되었다.

금융안전판 역할은 민간은행과 국책은행의 대출 추이를 비교해보면 잘 나타난다. 1997년 IMF 위기, 2003년 카드 사태, 2008년 글로벌 금융위기, 2020년 코로나 위기 등 소나기가 퍼붓는 상황에서 국책은행은 우산을 씌워주며 중소기업과 소상공인의 유동성 위기가 자금경색과 대량 부도로 확산되는 것을 막았다. 위기 때마다 은행의 대출 점유율도 올라갔다.

자본금 2억 원, 직원 935명, 지점 31개의 작은 은행으로 출발한 기업은행은 크고 작은 위기를 성장의 발판으로 삼아 6백여 점포와 9개 자회사를 갖춘 자산 400조 원대 금융그룹으로 성장했다. 당기순이익이 3조 원에 근접하고 거래 고객이 2천만 명에 이른다. 손쉽게 덩치를 키우는 인수합병 한 번 없이 거둔 성과다. 그러나 앞으로도 계속 잘될 것이라는 보장은 없다. 급변하는 여건 속에서 발전을 지속하려면 끊임없이 도전하고 혁신해야 한다. 기술혁신과 산업구조 재편 흐름 속에서 중소기업의 혁신이 꽃을 피우도록 금융의 물길을 열어야 한다. 금융과 경제의 역동성과 포용성을 높이고 한국경제의 지속가능한 미래를 위한 투자의 마중물 역할이 필요하다.

공공성과 수익성의 두 마리 토끼 잡기

설립 목적을 달성하려면 중소기업 지원이라는 공공성을 추구하는 동시에 수익성을 충족해야 한다. 즉, 두 마리 토끼를 잡아야 한다. 공공성과 수익성은 성격상 상충할 수 있어 두 목표 사이에서 어정쩡해지기 쉽다. 그러나 공공성이 우선되는 목표이며 수익성은 공공성 전제하에 추구하는 것이다.

국책은행이니까 정부 돈을 받아 중소기업을 지원하리라 생각하기 쉽지만 실상은 그렇지 않다. 손실이 생기면 정부가 출자나 출연을 통해 보전하는 산업은행이나 수출입은행과 달리 기업은행은 이익으로 자본을 쌓아 중소기업을 지원해야 한다. 정부 지원이 아예 없진 않아서 자금경색을 막기 위해 손해보며 지원하는 경우 정부가 돈을 대기도 한다. 하지만 손해를 보전하려면 출연 방식으로 지원해야 하는데 정부는 출자 방식으로 돈을 댄다.[75]

민간은행은 수익을 많이 내서 주가를 올리거나 주주에게 배당하는 것이 핵심 경영목표다. 기업은행은 주주에게 적정 배당을 하면서도 이익을 통해 중소기업 지원 여력을 만들어야 해서 비즈니스 모델에 차이가 있다.

예컨대 기업은행이 대출을 20조 원 늘리는 계획을 세웠다고 하자. BIS비율을 유지하려면 대출 증가에 상응하여 자기자본이 늘어나야 한다. 자기자본 중에서도 보통주 자본(common equity)이 중요한데 10%대 비율을 유지하려면 자기자본이 2조 원 내외가 필요하다. 차입자본 이자와 배당금에 7천억 원가량이 들어가는 점도 고려해야 한다. 순이익이 그보다 적으면 BIS비율이 낮아져 중소기업 지원을 늘리기 어렵다. 이익이 본래 목적은 아닐지라도 중소기업 지원을 위해 중요한 목표인 이유다. 디즈니 창업자인 월트 디즈니(Walt Disney)가 "돈을 벌기 위해 영화를 만드는 것이 아니라 영화를 만들기 위해 돈을 번다"라고 했다는데 같은 맥락이다.

은행의 수익·비용 구조를 보면, 총이익은 2021년 기준 6.1조 원이며 이자 이익이 대부분이다. 총비용은 4조 원 남짓인데 인건비를 포함한 일반관리비 2.4조 원, 대손충당금 1조 원, 법인세 7천억 원 등으로 구성된다. 대손충당금 비용이 다른 은행(약 3천억 원)보다 큰데 이는 신용도가 낮고 부도율이 높은 중소기업이 주된 대출 대상이기 때문이다. 비용을 뺀 당기순이익은 약 2조 원 정도인데 이 규모로는 중소기업 지원 밑천으로 부족하다. 궁여지책으로 후순위 차입을 통해 자본을 늘리는데 차입자본은 이자 부담이 크다. 이익을 통해 자본력을 튼튼하게 갖추어야 한다.

경영지표와 시장 평가

주요 경영지표 추이

기업은행은 공공성 있는 업무를 수행하면서도 민간은행과 경쟁하며 수익을 내야 한다. 수익성, 자산건전성, 자본 적정성 등 경영지표와 주식시장 평가를 통해 은행의 경쟁력을 파악할 수 있다.

수익성 차원에서 총자산이익률(ROA)과 자기자본이익률(Return On Equity, ROE)은 시중은행보다 조금 낮다. 수익을 늘리고 비용을 줄이는 노력을 통해 ROA가 시중은행 수준(0.6%)에 근접하고 있으나 글로벌 은행(0.7%)보다는 낮다. ROE(7.7%)도 글로벌 은행(8.7%)보다 낮다.

수익성 높이기가 쉬운 일은 아니다. 신용도에 걸맞은 수준으로 금리를 조정하기 어려운 데다 부도 위험이 큰 중소기업 대출이 많아 충당금 비용이 많이 든다. 국책은행이 왜 이익을 내느냐는 부정적인 인식도 있다. 이익은 중소기업 지원을 위한 밑천이므로 수익원 다변화와 함께 대손충당금 등 비용을 합리화해야 한다.

BIS자기자본비율로 대표되는 자본 적정성은 무난한 수준이다. 국책은행이라 자본 부족이 생겨도 정부가 지원하므로 BIS비율 하락을 감내하며 중소기업 대출을 늘리라고 요구하는 목소리도 있다. 그러나 충격에 대비하고 건전성을 견지하기 위해 적정 수준의 자본이 필요하며 정부에 손을 벌리기보다 이익을 토대로 자본을 쌓는 것이 바람직하다. 유상증자 등 결정이 자유롭지 않아 시장을 통해 자본을 늘리기도 어렵다.

건전성 측면에서 기업은행의 부실여신(Non Performing Loan, NPL) 비율은 시중은행보다 높다. 가계대출 비중이 적은 데다 대출 대상이 부도

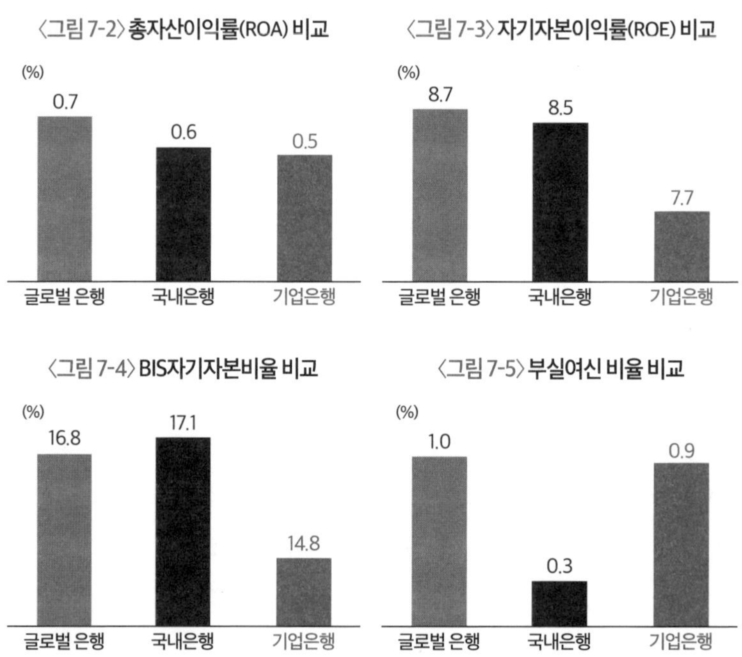

※ 자료: 금융통계정보시스템, 《블룸버그》. 2020~2022년 평균.
※ 주: 4대 금융지주 및 7개 글로벌 은행 평균.

위험이 큰 중소기업이라 불가피한 면이 있다. 조기경보시스템을 체계화하고 기업 구조개선 프로그램 등 여신 건전성 관리를 강화한 결과 부실여신 비율이 낮아졌으나, 유망기업과 부실기업을 걸러내는 실력을 높이는 등 선제적인 건전성 관리를 지속해야 한다.

한국은행이 1999~2020년 기업은행 경영 통계를 다른 은행이나 과거 통계와 비교한 분포도 자료는 경영 상황을 파악하는 데 도움이 된다. 수익성 측면에서 기업은행의 ROA는 0.40으로 4대 시중은행(0.48)보다 낮다. BIS비율(14.9)은 시중은행(17.1)보다 낮으나 과거 평균(13.0)보다 높아졌다. 고정이하여신비율(1.1)은 시중은행(0.3)보다 높으나 과거 은행 평균(1.2)보다는 개선되었다. 유동성커버리지비율(Liquidity Coverage Ratio, LCR)은 101.9로 시중은행(91.3)보다 양호하다.

〈그림 7-6〉 **국내은행의 주요 경영지표 분포도**

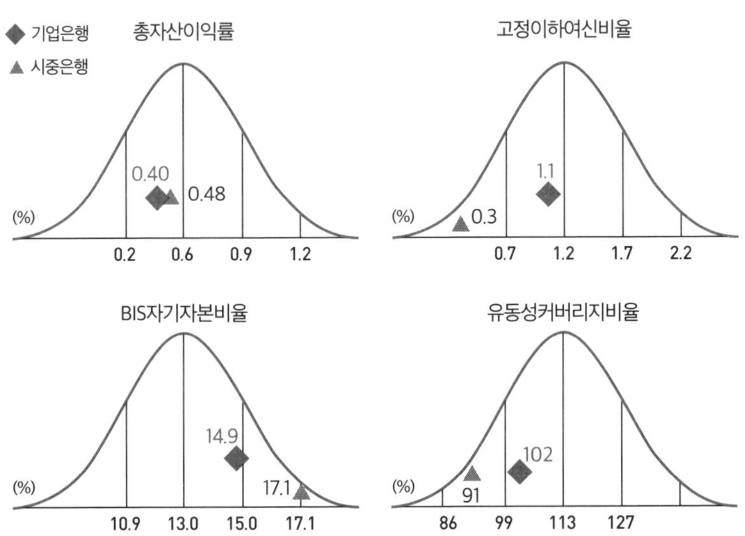

※ 자료: 한국은행.
※ 주: 1999~2020년 분기 통계. 기업은행과 시중은행 값은 2020년 기준.

은행 가치에 대한 시장 평가

주가순자산비율(Price-Book Ratio, PBR)이나 주가수익비율(Price Earning Ratio, PER)에서 보듯이 은행의 가치에 대한 시장 평가는 야박할 정도로 낮다. 자기자본이 30조 원을 넘는데 시가총액은 12조 원 수준이다. 영업권 가치나 성장성을 고려하면 주가가 적어도 장부가는 되어야 할 텐데 2024년 기준 기업은행의 PBR은 0.4 안팎이다. 시장에서 은행 가치를 심각하게 저평가한다는 뜻이다. PER 상황도 비슷하다. 국내은행의 PER는 3 수준으로 10 내외인 글로벌 은행보다 턱없이 낮다.

은행의 시장가치가 저평가되는 이유는 여러 가지다. 우선, 은행 스스로를 되돌아볼 필요가 있다. PBR이 크게 낮은 것은 장래의 수익 전망이 우울하기 때문일 수 있어 미래 수익 창출력을 냉정하게 살펴봐야 한다. 코리아 디스카운트 요인도 작용했을 것이다. 우리나라 상장기업 PBR은 2014~2023년 평균 1.04로 선진국 평균 2.5(미국 4.6, 일본 1.4)보다 크게 낮다. PER도 같은 기간 14.2로 선진국 평균 19.7(미국 21.8, 일본 16.9)보다 낮다.[76]

〈그림 7-7〉 은행 가치에 대한 시장 평가

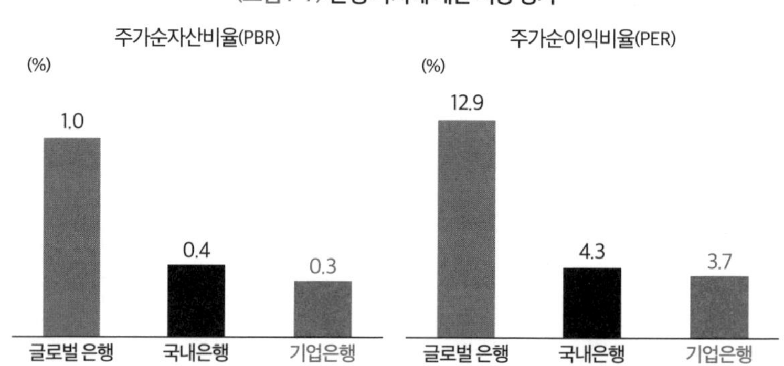

※ 자료: 금융통계정보시스템, 〈블룸버그〉. 2020~2022년 평균.
※ 주: 4대 금융지주 및 7개 글로벌 은행 평균.

주가 저평가 현상은 기업 가치를 창출하고 배분하는 소유·지배구조와 의사결정과정의 불투명성, 주주 이익에 친화적이지 않은 배당과 세제, 지정학적 불확실성 등의 측면에서 투자자에게 불리하기 때문일 것이다. 미흡한 주주환원 수준, 저조한 수익성과 성장성, 취약한 기업 지배구조가 저평가의 원인이라는 실증연구[77]도 있다. 국책은행의 특성도 시장 평가에 불리하게 작용했을 것이다. 은행 이익이나 대출금리에 대한 당국의 언급 또한 투자자 눈에 정상적으로 비치지는 않을 것이다.

기업은행 주가가 순자산 가치보다 낮게 평가되고 있지만 배당 정책은 주가 디스카운트를 완화하는 요인이다. 2022년 IMF 연차총회를 앞두고 뉴욕을 방문했는데 투자설명회에서 만난 한 기관투자자가 "기업은행에 투자할 이유가 뭔가요?"라며 단도직입적으로 물어왔다. 낮은 PBR, 국가 수준 신용등급 등 몇 가지에 더해 "10% 배당수익이 끌리지 않으세요?"라고 반문했더니 투자자가 고개를 끄덕였던 기억이 난다. 기업은행 주가는 2023년 평균 11,000원을 밑돌았는데 배당금은 990원

〈그림 7-8〉 국내외 은행의 배당성향

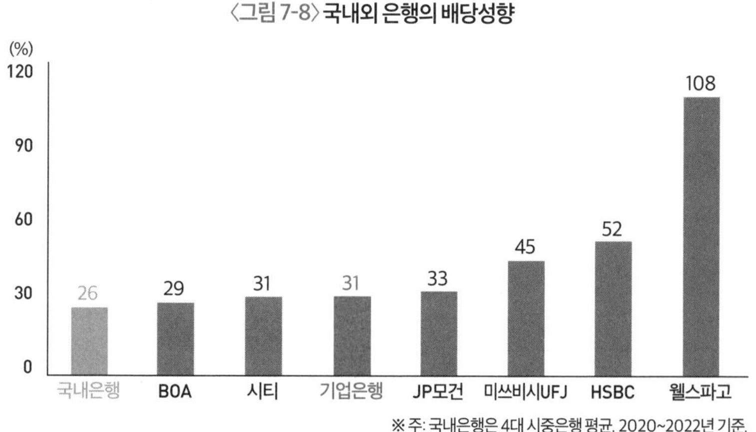

※ 주: 국내은행은 4대 시중은행 평균. 2020~2022년 기준.

이었다. 2024년 주가는 14,000원대인데 배당이 1,000원을 넘으면 배당 수익률이 7% 정도로 높다. 배당이 많으면 자본 유보 규모가 줄지만 주주 이익을 균형 있게 고려할 필요가 있다.

내부 경영 진단

소유·지배구조와 조직 운영

소유·지배구조, 업무 관행, 조직문화 등 정성적이고 구조적인 측면을 함께 살펴봐야 은행 상황을 정확히 파악할 수 있다. 기업은행의 최대 주주는 정부(기획재정부)이며 산업은행과 수출입은행 지분까지 포함한 정부 지분율은 70%에 가깝다. 나머지는 국민연금, 외국인 투자자를 포함한 일반주주가 보유하는데 외국인 지분 비중은 2023년 말 기준 14%로 시중은행(KB 72%, 신한 60%, 하나 69%, 우리 38%)을 크게 밑돈다.

대주주이자 감독기관인 정부는 은행 경영에 광범위한 영향력을 행사한다. 법에 따라 은행은 업무계획, 인사, 예산 등 전반에 대해 소관 부처의 승인을 받아야 하며 금융감독원, 한국은행, 감사원, 국회의 정기 및 수시 감사를 받는다. 시장의 견제·감시 대상이기도 하다. 정부의 관리·감독은 공익이 훼손될 소지를 막고 방만 경영을 막기 위한 차원에서 이루어진다. 은행 경영에 대한 견제와 감독이 없으면 의사결정이 은행 내부 이익에 휘둘릴 가능성이 있기 때문이다. 그러나 세세한 경영 사항에 관여할 정도로 정부 통제가 심하면 은행이 환경 변화에 유연하게 대처하기 어렵다. 법적 한계를 넘는 자율 경영 사항에 대한 관여는 최소화할 필요가 있다.

인력과 조직이 효율적으로 활용되고 있는지는 생산성이나 효율성 지표를 통해 파악할 수 있다. 생산성은 직원 1인당 부가가치로 평가하는데 통상 경제적 부가가치를 측정하는 지표로 순이익을 사용한다.[78] 기업은행의 1인당 순이익은 2022년 말 기준 1.8억 원이다. 시중은행(2.1억 원)과 약간 차이가 있는데 중소기업 대출로 대손충당금 비용이 많은 것이 주원인이다. 대손충당금만큼 대출금리를 올리기 어려운 상황이지만 대손충당금은 중소기업 지원의 가치를 고려하면 비용 이상의 의미가 있다. 자본력을 확충하려면 수익을 늘리거나 비용을 줄여야 한다.

비용 측면의 경영 효율성은 영업이익경비율(Cost Income Ratio, CIR)을 통해 가늠해볼 수 있다. 금융회사가 영업으로 벌어들인 총이익(이자수익+비이자수익) 가운데 인건비나 물건비 등 일반관리비로 얼마나 지출했는지를 나타내는 지표인 CIR은 수치가 낮을수록 비용 효율적이다. 기업은행의 CIR은 코로나 영향과 비용 합리화를 통해 33%로 낮아졌다. 40% 후반의 시중은행이나 글로벌 은행보다 훨씬 효율적이다. 공공기관 규제 대상이라 점포 관리비나 광고비 등 일반관리비를 허투루 쓰기 어렵다. 임금 수준이 시중은행보다 낮으며 명예퇴직금은 턱없이 낮다.

자산·부채 구조와 여신 포트폴리오

대차대조표를 보면 2022년 말 기준 자산 432조 원, 부채 403조 원, 자본 29조 원이다. 중소기업 대출이 240조 원으로 법적 의무(70%)를 넘어 80%를 지원한다. 1,000조 원을 넘은 은행권 중소기업 대출의 23%를 기업은행이 공급한다. 중소기업 거래와 관련한 중견기업 등의 대출이 약 30조 원이며 가계대출은 약 70조 원 정도다.

중소기업 대출은 기업은행의 전문 영역이다. 내부에서는 '다른 은행이 시장에 들어와도 중기금융 분야는 우리가 선두 주자'라는 자부심이 강하다. 그러나 외부 시각이 긍정적이지 않은 경우도 많다. 현장에서 중소기업을 만나면 대출금리가 다른 은행보다 높고 절차가 까다로우며 창업기업이 접근하기 어렵다는 불만을 토로하기도 한다. 담보나 보증 대출이 80%로 대부분이며 신용대출 비중이 생각보다 낮다. 더욱이 가계대출 포화상태에서 시중은행이 중기대출을 확대하고 있어 중소기업 대출은 더 이상 기업은행의 전유물이 아니다.

여신 포트폴리오는 신산업 익스포저가 적고 대출자산의 구성이 과거를 향하고 있는 것으로 판단되었다. 절반 이상의 대출이 제조업에 집중되어 있으며 코로나 때문에 소상공인 대출이 늘어난 2020년 이전에는 기업 수 기준으로 서비스업 비중이 60%를 밑돌았다.[79] 산업의 융합 추세를 고려하여 지식서비스업 등 생산적인 서비스업으로 대출 저변을 넓히는 한편, 제조업 내에서도 미래 산업, 신기술에 대한 고려가 필요하다.

산업구조와 기술 변화의 흐름을 읽고 미래지향적으로 변신해야 글로벌 경쟁에서 살아남을 수 있다. 국가 차원의 산업정책도 기술에 중점

〈그림 7-9〉 **기업은행의 여신 포트폴리오: 업종별 및 기술수준별 비중**

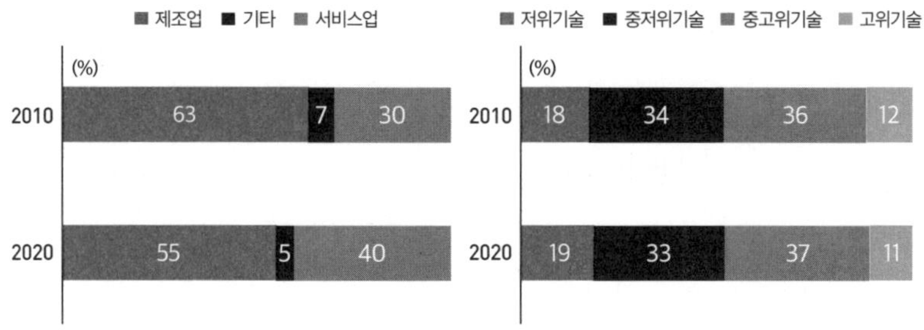

※ 자료: 기업은행.
※ 주: 기타는 농림어업, 광업, 전기·가스·수도, 건설업, 공공행정 등 포함.

을 두고 있는데 정책 효과를 높이려면 산업과 기업의 분류, 즉 택소노미(taxonomy)가 정교하게 디자인되어야 한다.

은행에서는 거래기업을 기술 수준에 따라 고위, 중위 및 저위기술군으로 분류하는데, 기술 수준이라기보다 사실상 업종에 따른 분류에 가깝다. 문제는 고위기술군에 기술력 낮은 기업이 포함될 수 있으며 저위기술군에 기술력과 경쟁력 높은 기업이 있을 수 있다는 점이다. 저위기술군 업종에 속하는 기업은 아무리 기술이 뛰어나도 대출이 원천적으로 막히는 문제가 생긴다.[80] 대출 결정에 있어 기술력을 고려하는 기준이 필요하지만 투박한 택소노미는 득보다 실이 클 수 있다는 점을 유의해야 한다.

제조업 내 여신 구성에 있어 고위기술군으로의 전환이 부진하다. 고위기술군은 고객 확보 경쟁이 치열한 데다 주식시장이나 벤처캐피털 등 비은행 채널을 이용할 수 있어 은행이 고객 늘리기가 쉽지 않다. 기업은행은 기계·장비, 1차 금속, 화학산업 등 중위기술군 기업 중심의 대출 포트폴리오를 유지하며 수익을 내고 있으나 고위기술 비중을 늘려야 한다. 기술력이 입증된 기업을 두고 경쟁하기보다 리스크가 있지만 유망한 창업·벤처기업으로 눈을 돌릴 필요가 있다.

미래 지향성: 디지털, 글로벌, 지속가능경영

10년, 20년 후에도 경쟁력을 유지하려면 금융산업 변화 추이, 산업과 기술 흐름, 시장수요 등 변화의 길목에서 이슈를 선점하고 미래 흐름에 올라타야 한다. 미래 대비 차원에서 대응해야 할 핵심 이슈로 디지털화, 금융혁신, 금융 국제화, 지속가능경영 등을 꼽을 수 있다.

디지털화 등 금융업의 변화 추이에 위기의식을 가지고 대응해야 한다. 은행 내부에서도 "아마존 뱅크가 사업을 시작한다고 생각하면 소름이 돋는데 우리는 집토끼가 있다고 생각하며 안일하게 접근한다", "변화의 방향성 정립과 전략 등 큰 틀의 고민이 부족하다"와 같은 목소리가 나왔다. 디지털 전환의 방향성을 점검하고 속도를 높여야 한다.

글로벌 경영을 체계화할 필요가 있으나 은행의 국제경쟁력이나 글로벌 인지도가 높지 않으며 코로나로 인한 국경 봉쇄로 해외 진출의 추진 동력이 약해져 있었다. 해외 국책은행이나 국제기구와의 협력에 대한 은행 내부의 관심을 높이고 글로벌 역량을 높이기 위해 노력해야 한다.

탄소중립, 녹색 전환 등 ESG 경영 사안에 대해서도 체계적인 대응이 필요했다. 대표적인 ESG 지수인 다우존스 지속가능경영지수(Dow Jones Sustainability Indices, DJSI)[81]에 시중은행은 편입되어 있었으나 기업은행은 참여한 적이 없었다. 중소기업 지원이라는 설립 목적을 고려할 때 사회(S) 분야 활동은 평가받을 만하지만, 환경(E)과 지배구조(G) 분야는 지속가능경영에 관한 인식을 바꾸는 한편 ESG 경영의 전략과 추진 체계를 마련해야 했다.

업무 관행과 조직문화

대규모 조직인데도 은행은 꽤 짜임새 있게 움직였다. 직원 역량이 우수했고 업무 열정이나 태도가 긍정적이었다. 그러나 그런 역량을 꿰어 성과를 창출하는 구성의 문제, 즉 조직 운영 방식과 업무 관행은 개선해야 했다. 특히 내부통제는 자금세탁, 사모펀드 문제, 횡령 등 사고를 고려할 때 체계적인 대응이 절실했다.

조직문화에 있어서는 국책은행의 자부심과 중소기업 지원에 대한 소명 의식이 강했으며 목표를 달성하는 추진력이 강했다. 상하관계가 뚜렷하고 직원 유대가 강했는데 업무 기풍을 유연하고 진취적으로 바꿀 필요가 있었다. 회의나 보고 때 의견을 내기보다 조용히 듣는 사람이 많았는데 모난 돌이 정 맞는다고 괜히 튀었다가 손해보지 않을까 하는 우려 때문인지 모른다. '가만히 있으면 중간은 가겠지'라는 생각도 있을 것이다. 구성원이 토의에 적극 참여하지 않으면 현상 진단이나 현실성 있는 개선 방안을 찾기 어렵다. 모난 돌이 필요한 곳에 쓰이도록 하고 가만히 있으면 뒤처진다고 여기도록 조직 분위기와 유인 체계를 바꾸어야 한다.

* * *

은행을 혁신하는 작업은 쉬운 일이 아니다. 그동안 해오던 방식으로 운영하더라도 은행에 당장 문제가 생기는 것은 아니다. 현재의 금융 방식과 업무 행태는 한국 사회의 일하는 방식과 이해관계자와의 상호 관계 속에서 형성된 결과일 것이다. 위험회피 성향이 강하고 보수적인 은행업 풍토에서 남들이 하지 않는 혁신적인 시도를 하기에는 한계가 있기 마련이다. 그러나 기존 방식에 젖어 업의 본질을 외면하고 현실에 안주하면 발전은 없다. 은행을 둘러싼 환경 또한 빠르게 달라지고 있어 한발 앞선 노력이 없으면 도태될 수밖에 없다. 경영혁신 작업에 착수했다.

8장

변화와 혁신을 향한 길

혁신을 위한 리더의 역할

어떤 조직이든 크고 작은 차이는 있겠지만 문제는 있기 마련이다. 지금은 문제 될 것이 없다 하더라도 변화 없이 현실에 안주하면 문제가 생기고 경쟁력을 잃게 된다. 중학교 한문 시간이었던가, "배움은 물을 거슬러 오르는 배 같아서 계속 나아가지 않으면 밀려난다(學問은 如逆水行舟하여 不進則退)"라는 글귀가 와닿아서, 살아오며 게으름을 경계하고 스스로 질정하는 다짐으로 삼았다. 세상사나 은행 경영 역시 물을 거슬러 오르는 배와 다르지 않다.

은행을 달라지게 하려면 소명(mission), 즉 근본적인 역할과 임무를 충실하게 수행하고 있는지 살펴보고 변화와 혁신의 필요성에 대해 구성원의 공감을 얻어야 한다. 경영 상황과 여건을 냉철히 진단하여 비전을 정립하고 추진 전략과 과제를 도출하여 실행에 옮겨야 한다. 비전은 조직의 소명을 이루기 위해 설정하는 바람직한 미래상이다. 이를테면 구성원에게 조직이 추구하는 방향을 알려주는 표지판으로, 조직의 에너지를 모으고 잠재된 힘을 발휘하도록 동기를 부여하는 역할을 한다. 비전과 전략 마련 작업은 조직 구성원과 함께 진행해야 한다. 일방적으로 부여된 비전이나 공감대가 부족한 전략은 실행으로 옮기기 어려우며 지속될 수도 없기 때문이다.

은행이라는 대형 조직을 이끌려면 리더십을 올바로 세우는 일이 선행되어야 한다. 공직에 있던 2006년 중앙공무원교육원에서 리더십 과정을 이수한 적이 있다.[82] 당시 교재는 행정학, 경영학, 조직론 등의 자료를 기초로 리더십과 고위공무원에게 요구되는 역량을 체계적으로 정리했다. 리더의 핵심역량으로 혁신 주도, 전략적 사고, 비전 제시, 문제 인식·이해, 고객 지향, 의사소통, 조정·통합, 결과 지향, 전문가 의식 등 9개를 제시했다.[83] 고위공무원 선발·육성 기준으로 활용되는 이들 역량은 공직뿐 아니라 은행에서도 좋은 기준점이 되었다.

비전 실현을 위한 리더의 역할에 대해 버트 나누스(Burt Nanus)도 비슷한 점을 강조한다.[84] 그에 따르면, 리더는 비전을 통해 목적지로 향하는 길을 제시하는 방향 설정자이며 인적·물적 역량을 결집하여 조직의 변화를 유도하는 변화 추진자다. 외부 이해관계자들에게 조직의 지향점을 이해시키는 대변자이자 비전 달성을 위해 구성원의 능력을 신장시키는 코치이기도 하다. 이는 사람을 가장 가치 있는 자원으로 여기며 경청하는 자세로 업무를 추진하고 권한을 위임하여 리더십을 공유하는 서번트 리더십의 맥락과도 상통한다.

상식적이기도 한 이들 리더십 해석은 은행이라는 큰 조직을 이끌 때 유념해야 하는 가이드다. 문제는 리더십 요소를 어떻게 조직 행동으로 체화시키는가다. 현실에서는 변화에 대한 저항이나 장벽을 겪는 것이 다반사다. 그렇다고 편법으로 대응하거나 변화를 회피하면 성과를 거두기 어렵다. 어려움이 있어도 조직의 소명을 염두에 두고 원칙과 기본을 바탕으로 혁신과제를 하나씩 실행으로 옮기는 것이 중요하다.

해외 은행 혁신 사례

혁신으로 가는 길은 순탄치 않다. 현상 진단, 혁신 방향성 정립, 전략과 과제 도출 및 실행에 이르기까지 숱한 장애물이 놓여 있다. 혁신을 통해 의미 있는 성과를 거둔 다른 은행의 사례는 좋은 참고가 된다. 금융환경이 달라지는 상황에서 빅테크의 공세와 대형 은행의 변신, 벤처금융의 선구자였던 실리콘밸리은행, 바른경영의 본보기가 되는 트리오도스 은행은 눈여겨 볼 사례다. 은행 이익을 얻기 위해 불법을 자행하며 고객의 신뢰를 저버린 나쁜 은행 사례는 타산지석의 교훈으로 삼을 수 있다.

빅테크와 대형 은행의 수렴

전문가들은 차세대 금융산업의 도전자로 아마존, 알리바바, 텐센트 등 빅테크를 꼽는다. 미치아키는 테크놀로지 기업과 전통은행과의 주도권 싸움을 파헤치며 새로운 미래 금융 시나리오를 제시했다.[85] 빅테크 대표 기업인 아마존에게 금융은 고객이 편하게 사용할 수 있는 서비스 분야인 동시에 보유하고 있는 전자상거래 플랫폼을 강화하는 수단이기도 하다. 법인 대상 융자 서비스 '아마존 렌딩(lending)', 디지털 결제 서비스 '아마존 페이(pay)', 은행 계좌나 신용카드가 없는 사람도 현금을 충전하여 인터넷 쇼핑에서 쓸 수 있는 '아마존 캐시'까지 제공한다. 이처럼 결제, 융자, 예금 등 혁신적인 서비스를 통해 고객에게 가치를 제공하는 새로운 방법을 모색하고 있어 아마존 뱅크의 탄생은 시간문제라는 시각이 많다.

중국의 알리바바와 텐센트의 공세도 무섭다. 생활 서비스 플랫폼 안에서 상류(商流), 금류(金流), 물류(物流) 데이터를 축적하고, 이를 근거로 개인과 중소기업의 신용도를 심사해 돈을 빌려주는데 금융의 본질을 기존 금융기관보다 더 잘 구현한다는 평가를 받는다. 우리나라도 카카오뱅크, 케이뱅크 등 인터넷전문은행이 은행업에 진출하여 기반을 확대하고 있다. 편의성에 중점을 두어 시장 점유를 늘리고 있는 이들의 가치에 대한 시장 평가는 시중은행을 훌쩍 뛰어넘는다. 2023년 말 기준 카카오뱅크의 PBR은 2.2(시가총액 13.6조 원/자기자본 6.1조 원)로 시중은행(0.4 수준)을 능가한다.

빅테크와 핀테크의 도전에 위기감을 느낀 대형 은행들은 혁신에 몰두하는 추세다. 골드만삭스는 사업구조부터 인력까지 모든 것을 바꾸고 있다. AI를 활용하여 2006년 68%를 차지했던 트레이딩 업무를 2017년 37%까지 줄였다. IT와 플랫폼 투자가 연간 35억 달러에 이르고 직원 3만 7천 명 중 1만 1천 명이 엔지니어다. JP모건은 데이터 사이언스, 로보틱스, 인공지능 분야에서 세계 최고 인재를 모아 전문가 집단을 만들고 있다. 개방형 플랫폼을 구축하여 새로운 금융상품을 개발하고 가상화폐인 JPM 코인을 발행하겠다고 발표하기도 했다.

벤처금융 전문은행: Silicon Valley Bank

1983년 미국 샌프란시스코 인근에 설립된 실리콘밸리은행은 벤처생태계의 플레이어를 연결하며 전문적인 금융서비스를 제공하는 벤처금융 전문은행이다. 벤처기업, 벤처캐피털, 사모펀드(PE)를 주 고객으로 벤처금융서비스를 제공하며 독자적인 영역을 개척했다. 상업은행 업무뿐 아니라 자산운용, 벤처투자, 자문·리서치·가치평가 서비스, 부유층 자산관리 등의 업무도 취급했는데 2023년 유동성 문제로 파산한 후 퍼스트 시티즌스 뱅크셰어스(First Citizens BancShares Inc.)에 인수되었다.

실리콘밸리은행은 벤처캐피털(VC)과의 협업을 통해 벤처대출(Venture Debt)을 취급했다. 벤처기업은 지분 투자보다 저렴한 비용으로 은행 대출을 받을 수 있어 자본 희석을 줄일 수 있고, VC는 추가 투자의 위험을 줄이면서 투자 기업의 성장을 도울 수 있다. 은행도 VC의 투자 선별 기능을 활용해 벤처대출의 위험을 낮출 수 있다. 실리콘밸리은행은 보육보다 VC와 스타트업의 네트워킹에 주목했다. VC와 스타트업이 함께 작업할 수 있는 공간을 제공하고 스타트업 보육은 VC가 전담하도록 한 것이 특징이다. 실리콘밸리은행의 전문적인 벤처금융서비스는 스타트업에 다양한 자금조달 기회를 제공하며 실리콘밸리의 벤처생태계 발전에 크게 기여했다.

지속가능은행 사례: 트리오도스 은행

바른경영에서 세계적으로 귀감이 되는 은행이 있다. 사회·윤리·경제라는 세 개의 길을 추구하는 트리오도스(Triodos) 은행으로 은행가, 경제학자, 컨설턴트가 모여 지속가능한 사회를 위한 금융을 연구한 트리오도스 재단이 모태다. 1975년 네덜란드에서 설립된 후 지금은 벨기에, 영국, 스페인, 독일, 프랑스에 지사를 두고 있다. 은행법에 따라 설립되었으나 사람, 환경, 수익을 함께 고려하는 원칙으로 운영되는 사회적 은행이다. ▲가치 중심 서비스 및 상품 제공 ▲고객과 장기적 관계 지향 ▲가치금융 선도를 핵심 가치로 내세우는 트리오도스는 인간의 존엄성, 환경보호, 삶의 질 증대를 목표로 고객에게 지속가능한 금융을 제공하는 것을 사명으로 삼는다.[86]

역할은 우리나라의 서민금융진흥원과 비슷한데 공공기관이 아니라 민간이 운영하는 기관이다. 사회적 금융을 실천하면서도 설립 이후 단 한 번의 적자도 없이 성장을 지속하고 있다. 2008년 글로벌 금융위기 때에도 흑자를 기록했다. 군수산업, 담배 제조업 등 비윤리적인 기업에 투자하지 않으며 세상을 더 나은 곳으로 만드는 투자를 한다는 경영철학을 고수한다. 적정 이익을 추구하면서도 사회변화를 이끄는 사업에 투자하며 융자의 7할 이상을 자연환경 등 사회적 부가가치를 창출하는 부문에 지원한다. 고객의 알 권리를 보장하여 경영 투명성을 높이며, 자금이 어디에서 어떻게 운용되는지 알 수 있도록 사업모델, 대출 현황 등을 홈페이지에 공개한다.

혁신경영 비전과 전략

혁신 여건 점검

은행 상황에 대한 앞 장의 진단을 종합하면, 기업은행은 국책은행으로서 중소기업의 금융 애로를 해결하기 위한 실적과 재무지표 등 경영 상황은 대체로 무난했다. 중소기업 대출 규모나 수익성과 건전성 등 외형적인 지표도 건실하여 좋은 은행 범주에 포함할 수 있을 것이다. 그러나 좀 야박하게 평가하자면 금융서비스의 질적 경쟁력이나 업무 관행이 선진적이지는 않았으며 훌륭한 은행으로 부르기엔 부족했다. 특히 거시적인 면에서 은행이 금융을 통해 산업과 기업의 혁신을 유도하는지 명확하지 않고 금융지원 방식이 다른 은행과 차별화될 정도로 혁신적이지는 않았다.

그간의 성과와 문제를 짚어보고 급변하는 환경 속에서 은행의 미래를 모색해야 한다. 시대 변화와 함께 달라져야 하는 부분이 있을 테고 시대가 변해도 지켜야 할 본질적인 역할이 있다. 은행산업이 많이 발전했지만 시대 변화에 능동적으로 대응하지 못하고 현실에 안주한다는 비판이 많다. 담보와 보증부 대출 비중이 80%를 넘고 있어 자금중개라기보다 '형식을 갖춘 자금전달'에 가깝다는 지적도 있다. 국책은행부터 혁신을 통해 금융업에 대한 신뢰를 회복해야 한다. 국민과 고객의 이익을 업무의 중심에 두고 업의 본질을 지키지 못하는 부분을 과감히 손보는 한편, 기업, 산업과 금융의 변화를 이끌어야 한다.

은행장으로 취임한 2020년은 코로나 팬데믹, 디지털 전환 등 경제와 산업의 패러다임이 바뀌는 시기였다. 저성장·양극화·고령화 등 경제구조와 금융환경이 급변하는 전환기에 어떤 비전과 전략으로 임하느냐에 따라 은행의 미래가 좌우된다.

임기를 마친 후 돌이켜봐도 후회가 없도록 은행을 이끌어 '훌륭한 은행'으로 발돋움시키고 금융산업 전반에 긍정적인 변화를 촉발하고 싶었다. 내부 경영이 원칙과 상식에 기반한 합리적인 방식으로 이루어지도록 유도하는 한편, 자긍심을 가지고 일하는 은행, 경제사회에 선한 영향력을 미치는 은행으로 만들고 싶었다.

글로벌 경쟁력을 갖춘 초일류 금융그룹

미래를 위한 비전과 전략을 마련하는 작업이 CEO의 독선에 휘둘리지 않도록 임직원이 참여하는 혁신 기구를 만들었다. 여기서 은행의 인적·물적 자원이 효과적으로 활용되고 있는지, 직원 동기부여와 유인체계가 잘 갖추어져 있는지, 업무 시스템과 조직문화가 선진적인지를 점검했다.

취임 후 첫 임원회의에서 혁신경영의 의지를 밝히며 비전 작업을 본격화했다. 누구보다도 집행 간부인 15개 그룹장(부행장)과 자회사 대표들의 의견이 궁금했다. 은행 상황과 혁신 방향에 대해 직원에게 시키지 말고 분량이 적어도 좋으니 본인 생각을 정리한 보고서를 내달라고 주문했다. 보고서 내용을 혁신에 참고하려는 취지와 함께, 아는 만큼 보이는 법이니 고위 간부의 역량을 파악하고 곧 있을 인사에 반영하려는 의도도 있었다. 대면 또는 서면으로 제출된 보고서의 내용과 수준은 사람마다 달랐으며 은행 상황을 파악하고 혁신 방향을 설정하는 데 도움이 되었다.

은행 내부 이야기만 들으면 집단사고의 오류에 빠질 수 있어 틈나는 대로 중소기업, 학계, 연구원 등 외부 인사를 만났다. 은행 비전과 전략 보고서 초안을 설명한 후 냉정한 평가와 제언을 부탁했다. 총론적인 평가와 함께 모험자본 공급, 비제조업과 지식서비스업으로의 여신 포트폴리오 다변화, 단순하고 명확한 성과평가제도 마련, IT 및 디지털 전략, 내부통제 선진화 등의 의견이 나왔다. CEO 역할과 관련하여 한 경영학 교수는 "임기를 마친 후 어떤 업적을 남긴 은행장으로 기억될 것인가?", "고객과 직원이 은행장에게 가장 바라는 것은 무엇인가?"라는 질문을 스스로에게 던져보라고 하며 퇴임 인사를 미리 작성해볼 것을 권하기도 했다. 전문가 간담회의 제언은 경영전략과 과제의 가닥을 잡는 데 좋은 체크포인트가 되었다.

달포의 고민과 논의를 토대로 은행 비전으로 '글로벌 경쟁력을 갖춘 초일류 금융그룹'을 제시했다. '글로벌'은 국내 수준을 넘어 국제적으로 인정받을 수 있는 경쟁력을 확보하자는 의미로 사용했다. 글로벌 역량과 인지도가 취약한 점도 고려했다. '초일류'라는 단어는 거창하게 들릴 것 같아 망설이기도 했으나 그간의 은행업 패러다임에서 달라지고자 하는 열망을 담았다. 중소기업 대출 비중에서 수위에 있지만 질적으로 금융의 본질을 구현하고 기업과 산업의 혁신을 선도하도록 은행이 탈바꿈해야 한다는 취지를 나타내고 싶었다. 마지막으로 '금융그룹'을 통해 자회사와의 시너지를 높이는 가운데 장기적으로 금융지주회사로 발전시켜 나갈 가능성을 제시했다.

새로운 비전은 직원에게 은행이 나아갈 방향과 과제를 제시한 것이지만 고객 시각에서 체감할 수 있는 최종 성과(outcome)라기보다 중간 산출(output) 성격이 짙다. 그래서 고객에게 와닿을 수 있는 브랜드 슬로건은 추후 작업을 거쳐 '금융으로 만나는 새로운 세상'으로 정했다. 은행이 금융을 통해 중소기업과 국민에게 새로운 세상을 열어주겠다는 취지였다.

미래로 가는 두 바퀴, 혁신금융과 바른경영

비전 달성을 위한 전략으로 '혁신금융'과 '바른경영'을 제시했다. 새로운 미래로 가기 위한 혁신금융을 전략의 앞바퀴로, 조직의 중심을 잡는 바른경영을 뒷바퀴로 삼아 초일류 금융그룹이라는 목적지로 나아간다는 구상이었다.

〈표 8-1〉 **혁신금융과 바른경영 전략**

	전략 과제	세부 실천 과제
혁신금융	중기금융 초격차	- 고객지향적 혁신 - 기업경영 진단 프로그램 및 미래지향적 여신심사 - 경영지원플랫폼 등 비금융서비스 강화
	혁신성장 선도은행	- 모험자본 시장 키플레이어로 도약 - 글로벌 혁신기업 발굴·육성
	금융영토 확장	- 해외 진출 전략 재점검 - 금융그룹 시너지 강화
	디지털 혁신	- 디지털 기반 전행 업무 혁신 - 핀테크·빅테크 제휴 확대 및 데이터 활용 강화
바른경영	지속가능경영	- ESG 경영 기반 강화 및 금융사고 제로 - 사회적 약자 포용과 기업시민 역할 강화
	인사 혁신	- 인사의 공정성, 포용성 및 투명성 제고 - 인적 자원의 경쟁력 강화
	유인구조와 조직문화 개선	- 유연하고 개방적인 조직문화 구축 - 경영평가제도 선진화와 내부통제 선진화

혁신금융은 기업과 경제의 혁신을 지원하는 동시에 은행의 경쟁력도 높이려는 전략이다. 그러려면 그간의 보수적인 행태에서 벗어나 금융서비스 제공 방식과 관행을 혁신해야 한다. 중기금융 초격차, 혁신성장 선도은행, 금융영토 확장 그리고 디지털 혁신의 네 가지를 혁신금융 전략의 핵심 과제로 선정했다.

바른경영 전략은 원칙과 기본에 충실한 경영이 좋은 성과로 이어진다는 지론을 반영한 것이다. 법과 윤리를 지키고 책임을 다해야 조직이 잘못될 소지를 줄이고 신뢰를 확보할 수 있다. 살다보면 좋은 게 좋은 거라는 말을 듣는데, 그럴듯한 이 표현에 거부감이 들 때가 많았다. 누구에게 좋은 것이 다른 사람에게는 나쁠 수 있다. 좋은 게 좋다는 말은 잘못된 관행에 영합하도록 부추기며 불합리를 거부하기 힘들게 한다.

좋은 게 좋다는 식의 임시변통적, 상황 논리적 대응은 스테로이드처럼 반짝 효과는 있을지 모르나 부작용을 수반하기 마련이다. 세계 일류기업도 법을 우회하거나 비윤리적 행태를 보이면 고객은 싸늘하게 등을 돌린다.

고객이 신뢰하는 은행, 구성원이 자긍심을 가지는 은행, 지속가능한 은행을 만들기 위해 갖추어야 할 핵심 요소가 바른경영이라는 믿음은 확고했다. 최근 여러 은행에서 금융사고가 빈발하는 이유는 경영위험을 예방하는 안전판인 바른경영이 작동하지 않기 때문이다. 지속가능경영, 인사 혁신, 유인구조와 조직문화 개선을 핵심 과제로 삼았다.

혁신 키워드: 신뢰, 실력, 사람, 시스템, 사회

조직의 핵심 가치에는 조직 구성원이 믿는 신념이 녹아 있어야 한다. 은행 혁신을 추진하는 데 있어서는 신뢰, 실력, 사람, 시스템, 사회의 다섯 가지 키워드가 중요하다고 보았다.

은행업의 최우선 가치는 신뢰다. 세계 최대 기업인 아마존의 중역 회의에는 항상 빈 자리가 하나 있다는데 보이지 않는 고객의 자리라고 한다. 대출금리를 정하고 금융상품을 권유하고 경영평가 기준을 정할 때 고객을 염두에 두어야 한다. 단기 실적에 집착해 고객 이익을 등한시하면 가장 중요한 신뢰를 잃는다.

신뢰를 높이려면 실력을 키워야 한다. 의사가 실력이 있어야 환자가 신뢰하듯 은행도 고객이 원하는 서비스를 제공하는 실력이 있어야 고객 선택을 받을 수 있다. 여수신, 자산관리, 기업금융을 포함해 은행 실력을 쌓고 부가가치를 높여야 한다.

실력의 원천은 사람이다. 구성원이 올바른 유인구조 아래에서 성실하게 일하고 실력을 높여야 은행의 경쟁력이 높아진다. 인사, 급여 등 보상 체계는 유인구조의 핵심이며 성과와 기여에 상응하는 혜택이 돌아가야 은행이 발전한다. 투명하고 공정한 인사기준 아래 차별 없이 동등하게 경쟁하는 가운데 실력을 키우는 기회가 모두에게 제공되어야 한다. 소외되는 직원이 없도록 살피는 것 또한 중요하다.

시스템은 조직이 구축한 무형의 경쟁력이며 위기일수록 빛을 발하는 역량이다. 시스템이 잘 작동해야 조직 역량이 최대한 발현되고 직원 실수가 있더라도 금융서비스에 차질이 생기지 않는다. 업무 시스템뿐 아니라 영업 관행과 조직문화 전반을 업그레이드해야 한다. 청렴도를 최고 수준으로 높여야 한다. 금융사고와 부패가 있는 곳에서는 자긍심과 고객의 신뢰가 생기지 않는다.

기업시민으로서 사회에 선한 영향력을 미치는 일은 점점 중요해지고 있다. 기업을 하다 보면 사회에 좋고 나쁜 영향을 미치게 되는데, 돈으로 측정되는 활동은 물론이거니와 눈에 보이지 않는 부분에서도 사회에 해악을 끼쳐서는 안 된다. 사회와 지구에 책임을 다하는 지속가능경영은 중장기 경쟁력을 높이는 필수 요소다.

이를 종합하면 ▲은행업은 신뢰를 기반으로 하며 ▲신뢰를 얻으려면 실력이 있어야 한다. ▲실력의 원천인 사람을 키우고 ▲시스템을 업그레이드하며 ▲기업시민으로서 사회적 책임을 다하는 것이 중요하다. 이들 다섯 가지 키워드는 혁신경영 전략을 관통하는 기본 틀이고 실행의 기준이다.

혁신경영을 위한 변화 관리
: 실행, 실행 그리고 실행

OECD 대사로 일하던 2016년, 한국의 OECD 가입 20주년을 기념하여 앙헬 구리아(Angel Gurria) OECD 사무총장과 함께 내한했을 때 일이다. OECD는 〈한국경제보고서〉에서 한국경제 재도약을 위해 구조개혁이 긴요하다는 정책권고를 제시했다. 기자간담회에서 한 기자가 "개혁 성공을 위해 무엇을 해야 합니까?"라고 질문하자 구리아 사무총장은 "개혁 성공에 중요한 세 가지 요소가 있다. 첫째는 실행(implementation), 둘째는 실행이며 셋째도 실행이다"라고 답변했다. 개혁을 추진하다 보면 많은 장애물을 만난다. 뜻이 좋아도 현실 제약으로 실행에 옮기지 못하면 그걸로 끝이다. 고양이 목에 방울 달자고 뜻을 모아도 방울을 달 방안이 없으면 말짱 도루묵이다.

혁신을 실행에 옮기려면 조직 역량이 혁신 친화적으로 가동되도록 유인구조를 갖춰야 한다. 은행장은 인사, 조직, 예산, 평가, 포상 등 다양한 수단을 활용할 수 있다. 조직 운영체제와 보상구조가 바르게 설계되면 닦달하지 않아도 혁신은 저절로 일어난다.

조직 개편을 단행했다. 변화의 폭을 최소화하되 혁신전략의 실행을 위해 필요한 기구를 신설했다. 혁신금융그룹을 신설하고 금융소비자보호그룹을 분리·독립하는 한편, 금융상품의 선정·판매·관리를 고객 입장에서 총괄하는 자산관리그룹을 신설했다. 소통 활성화와 준법·윤리 의식을 높이기 위해 은행장 직속의 바른경영실을 설치하고 IMF에서 일할 때 눈여겨보았던 직원권익보호관 제도를 도입했다.

인사는 공정과 포용 원칙에 맞추어 인사기준을 투명하고 합리적으로 설정하는 데 주안점을 두었다. 인사는 직원의 노력과 성과에 대한 보상인 동시에 근로 동기와 업무 행동에 영향을 미친다. 공정한 인사를 위해 인사 청탁과 줄서기를 근절하고 직원의 인사 데이터를 축적해서 평가에 반영하는 인사스코어링 시스템을 도입했다.

경영평가 제도와 핵심성과지표(KPI)를 개편했다. 평가에서 수익을 중요시하면 직원은 수익을 많이 내는 방향으로 일하고 고객 이익을 중시하면 고객 이익을 위해 노력한다. 혁신경영 전략을 뒷받침하는 방향으로 평가 항목과 배점을 조정했다. 혁신 우수 사업과 직원에 대한 포상도 확대했다.

혁신경영의 진행 상황을 점검할 수 있도록 향후 10년을 내다본 로드맵을 마련하고 미래 청사진을 임직원과 공유하여 혁신에 대한 공감대와 실행력을 높였다. 브랜드 체계도 재정립하고 '금융으로 만나는 새로운 세상'으로 브랜드 슬로건을 수정했다.[87]

혁신금융을 가속화하고 바른경영을 뿌리내릴 혁신과제는 경중과 완급에 따라 하나씩 실행으로 옮겼다. 시간이 걸렸지만, 금융주치의 프로그램, 직원권익보호관, 인사스코어링, 데이터 경영체제 구축 등 과제가 추진되고 성과가 나타나기 시작했다.

* * *

혁신전략과 유인 체계를 마련하고 과제를 실행에 옮긴 결과로 은행에 긍정적인 변화가 나타났다. 중기대출, 당기순이익, 디지털 고객 등 혁신금융 분야의 목표를 대부분 달성했다. 바른경영에서도 ESG 기반이 강화되고 인사와 조직문화가 달라졌다. 앞으로도 원칙과 기본을 토대로 변화와 혁신을 지속하면 '훌륭한 은행' 범주에 한 걸음씩 가까워질 것이다. 혁신금융과 바른경영은 어느 한 은행에 국한된 접근이 아니라 우리 금융이 공통으로 안고 있는 문제와 도전에 대한 해법의 성격도 있다. 업의 본질과 금융의 미래에 대비하는 과제를 개별 기관 상황에 연결하면 혁신 방향성을 정립하고 경쟁력을 높이는 데 도움이 될 것이다.

9장

위기 대응 : A Crisis Like No Other

예상치 못한 미지의 충격

은행장으로 취임한 후 경영혁신을 추진하는 와중에 코로나 위기가 터졌다. 2020년 1월 갑작스럽게 맞은 팬데믹 현상은 국책은행의 역량을 총동원하여 대응해야 하는 국가적 위기였다.

신종 코로나바이러스 감염증은 IMF가 유례없는 위기(A Crisis Like No Other)라고 부를 만큼 충격의 규모나 확산 범위가 과거와 달랐다. 경제는 물론 우리 삶을 송두리째 바꾸어놓았다. 세계보건기구(WHO)는 3년간 세계 인구의 10%인 약 7억 명 이상이 코로나바이러스에 감염되고 약 7백만 명 가까이 사망한 것으로 추정했다. 제2차 세계대전 이후 최대 인명 피해다.

IMF에서 일할 때 어떤 일이 생기면 예지 상황(known knowns), 예상한 미지 상황(known unknowns), 예상치 못한 미지 상황(unknown unknowns)으로 구분하여 이야기하곤 했다.[88] "예상된 위기는 위기가 아니다"라는 말이 있듯이 예상한 충격은 대응이 쉽고 파장도 제한적이다. 그러나 코로나 사태는 누구도 예상하지 못한 미지의 충격(unknown unknowns)이었다. 미지의 충격은 두려움까지 더해져 실물과 금융 양면에서 세계경제를 급격히 위축시켰다. 3개월여 만에 소득, 지역에 상관없이 모든 사람이 코로나 위험에 노출되었으며 변이로 재확산 가능성이 컸다.

코로나 위기가 은행과 중소기업에 미칠 영향을 가늠하려면 위기의 성격, 크기와 파장을 살펴봐야 했다. 코로나 위기의 성격은 이전과 달리 수급 양 측면의 충격이었다. 과거 위기는 주로 소비, 투자가 위축되는 수요 측면의 충격이었던 반면, 코로나 위기는 국경 봉쇄로 인한 공급망 붕괴와 인력공급 차질로 공급 측면에도 충격을 가했다. 코로나 충격의 영향은 업종마다 달랐는데 모임이 차단되면서 식당, 주점, 여관 등 서비스업 소상공인의 어려움이 특히 컸다. 위기가 터지면 중소기업

〈그림 9-1〉 **코로나 위기와 과거 위기의 미국/한국 실질 GDP 영향 비교**(위기 직전 분기 = 100)

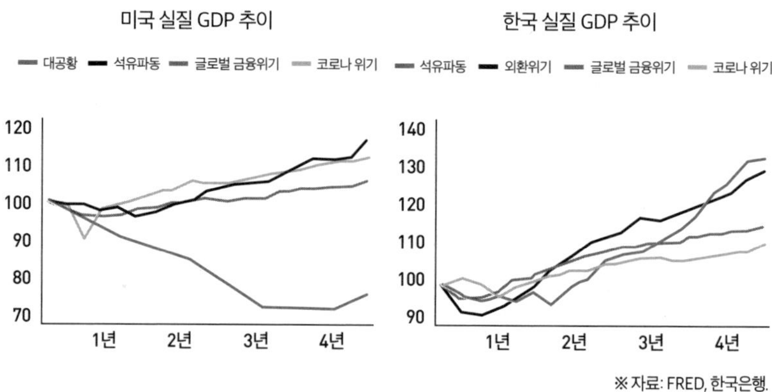

※ 자료: FRED, 한국은행.

과 소상공인은 시장 불안, 자금경색, 매출 감소 등 여러 경로를 통해 직격탄을 맞는다. 코로나가 광범위하게 확산하는 가운데 충격이 장기화하면 중소기업과 경제에 미치는 피해가 고착화될 수 있다.

충격의 크기와 파장에서 코로나 사태는 과거 위기와 비교된다. 〈그림 9-1〉의 위기 이후 실질 GDP의 변화 양상을 보면 미국은 코로나 이후 초기의 실질소득 감소가 1929년 대공황이나 2008년 글로벌 금융위기 때보다 컸으나 회복 속도는 빠르고 강했다. 우리나라의 경우 GDP 감소폭은 1997년 외환위기 등 다른 위기 때보다 작았다. 초기의 반등 속도는 양호했지만 이후 경제 구조적 문제와 대외 환경 변화 등으로 성장 활력을 좀처럼 회복하지 못하고 있다.

유례없는 위기에 유례없는 대응

부채가 원인인 통상의 위기와 달리 코로나 사태는 부채와 관련이 없는 위기다. 충격의 규모가 유례없이 큰 만큼 경기 급랭을 막고 시장에 미치는 파장을 최소화하기 위해 유례없는 대응이 필요했다. 세계 각국은 경기부양과 금융시장 안정을 위해 재정과 금융 양면에서 과감하게 대응했다. 총수요를 진작시키고 자금경색을 막기 위해 미국 연준과 유럽 중앙은행은 기준금리를 제로 수준으로 낮추고 무제한 양적완화 등 유례없는 방법으로 유동성을 공급했다. 중소기업 지원을 위해 코로나 확산 초기에 다양한 정책을 전개했다. 규모와 속도에 차이는 있으나 각국은 금융지원, 노동정책, 세금 납부유예, 구조정책 등 네 가지 틀에서 중소기업을 전방위적으로 지원했다.

우리 정부도 발 빠르게 움직였다. 수요 위축을 막기 위해 재정지출을 늘리고 기준금리를 1.25%에서 0.5%로 빠르게 낮추었다. 금융시장 안정과 민생 지원을 위한 미시 대책도 서둘러 마련했다. 2020년 3월 50조 원으로 시작된 민생·금융안정 패키지 프로그램은 두 차례의 대통령 주재 회의를 거쳐 100조 원(+α)으로 확대되었으나 피해가 예상보다 커지며 135조 원(+α)으로 늘어났다. 대규모 지원은 시장안정과 위기 극복을 위해 불가피했다. 중소기업과 소상공인에 대한 지원도 69조 원으로 늘어났다. 이들 모두가 신규로 지원된 것은 아니며 유사시 사용하기 위한 소요를 포함하고 있어 수요자가 대책 효과를 체감하기는 어려웠을 것이다.

자금 소요가 몇 달 만에 여러 번 바뀐 이유는 코로나 피해가 예상보다 커진 데다 위기의 성격상 예측이 어려웠기 때문이다. IMF에서 위기국가를 맡아 일할 때, "구조조정 자금 소요는 모델을 통해 값을 추산한 후 2를 곱하고 거기에 좀 더 보태면 실제 소요에 근접해진다"라는 약간 투박한 내부 경험칙(rule of thumb)이 있었다. 코로나 위기 때 자금 소요 패턴도 이 경험칙과 비슷했다. 135조 원의 지원 규모는 우리 경제가 감당할 수 있는 수준이며 또 대출 지원이 대부분이라 추계에 잘못이 있어도 엄청난 부담이 생기지는 않는다.

개별기업의 경우는 다르다. 구조조정에 필요한 자금을 낙관적으로 잘못 전망했다가 이후 자금 부족이 생겨 낭패 보는 사례가 흔하다. 위기를 맞은 기업을 지원할 때 자금 소요를 정확히 예측하는 것은 구조조정 기업의 성공을 위해서뿐 아니라 은행 차원에서도 중요하다. 불확실성이 큰 상황에서 구조조정 자금 소요의 현실성을 점검하는 방편으로 위 경험칙을 참고해도 좋을 것이다.

"위기 때마다 여러분 가까이에 있습니다"

비상경영체제 전환과 초저금리 특별대출

코로나 위기는 임기 내내 은행 경영에 영향을 미쳤다. 핵심고객인 중소기업과 소상공인이 큰 타격을 받았고 은행도 봉쇄로 인한 업무 차질과 코로나 감염 위험에서 벗어날 수 없었다.

위기 대응은 ▲중소기업과 금융시장 안정 지원 및 ▲업무 연속성 유지와 직원 보호의 두 갈래로 진행되었다. 위기 후 40만 소상공인에게 10조 원이 넘는 긴급자금을 지원하고 중소기업 대출을 3년간 190조 원 가량 공급했다. 숫자로는 피부에 잘 와닿지 않겠지만 그 과정은 매우 긴박했고 어려웠다.

위기 대응을 위해 비상경영체제로 전환했다. 위기대책본부를 구성하고 감염병 예방과 직원 보호를 위한 대응지침을 마련했다. 비상계획에 따라 대체 사업장을 확보하고 영업시간 단축, 지점 폐쇄·소독, 투명 가림막 설치 등 방역을 강화했다. 특별 관리가 필요한 IT 센터, 직원이 밀집된 고객센터와 영업점을 방문하며 현장 애로를 해결했다. 재택근무를 도입하고 집에서 자료를 공유하고 작업할 수 있는 원격근로 프로그램도 구축했다. 직원의 업무 부담을 덜기 위해 경영평가 목표를 낮추고 금융위원회 협의를 거쳐 성과급 차등 폭을 최대 3배에서 1.5배로 한시 완화했다.

국책은행은 위기 때 중소기업이 기댈 수 있는 금융안전판이다. 2008년 글로벌 금융위기 때 기업은행은 중소기업이 일시적인 자금난으로 도산하지 않도록 은행권 대출의 85%를 지원했다. 코로나 위기 때도 마찬가지였다. 매출이 급감하며 자금 부족을 겪는 기업이 늘어났는데 부실화 우려로 민간 대출시장이 위축되고 자금경색이 나타났다. 정부의 금융시장 안정 대책에 참여하는 동시에 중소기업의 자금난이 신용위기로 증폭되지 않게 막아야 했다. 일시적 유동성 애로 기업에 자금을 지원하고 구조적 어려움을 겪는 기업의 구조개선을 진행했다.

코로나 직격탄을 맞은 소상공인은 자금 지원이 필요했다. 정부의 지급보증을 담보로 3천만 원까지 1.5% 수준의 초저금리 특별대출을 시작했다. 대출의 대상과 지원 방식은 기관 특성에 따라 달랐다. 시중은행은 금리차를 보전받으며 1~3등급 고신용자에게 3.5조 원을 지원했고 기업은행은 신용 4~6등급의 중신용자에게 5.8조 원을 지원했다. 7등급 이하 저신용자는 소상공인진흥기금에서 2.7조 원을 지원했다. 12조 원으로 시작된 지원 규모는 이후 20조 원 이상으로 늘었다.

시간이 지나며 중소기업에 대한 지원책도 마련되었다. 중소기업 지원을 강화한 결과 기업은행의 대출 잔액은 코로나 이전 160조 원에서 2022년 230조 원으로 늘어났다.

수출과 내수 모두 위축되자 정부와 은행권은 중소기업의 원리금 상환 부담을 완화하기 위해 대출 만기를 연장하고 이자를 유예하기로 했다. 기업은행은 2022년 말까지 100조 원 이상 대출의 만기를 연장하고 2.5조 원의 이자를 유예했다.

긴급자금은 긴급하게 지원해야

초저금리 특별대출을 지원하려면 소상공인마다 개별 신청을 받아 은행과 보증기관 각각 심사를 거친 후 대출을 실행하는 절차를 거쳐야 한다. 시간이 걸리고 손이 많이 가는 작업이다. 시행 첫날 17,000건이 접수될 정도로 대출 신청이 폭주했다. 점포 수가 적은 속초, 제주 등 지방 지점은 하루 신청이 1,000건을 넘었다. 소상공인 편의를 위해 온라인으로 대출을 신청하는 프로그램을 마련했는데 달포 동안 20만 소상공인이 대출을 신청했다. 현장에 가면 직원 책상, 회의실, 지점장 방까지 서류가 산더미처럼 쌓여 있었다. 번호표를 받으려고 새벽부터 줄 서고 지점에서 몇 시간씩 기다리는 고객들을 보며 소상공인의 생존과 관련된 절박성이 느껴졌다.

시행 초기에는 접수 후 대출 실행까지 2주 넘게 걸렸다. 보증기관의 심사 능력이 신청 건수를 따라가지 못해 병목현상이 생긴 것이다. 보증이든 대출이든 신용도를 보는 것인데 여러 기관이 이중으로 심사할 필요는 없었다. 신용보증기금과 간편보증 협약을 맺고 전산을 연결하여 은행에서 보증 심사를 맡았다.

지역 보증기관은 전산 연결과 심사 위탁에 소극적이었다. 중소벤처기업부장관과 협의해서 보증재단과 업무협약을 맺고 16개 지역의 보증 심사 업무를 위탁받았다. 그 결과 대출 처리시간을 줄이고 긴급자금 이름대로 긴급하게 대출할 수 있었다.

특별대출로 인한 업무 부담으로 직원들이 먼저 쓰러질 것 같아 비대면 신청 프로세스를 개발하여 고객 불편과 영업점 병목현상을 줄였다. 비대면 대출처리 시스템을 구축하는 한편 본점 강당에 심사 대행센터를 만들고 본점 직원 100명을 차출하여 영업점의 심사 업무를 대신 처리했다.

소상공인 지원을 위해 직원들이 촌각을 다투며 고생하던 모습을 떠올리면 지금도 가슴이 먹먹하다. "위기 때마다 여러분 가까이에 있습니다"라는 카피로 위기에 처한 소상공인과 고생하는 직원 이야기를 담은 영상[89]은 방송광고 특별상을 받았다.

피해 기업 지원 대안과 출구전략

스위스 방식: 평소 거래하던 은행 이용

예상치 못한 코로나 위기의 충격이 빠르고 광범위했기 때문에 긴박한 대응이 필요했다. 정부는 소상공인의 신용등급에 따라 취급 은행을 달리하고 대출의 상당 부분을 국책은행이 취급하도록 대책을 디자인했다. 긴급 상황에서 불가피한 대응이었으나 이 방식은 소상공인이 신용등급에 따라 지정된 은행을 찾아가야 해서 심사가 번거롭고 시간이 걸리는 문제가 있다. 소상공인이 평소 거래하는 은행에서 대출을 처리하게 하면 절차가 간편해진다. 평소 다니는 병원을 이용하면 기록과 신뢰 관계가 있어 환자가 편할 텐데 정부 지정 병원을 이용하도록 한 것과 같은 격이다.

초저금리 특별대출을 집행하는 와중에 스위스 사례가 눈에 띄었다. 스위스는 우리와 대응방식이 달랐다. 중소기업 지원계획 발표 후 일주일 만에 총지원 예산의 72%에 달하는 143억 프랑(18조 원)을 7만 6천 개 기업에 공급했다. 비결은 ▲정부 플랫폼으로 접수 채널을 일원화하고 ▲접수된 대출 신청을 주거래은행으로 연결하며 ▲대출 과정 전체를 디지털화한 것이다. 심사의 효과성 확보가 중요한데 주거래은행을 활용하면 평소의 거래기업 정보를 토대로 신속하게 심사할 수 있다. 대출 신청이 특정 은행에 몰리지 않아 병목현상도 생기지 않는다. 2020년 4월 대통령 주재 회의에서 스위스 사례를 소개하고 소상공인 지원을 주거래은행 중심으로 전환할 필요성을 지적했다. 소상공인 대출 2차 프로그램에서는 소상공인이 대출 은행을 선택할 수 있도록 달라졌다. 소상공인의 불편이 줄고 병목현상도 나타나지 않았다.

IMF 제안: 중소기업과 소상공인의 생명줄 지원

중소기업과 소상공인 지원이 한창이던 2020년 4월, IMF 부국장이 아시아 국가의 코로나 대응과 중소기업 지원 방안을 분석한 보고서[90]를 보내왔다. 소상공인의 붕괴를 막기 위해 생명줄 지원을 확대하는 일에 정부와 중앙은행이 나서야 하며 특수목적기구(Special Purpose Vehicle, SPV) 설립을 고려해야 한다는 제안을 담고 있었다. 심각한 매출 감소를 겪는 기업을 대상으로 3년 만기 운전자금을 지원하되 고용유지, 배당금지 등 조건을 부과하면 지원의 실효성을 높일 수 있다고 보았다. 정부, 중앙은행과 은행이 출자하는 SPV가 대출채권을 매입하면 은행 대출 여력이 늘어나며 신용위험에 따른 손실 소지가 있지만 다른 수단보다 효과적이고 경기 하락 폭을 줄일 수 있다고 지적했다.

검토할 만한 제안이었다. 코로나 피해를 현실성 있게 지원하려면 엄청난 돈이 필요한데 정부 자금만으로는 부족하다. 코로나 피해를 예산

〈그림 9-2〉 **특수목적기구(SPV)를 통한 지원**

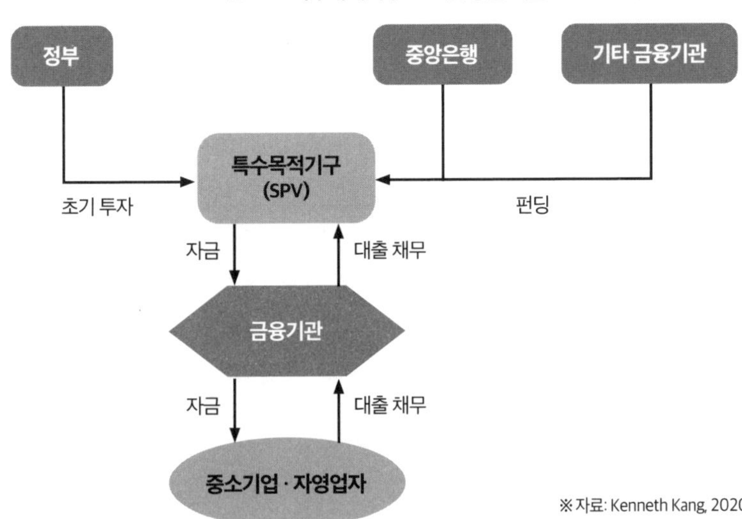

※자료: Kenneth Kang, 2020.

으로 보조하는 것은 재정 여건이나 도덕적 해이 측면의 문제가 있어 금융자금을 활용해야 하는데 IMF 제안은 여러 장점이 있다. 은행 참여가 필요한 사안이라 정부 회의에서 IMF의 특수목적기구 제안을 세밀히 검토할 것을 제안했다. 중앙은행은 손실 우려가 있으나 정부 지원분으로 손실을 일차적으로 흡수할 수 있는데, 과거에 시도한 적 없는 방안에 한국은행이 선뜻 나서기는 어려웠을지 모른다. 이 방안은 실행으로 옮겨지지 못했지만 또 다른 큰 위기가 발생하면 대안으로 검토할 수 있을 것이다.

끝날 때까지 끝난 게 아니다

위기 대응을 위해 각국은 피해 기업을 전방위적으로 지원했으나 재정 부담이 커지고 생존이 어려운 기업의 연명에 돈이 쓰이는 등 부작용이 커졌다. 팬데믹이 장기화함에 따라 지원의 효율성과 지속가능성을 점검해야 했다. 2020년 가을, OECD는 중소기업 정책의 일관성을 확보하고 복원력을 높이기 위한 15개 원칙을 제시했다. ▲긴급유동성 지원조치에 대한 출구전략 준비 ▲생존할 수 있는 기업과 스타트업 지원에 초점 ▲중소기업의 과잉 부채와 지급능력 위기를 피할 것 ▲혁신 벤처기업의 회복을 위해 스타트업 정책을 재부팅 ▲자영업자 정책 접근방식 재고 ▲지원시스템 디지털화가 주 내용이었다. 출구전략과 관련하여 지원 유효기간 설정, 장기 로드맵 제시, 점진적 지원 축소, 환경 변화 적응 지원 등 고려사항을 제시했다.

세계경제는 러시아·우크라이나 전쟁, 중국 봉쇄정책, 고물가·고금리의 영향으로 다시 복합위기의 늪에 빠졌다. 은행은 중소기업의 대출 만기 연장, 이자 유예 조치를 추가 연장하는 한편 취약 사업자의 재도약 등 재기 지원 프로그램을 가동했다. 채권시장안정펀드 등 정부의 시장안정 조치에 동참하고 8천억 원 규모의 중소기업 이자 경감 프로그램을 마련했다. 변동금리에서 고정금리로의 전환을 쉽게 하고 손실 흡수 능력을 키우기 위해 대손충당금을 추가 적립했다.

국책은행이다 보니 출구전략 추진에 한계가 있었다. 위기 때 지원한 긴급유동성은 긴급 상황에서 일시 지원하는 것이므로 장기간 지속되지 않아야 하지만 코로나 여파가 길어지며 중소기업의 회복이 더디었고 자금난이 계속되었다. 다른 나라는 어려운 여건에서도 출구전략을 통해 지원 정책을 단계적으로 거두어들였지만 우리나라는 그러지 못했다. 한시적이어야 할 지원이 지속된 결과 2018년 100% 이하였던 기업부채/GDP 비율이 2023년 124%로 급증하며 위험이 경제로 전이되고 있다. 급격한 대출 회수는 막아야 하지만 대출 만기 연장과 이자 상환유예조치를 은행 자율에 맡겨 구조조정을 서서히라도 진행시켜야 더 큰 부작용을 막을 수 있다.

코로나 3년이 남긴 것

코로나 위기는 정부와 은행의 위기 대응능력과 금융시스템의 복원력을 테스트하는 기회였다. 방역 조치와 마찬가지로 금융 분야 대응은 신속했고 대체로 적절했다고 본다. 금융시장 불안을 진화하고 소상공인과 중소기업에 긴급유동성을 공급하며 위기 극복을 도왔다. 금융시스템의 충격 흡수 능력도 양호했다.

보완이 필요한 사항도 있다. 지원 규모가 사상 유례없는 피해 규모에 상응했는지 돌이켜보아야 한다. 정부, 중앙은행, 금융회사 등 각 기관이 위기 대응과 관련한 역할을 충실히 수행했는지 살펴볼 필요가 있다. 국책은행이나 시중은행을 통한 지원 방식과 채널을 재점검하고 기업의 기존 거래은행을 통해 긴급자금을 공급하도록 지원 방식을 디자인하면 좋을 것이다.

팬데믹 위기 속에서 국책은행은 긴급자금을 신속하게 지원하는 한편 신용위험이 최소화되도록 지원구조를 설계했다. 비대면 심사 프로세스를 구축하여 25만 건이 넘는 초저금리 대출을 처리하는 과정의 업무 부담과 병목현상을 해결했다. 피해 기업의 신용등급 하락을 줄이기 위해 비재무 항목을 포함하여 심사 체계를 유연하게 운영했다. 비대면화 등 디지털 대응은 코로나 이후 기술 변혁 흐름에 대비하는 기회가 되었다.

개선할 점도 있다. 중소기업이 코로나 피해에서 벗어나 정상화되려면 긴급자금공급 외에 피해 기업의 연착륙을 유도하는 지원이 필요하다. 출구전략을 지연시키지 않고 정상화하는 일도 중요하다. 기업의 옥석을 구별하는 가운데 대출구조 전환 등 구조조정을 더욱 과감하게 추진했으면 좋았을 듯싶다. 국책은행이 위기 상황에서 유연하게 임할 수 있도록 시스템 구축이나 인력 채용 등의 자율성을 확대하는 당국의 고려도 필요하다.

긴박했던 코로나 현장에서 은행 직원들이 그 많은 일을 어떻게 해냈을까 싶다. 정부에서 국가경제 관리 차원의 대책을 만들 때 현장에서의집행은 당연한 것으로 여겼다. 코로나 대책은 엄청난 업무 부담을 은행에 안겼다. 한 해 1조 원 남짓 처리하던 소상공인 대출을 코로나 직후 6개월 만에 7조 8천억 원, 40만 건을 처리했다. 현장 직원의 고생에 대해 많은 소상공인이 감사 사연을 보내왔다. 자금 부족으로 어쩔 줄 몰라 하던 대구의 한 영어학원 원장은 빠른 자금 지원에 눈물을 흘렸다고 한다. 손님이 끊겨 막막해하던 종로의 찜질방 사장은 "담보가 아닌 믿음의 가치를 말해준 은행원은 처음 봤다"라고 했다고 한다.

다른 나라 은행이 긴급 대출을 우리처럼 집행할 수 있었을까? 어려운 중소기업을 빨리 도와주려고 업무 시간에 신청받고 밤에 심사하는 직원은 우리나라 외에는 찾기 어려울 것이다. 그러나 이러한 대응은 직원 희생이 수반되며 주 52시간 근로와 같은 법적 제약 속에서 앞으로 지속할 수 있을지는 의문이다. 긴박한 위기 상황에서 국책은행의 소명을 차질 없이 수행하기 위한 방안을 모색해야 한다.

* * *

코로나 위기 대응과 함께 혁신전략과 과제를 하나씩 실행으로 옮겼다. 이어지는 3부에서는 금융으로 세상을 바꾸기 위한 혁신금융 전략의 일환으로 고객중심 경영, 금융주치의, 모험자본 전문은행, 금융영토 확장, 디지털 혁신 등 추진 사례를 소개한다.

3부

혁신금융의 여정

10장

고객을 향한 혁신

달과 손가락

견지망월(見指忘月)이라는 말이 있다. 달을 보라고 손가락을 들었더니 손가락을 보느라 달을 잊어버린다는 뜻이다. 은행의 경영목표(손가락)가 고객 이익(달)을 향하지 않고 은행 이익을 가리키면 직원은 고객 이익을 도외시하기 쉽다.[91] 은행업의 최우선 가치인 신뢰는 고객 이익을 우선하는 데서 출발한다.

달이 아닌 엉뚱한 곳을 바라봐서 낭패 본 은행은 흔하다. 소매금융으로 내실을 다져 한때 최고 우량은행으로 부상했던 웰스파고가 한 예다. 미국 4대 상업은행 중 하나인 웰스파고는 미국 최초의 중앙은행이기도 했던 유서 깊은 은행이다. 2008년 동부 지역의 와코비아 은행을 인수하며 미국 3위 은행으로 도약했던 웰스파고는 과도한 영업 목표를 부여하며 무리한 영업을 펼쳤다. 직원은 할당 목표를 채우려고 고객정보를 도용하여 200만여 개의 유령 계좌를 만들기까지 했다. 잘못된 목표와 실적압박에 따른 불법 영업은 2016년 꼬리를 잡혔다. 상원 청문회가 열렸고 담보대출 부실 등 다른 문제까지 드러나며 도덕적 해이의 심각성이 알려졌다. 고객 신뢰를 훼손한 결과는 참혹했다. 3조 6천억 원의 벌금을 내야 했고 CEO 사임은 물론 사건 연루 직원 5,300명이 해고되었다. 고객 신뢰를 저버린 순간 실패의 나락에 떨어진 것이다.

고객 중심 경영을 위해 제도를 개선하겠다는 은행은 많지만 실제로 고객 만족을 끌어낸 사례는 드물다. SNS를 활용하여 고객 불편을 줄이고 더 나은 고객 경험을 유도하는 캐나다의 TD Bank(Toronto Dominion Bank)는 좋은 참고 사례다.[92] TD Bank는 소셜서비스 전담팀을 콜센터에 배치하여 불만 사항에 실시간으로 대응하는데, 부정적 메시지가 감지되면 고객과 소통하고 불만 사항은 서비스센터에서 해결한다. 매주 7,600명의 고객에게 전화하여 은행서비스를 점검하고 고객 경험지수를 파악한다고 한다. 데이터 사회로 진화하는 상황에서는 축적된 데이터의 양이 아니라 고객 관계에 기반을 둔 데이터가 경쟁력을 좌우한다. 고객 경험에 기반한 서비스 전략의 차별화가 필요하다.

유인부합적 경영평가

KPI를 잘 만들면 남북통일도 가능하다

은행이 고객 이익을 우선하고 단순 자금중개를 넘어 산업과 기업의 혁신을 유도하는 금융 본연의 역할을 발휘하려면 임직원이 그 방향으로 움직이도록 동기를 부여하고 성과를 보상과 연계해야 한다. KPI, 즉 핵심성과지표는 성과를 평가하는 수단이자 직원 행동을 조직 목적에 부합하도록 유도하는 동기부여 기제다. 제도가 유인부합적이면 직원은 자연스럽게 조직에 도움되는 방향으로 움직인다.

현장에서 KPI의 파급력은 대단하다. 은행은 여수신, 금융상품 판매, 수익 등 항목을 중심으로 KPI를 구성하고 목표를 부여하며 직원과 부서의 달성 성과를 평가한다. 평가 결과는 승진이나 성과급 결정에 활용되기 때문에 직원은 목표 달성에 사활을 건다. 오죽하면 "KPI에 남북통일 항목을 넣으면 남북통일도 가능할 것", "KPI에 죽고 KPI에 산다" 같은 씁쓸한 농담까지 있겠는가. KPI에 상품 판매를 포함하고 압박하면 0원 통장 개설 등 비정상적인 행태도 생길 수 있다.

국내은행의 KPI를 분석한 연구에 따르면 수익성 항목의 구성비가 54%로 가장 높고 건전성(9.5%)이나 고객 보호(1.8%) 등 장기 성과 항목의 비중이 낮으며, 내부통제나 소비자 보호는 가감항목으로 운영된다. KPI는 평가 항목의 복잡성, 목표 간 상충, 평가 방식의 공정성, 정량 평가 의존 등의 문제 때문에 개선 필요성이 꾸준히 제기되어 왔다. 설문조사에서도 KPI가 단기 지표 중심으로 운영되어 과당경쟁과 불완전판매를 초래할 수 있다는 의견이 많았다.

KPI 제도를 개선하기 위한 단기과제로는 ▲이익 중심으로 재무 KPI 단순화 ▲정성평가 반영 ▲평가항목 단순화와 평가주기 확대가 있고 중장기 과제로는 ▲절대평가 도입 ▲현장 중심 의사결정과 영업점 자율성 강화가 제시되었다.[93] KPI의 부작용을 바로잡는 데 도움이 되는 방안들이지만 장단점이 있어 개별 은행 상황을 고려해야 한다. 예컨대 이익 비중이 이미 높은 재무KPI를 이익 중심으로 더 단순화하면 고객 이익이 경시되고 금융자본주의의 부작용이 커질 수 있다. 현장 중심으로 프로세스를 개편한다면 컴플라이언스와 내부 감사 강화가 수반되어야 한다.

고객 중심의 KPI 개편

취임 후 현장 의견을 수렴하며 KPI 개편 작업에 착수했다. KPI의 파급력이 크지만 KPI로 너무 많은 것을 해결하려 하지는 않았다. 핵심성과지표라는 이름처럼 KPI에는 핵심사항을 반영하는 것이 옳다. 세세한 것까지 담아 평가 항목을 복잡하게 만들면 지표 간 상충이 생기며 정작 중요한 가치에 대한 직원 관심이 떨어질 수 있다. 달을 가리키는 손가락이 여러 개면 직원이 어느 손가락을 쳐다볼지 혼란스럽고 달이 아닌 엉뚱한 곳을 바라볼 수 있다. 은행이 지향하는 핵심 가치 중심으로 KPI를 개편하고 지표를 가급적 단순화한다는 방향을 제시했다.

KPI 개편의 첫 번째 중점은 고객가치를 중심에 두는 것이다. 국책은행으로서 중소기업 지원이 중요한데 고객에게 대출이나 금융상품을 판매하다 보면 은행 이익과 고객 이익이 상충하는 경우가 생긴다. 평가에서 은행 이익을 중시할수록 직원은 대출금리를 높이거나 고위험상품을 취급할 유인이 커져 고객 이익을 해칠 수 있다. 그래서 고객 이익이 높을수록 좋은 평가를 받게끔 평가 방식을 바꾸었다.[94]

고객 이익과의 상충 문제는 자산관리 분야에서 자주 발생한다. 고객수익률, 고위험상품 판매비중, 투자성향 적합도를 포함하는 고객가치지표를 구성했다. 고수익이 고위험을 반영한 결과일 수 있어 고객수익률의 절대 수준뿐 아니라 시장 벤치마크가 고려되도록 했다. 고객 의사에 반할 수 있는 상품 판매를 근절했으며 '꺾기'로 불리는 구속성 예금

행태를 시정했다. 개편 이후 고위험상품 판매비중이 낮아지고 자산관리가 고객 이익 중심으로 조금씩 변화하고 있다.

두 번째 원칙으로 평가지표 체계를 단순화했다. 복잡한 평가 기준은 직원 부담만 키울 수 있다. 9개 부문, 30개 지표로 구성된 기존 체계를 고객가치, 중소기업 금융 및 혁신금융, 지속성장기반의 3개 부문, 14개 지표로 단순화했다. 상품별로 목표를 부여하면 무리한 영업행태가 계속될 것 같아 여러 상품과 서비스를 하나의 지표로 통합했다. 평가 항목이 기대만큼 줄어들진 않았지만 직원마다 잘할 수 있는 영업에 집중할 수 있는 장점이 있다.

세 번째로 바른경영의 정착을 위해 내부통제, 법·규정 준수 등 바른 경영지표 항목을 감점 형태로 운영하되 위반행위에 대한 감점을 높였다. 횡령, 성희롱, 법규 위반 등 행위를 한 직원은 별도의 처벌을 받지만 경영평가에 반영하여 승진이나 보상에서도 불이익이 가도록 했다.

KPI 개편 방안을 숙지한 직원들은 고객 영업에서 달라진 모습을 보이기 시작했다. 개편 초기에는 일부 영업점에서 혼선이 있었고 경쟁 영업점을 이기는 데만 몰두하는 행태가 계속되기도 하여 현장 의견을 수렴하며 애로를 풀어 나갔다. 얼마 지나지 않아 개편 취지에 맞게 영업점 전략을 수립하는 등 KPI 체계에 적응하는 모습이 나타났다. 고객 이익보다 고득점 항목 위주의 체리피킹 영업에 매달리는 현장의 영업 관행도 달라지기 시작했다. 경영평가 혁신이 실효를 거두려면 인사관리와 업무방식의 변화와 함께 경영진 평가 체계를 장기 성과 중심으로 바꾸어야 한다.

KPI 체계와 지표 구성은 내부 경영 사항이라 당국이 개입할 필요는 없다. 그러나 KPI를 통해 발현되는 유인구조가 금융소비자와 금융시스템에 미치는 영향을 고려할 때, 감독 당국은 시스템 리스크를 막고 소비자를 보호하는 차원에서 은행의 KPI 체계와 소비자 보호에 대한 내부통제 상황을 점검할 필요가 있다.

대출금리 결정체계 개편

대출금리 결정체계를 합리적으로

정부에서 일할 때 은행의 대출금리 결정 체제가 합리적인지, 은행이 자기 이익을 위해 고객에게 과도한 금리를 부과하진 않는지 궁금했다. 은행에 와서 들여다보니 은행 이익 중심으로 운영되는 사례가 눈에 띄었으며 그러한 경향은 민간은행이 더 강할 것이다. 금리 결정구조가 복잡하고 조달원가 스프레드 등 이해하기 어려운 항목이 있어 직원들이 고객에게 금리구조를 쉽게 설명할 수 있는지도 의문스러웠다.

대출금리 결정의 합리성을 높이기 위해 금리체계를 개편했다. 고객과 은행에 미치는 영향이 워낙 크기 때문에 여러 차례 논의와 시뮬레이션을 토대로 조심스럽게 작업을 진행했다. 모범규준의 테두리 내에서 ▲조달원가 스프레드를 제외하고 ▲신용관리 비용 선정을 단순화하며 ▲목표이익률을 현실화하는 등 세 가지를 개편했다.

우선 조달원가는 자금조달 기회비용을 반영하는 내부금리를 사용하는데 대출 기준금리와 조달원가 스프레드를 더하여 산정하고 있었다. 조달원가 스프레드의 개념 자체를 이해하기 어려우며 내부금리는 고객이 확인할 수도 없다. 투명성과 이해도를 높이기 위해 조달원가 스프레드를 제외했다. 그 결과 대출 기준금리 변동이 대출금리 결정으로 연

〈그림 10-1〉 **대출금리 체계 개편**

종전

조달원가	내부금리	대출기준금리
		조달원가 스프레드
	자금만기 스프레드	
부대비용	신보출연료, 교육세	
신용관리비용	신용위험비용률	
	자본비용률	
기본마진	업무원가율	
	목표이익률	

개선

조달원가	대출기준금리	
	① 조달원가 스프레드 미운용	
	자금만기 스프레드	
운용원가	법적비용	신보출연료, 교육세
	신용관리비용	② 신용위험비용률
		② 자본비용률
	업무원가	업무원가율
기본마진	③ 목표이익률	

개선내용

1	조달원가 스프레드 미운용
	조달원가 스프레드를 제외하여 대출기준금리 수준을 대출금리에 직접 반영
2	신용관리비용 단순화 · 합리화
	신용위험비용과 자본비용의 산출식을 단순화하고 금융원리에 부합하도록 개선
3	목표이익률 현실화
	경영목표에 기반한 목표이익률을 매년 산출하여 적용

결되고 투명성이 높아졌다.[95]

둘째, 가산금리에 포함되는 신용위험 비용과 자본비용[96]의 산정 방법을 개선했다. 신용위험 비용이 신용등급, 담보 종류에 따른 예상 손실을 반영하도록 조정하고 자본비용을 현실화했다.

셋째, 목표이익률은 2009년 이후 같은 수준을 유지해왔는데 모범규준은 은행의 경영목표 등을 활용하여 매년 1회 이상 산정하도록 권고하고 있어 매년 재산정하도록 했다.

개편한 체계로 시뮬레이션한 결과 고객에 따라 대출금리가 올라가기도, 내려가기도 했다. 결정체계 변경에 따른 금리 상승은 고객이 받아들이기 어렵다. 연착륙을 위해 대출금리가 올라가는 고객은 금리변동 상한선을 설정하여 상한선 초과분을 자동 감면했다. 대출기업의 부담을 최소화하기 위해 최초 만기 연장 때 상승폭 전부를 감면하고 다음 연장 때 상승폭도 소폭으로 제한했다.

금리상승기 예대마진 확대와 금리감면 프로그램

기준금리가 올랐을 때 대출금리는 빨리 오르고 예금금리는 천천히 오르기 때문에 예대마진이 커지고 은행의 이익을 불린다는 비판이 많다. 기준금리와 예대마진의 관계를 분석한 결과 양의 상관관계가 확인되었다. 기준금리가 인상(인하)되면 예대마진이 상승(하락)하는 경향성을 보인 것이다. 영향의 크기는 일정하지 않았는데 기준금리가 125bp 하락한 2019~2020년 은행 예대마진이 26bp 하락했으며 기준금리가 300bp 오른 2021~2024년에 예대마진은 15bp 상승했다.

기준금리가 오를 때 예대마진이 커지는 것은 예금과 대출의 만기 구조 차이와 저원가 예금 때문이다. 대출의 금리변동 주기가 예금의 변동 주기보다 짧아 기준금리가 움직일 때 대출금리가 예금금리보다 빨리 조정된다. 또한 요구불예금 등 저원가 예금은 기준금리가 오르내리더라도 금리가 별로 바뀌지 않는다. 기준금리가 25bp 오를 때 예대마진이 15bp 상승했는데 대출금리가 18bp 오르고 예금금리는 3bp

〈그림 10-2〉 **기준금리와 예대마진 변동**

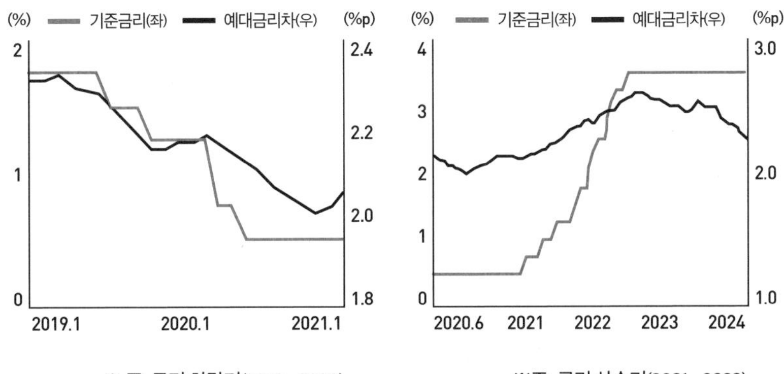

※ 주: 금리 하락기(2019~2020)
• 기준금리: 1.75 → 0.50 (125bp 인하)
• 예대마진: 2.31 → 2.05 (26bp 하락)

※주: 금리 상승기(2021~2023)
• 기준금리: 0.50 → 3.50 (300bp 인상)
• 예대마진: 2.12 → 2.27 (15bp 상승)

상승에 그쳤다.

2021년 8월 이후 연이은 기준금리 인상으로 시장금리가 상승했고 대출금리도 상승세를 나타냈다. 기준금리가 움직일 때 대출금리가 민감하게 움직이는 것은 거시경제 관리 차원에서 바람직하지만, 차입자 처지에서는 금리 인상이 달가울 리 없다. 기준금리 인상은 통상 경기가 호황이고 총수요 압력으로 물가가 불안해질 소지가 있을 때 추진하는 것이 일반적이다. 그러나 코로나 영향으로 경기가 여전히 안 좋은 상황에서 글로벌 여건이나 공급 측면의 물가 상승압력 때문에 기준금리가 인상되면 중소기업의 어려움은 더욱 커진다.

중소기업의 이자 부담을 낮추기 위해 금리감면 프로그램을 가동했다. 금리 상승기에 예대마진이 커진 결과로 늘어난 이익을 활용하여 2022년부터 3년간 8천억 원의 금리감면 프로그램을 마련했다. 어려움을 겪는 중소기업의 대출금리 감면을 위해 사용했는데 대상 기업이 많아 개별 기업 차원에서 효과를 체감하기는 어려웠을 것이다.

금융소비자 보호

사모펀드와 소비자 피해 예방책

금융소비자는 정보 비대칭 문제, 낮은 협상력 등으로 금융회사보다 불리한 위치에 있어 권익이 침해되기 쉽다. 갈수록 복잡해지는 금융상품에 내재된 위험을 이해하고 투자를 결정하기가 어려워지는데도 일반 금융소비자가 파생상품 등에 투자하는 사례가 흔하다.

2010년대 후반 들어 사모펀드 이슈가 터졌다. 저금리 상황에서 투자자들은 고위험 상품으로 눈을 돌렸고 자산운용사와 판매사는 수익을 위해 고위험 사모펀드 상품을 팔기 시작했다. 정부는 2015년 일반 사모펀드와 헤지펀드를 전문투자형 사모펀드로 일원화하고 진입규제를 완화했다.[97] 규제 완화 5년 만에 자산운용사가 19개에서 233개가 되었고 100조 원의 사모펀드 시장은 400조 원을 웃돌 정도로 커졌다. 금융회사의 부실한 내부통제, 손실위험에 대한 투자자의 이해 부족 등 사모펀드 관련 제도와 관행이 확립되지 못한 상황에서 판매가 급증한 것이다.

불완전판매, 유동성 관리 실패, 운용 위법행위 등으로 펀드 손실 문제가 수면 위로 떠올랐고 사모펀드 사태는 소비자 보호를 개선하는 계기가 되었다. 금융소비자 보호에 관한 법률(이하 금소법)이 2021년 시행됨에 따라 불완전판매 규제, 금융소비자 보호 기구 설치 등 제도적 기반이 마련되었다.

'동일 기능, 동일 규제' 원칙을 적용하고 적합성 원칙, 적정성 원칙, 설명의무, 불공정 영업행위 금지, 부당권유 행위 금지, 허위·과장 광고 금지 등 6개 판매 원칙을 전 금융상품으로 확대했다. 원칙을 위반한 판매업자와 임직원을 제재할 수 있으며 위법 계약 해지, 징벌적 과징금 등 구제 장치도 신설되었다.

법 시행 후에도 피해사례는 끊이지 않는다. 금융상품 투자 시 고수익은 고위험을 내포한다. 금융회사는 고수익에 내포된 위험을 소비자에게 정확히 설명해야 하며 판매 원칙을 준수하고 내부통제 차원에서 불완전판매 소지를 점검해야 한다. 문제가 생기면 법에 따른 제재뿐 아니라 금융회사 평판에 나쁜 영향을 미친다. 금융소비자도 투자위험을 이해하고 자기책임 원칙에 따라 투자해야 한다. 문제가 터졌을 때 법과 원칙에 따라 해결하는 관행이 자리 잡아야 한다.

금융소비자 보호 프로세스 개편과 금융사기 대응

금융소비자 보호 차원에서 은행의 조직을 개편하고 규정 개정, 판매 프로세스 개선, 직원 교육 등 전 분야를 혁신했다. 금융소비자 보호그룹의 독립성을 강화하고 투자상품 선정 및 판매 프로세스를 점검하여 내부통제의 미비점과 문제 있는 관행을 시정했다. 법 위반 소지를 예방하기 위해 307개 내규를 전수 점검하고 전산 시스템과 비대면 프로세스를 손보았다. 비예금상품위원회를 신설하여 원금손실 위험이 있는 상품의 선정·판매·사후관리 전 과정을 심의하도록 했다. 디스커버리펀드 사안은 법과 원칙의 범위 내에서 고객 피해가 최소화되도록 가지급금 지급, 금융감독원 검사·제재, 분쟁조정위원회 개최, 고객 배상 등 절차를 진행했다.

갈수록 지능화하는 금융사기 범죄에 대한 대응을 강화했다. 설마 당할까 싶지만 피해사례가 늘어나고 있어 고객 보호 조치를 강화했다. 사업장 실태조사를 통해 대포통장 유입 소지를 차단하고 인공지능이 사기 의심 계좌를 탐지하여 사기를 예방하는 AI 감시시스템을 구축했다. 은행 직원도 보이스피싱 사례를 숙지하고 현장에서 대응하고 있다. 그러나 금융사기는 언제든 발생할 수 있고 사기를 당하면 피해를 되돌리기 어렵기 때문에 각별한 주의가 필요하다.

장 발장, 자베르 경감과 미리엘 신부

사모펀드 사태는 금융회사의 책임이 크지만 금융당국도 이를 엄중하게 받아들이고 재발 방지와 소비자 보호를 위해 무엇을 해야 하는지 성찰해야 한다. 금융투자의 자기책임 원칙을 지키면서도 금융사의 법 위반으로 발생한 소비자 피해를 구제할 제도적 장치는 미흡하다. 우월적 위치에 있는 판매사의 처벌 수준이 약하다는 지적도 있다.[98] 위반행위에 대한 법적 처벌을 강화해도 소비자의 손실 회복으로 연결되지는 않는다.

소비자 피해를 신속하게 구제하고 분쟁으로 인한 사업자 부담을 완화하는 방안으로 동의명령(consent order)제도의 도입 필요성이 제기된다. 동의명령은 당국 조사를 받는 사업자가 소비자 피해 구제, 재발 방지 등 방안을 당국에 제시하고 타당성을 인정받으면 당국과 사업자 간 합의에 구속력을 부여하고 위법 여부를 확정함이 없이 제재 절차를 종료하는 제도다.[99]

디지털 금융이 지배할 미래의 금융환경에서는 위반행위자 처벌 등 '보복적 제재'에서 벗어나 소비자 피해 구제를 결합한 '회복적 제재'로 전환할 필요가 있다는 의견이 있다. 금융연구원 이상제 박사는《레 미제라블》에서 장 발장의 행태 변화에 자베르 경감(Inspector Javert)보다 미리엘 주교(Bishop Myriel)의 역할이 컸다는 비유를 들었다.[100]

제재의 중점을 위반행위 처벌에 둘지, 피해자 구제와 재발 방지에 둘지에 관한 생각은 사람마다 다를 수 있다. 범법자를 포용하는 식으로만 접근하면 문제가 풀리지 않는다. 그러나 사업자의 실효성 있는 피해 구제, 재발 방지를 조건으로 제재를 종결하는 동의명령제도는 적어도 금융소비자 보호 차원에서 당국의 제재나 분쟁조정 또는 소송보다 효과적일 수 있다.

위반행위를 법적으로 제재하지 않는 대신 금전 제재금 등 사실상 처벌을 병과할 필요는 있다. 2012년 HSBC는 은행비밀보호법 등을 위반했을 때 자금세탁방지 규정 준수, 재발 방지, 경영진 교체 조건 외에 12.6억 달러에 이르는 금전 제재에 합의하고 법무부와 5년의 기소유예

약정을 체결했다. 미리엘 주교의 길을 택하더라도 잘못된 행위에 대한 처벌은 있어야 한다. 동의명령제도를 도입하되 법적 처벌 대신 민사벌 조치를 병행하면 솜방망이 제재의 우려를 씻고 재발 방지와 사회 정의 측면에서 바람직할 것이다.

디스커버리펀드 사태의 해법을 모색하던 당시 동의명령제도가 도입되어 있었다면 도움이 되었을까? 피해 투자자 대응에 따라 달랐겠지만, 사기나 계약 무효가 아닌 불완전판매 상황에서 100% 배상은 불가능하다. 다만, 신속하고 탄력적인 대응은 가능했을 것이다. 은행과 금융당국은 소비자 보호와 금융투자 법·원칙을 조화시키면서 피해 구제, 재발 방지, 금전 제재 등의 동의명령 내용을 마련할 수 있었을 것이다. 동의하는 투자자는 합의 내용에 따라 빨리 손실을 회복하고 동의하지 않는 투자자는 소송 절차를 선택할 수 있었을 것이다. 다양한 금융사고가 늘고 있는 상황에서 문제해결을 위한 선택 수단의 폭이 넓어지면 금융당국은 물론 금융소비자와 공급자 모두에게 이롭다.

금융 인사이트

고객 신뢰를 받지 못하는 경영은 얼마 못 가 궤도를 이탈한다. 어떤 조직이든지 목표가 고객을 향하고 유인구조가 올바로 설계되어야 신뢰를 받을 수 있다. 신뢰를 최우선 가치로 하는 은행업의 경우 특히 그렇다. 경영목표 설정, 경영평가 등 유인 체계 구성, 대출금리 결정과 금융서비스 개편 등 혁신을 추진하는 과정에서 고객 이익과 금융소비자 보호를 늘 염두에 두어야 한다.

11장

중소기업 금융 초격차

금융에 혁신의 옷을 입히다

OECD와 유로스타트(Eurostat)가 공동 개발했고 국제적으로 인정받는《오슬로 매뉴얼》에 따르면 혁신은 새롭거나 획기적으로 개선된 상품이나 프로세스 또는 그 조합으로 정의된다. 혁신은 ▲새로운 상품, 서비스와 프로세스를 통해 성장을 촉진하고 생산성을 높이며 ▲환경이나 사회적으로 복잡한 문제에 대한 해결책을 제공하고 삶의 질을 개선하기 때문에 국가경제에 매우 중요하다.

혁신을 지원하는 금융의 역할은 통상의 자금 지원과 다르다. 혁신을 위한 연구개발 투자는 투자자금의 상당 부분이 연구 인력의 임금으로 쓰이며 연구개발로 확보한 무형자산은 담보로 삼기 어렵다. 연구개발 투자를 하는 기업이 정보 유출을 우려하여 투자 내용을 공개하지 않으려는 경향, 담보 한계, 정보 비대칭에 더해 투자 성과가 언제 나타날지 모른다는 불확실성도 크기 때문에 혁신 프로젝트는 자금조달이 어렵다.[101] 그러나 연구개발 등 혁신투자는 성장과 고용 창출 등 투자의 사회적 편익이 개별기업 이익보다 크다. 혁신기업이 겪는 금융제약을 해소하려면 전통적인 대출 방식에서 벗어나 연구개발 투자와 신기술 기업의 유망성에 대한 평가와 투자 역량을 키워야 한다.

경제수석으로 일하던 2019년, 금융위원회 등 관계부처 합동으로 혁신금융 추진방안을 마련했다. 기업의 혁신을 가로막는 불합리한 금융 관행과 제도적 걸림돌을 개선하고 혁신 부문에 자금공급을 늘리며 경제의 역동성을 높이도록 금융 패러다임을 전환하려는 시도였다. ▲기업여신시스템 혁신 ▲모험자본 공급을 위한 자본시장 혁신 ▲선제적 산업혁신 지원 ▲금융감독 선진화를 대책에 담았다. 기술금융을 3년간 90조 원 공급하고 산업재편 및 연구개발에 3년간 12조 원을 지원하는 사업도 포함했다.

은행에 와서 살펴보니 중소기업 금융 전문은행이라는 타이틀에 걸맞게 중소기업대출 점유율이 22%로 1위였고 다른 은행과의 격차도 컸다. 그런데 치열해지는 경쟁과 빅테크·핀테크의 공세 속에서 중기대출 우위를 앞으로도 유지할 수 있을지 의문이었다. 벤처·스타트업 시장점유율이 10%에 못 미치는 등 혁신기업 지원 역할이 미흡하고 중기금융 경쟁력이 다른 은행과 질적으로 차별화된다고 보기 어려웠다. 기업과 경제의 혁신을 지원하고 미래 산업 중심으로 대출구조를 재편하려면 변화가 필요했다. 이러한 맥락에서 금융주치의 프로그램, 여신기법 선진화, 벤처대출, 기술금융, 비금융서비스 등 혁신 사업을 시도했다.

금융주치의 프로그램
: You are in good hands

몸이 아프면 의사를 만나 진찰받고 주사나 약 처방 때로는 수술을 받기도 한다. 좋은 의사를 만나면 진료 결과를 토대로 건강을 회복할 수 있지만 진료나 치료가 잘못되면 오히려 병을 키울 수 있다. 경제 현상을 진단하고 경제 문제를 풀어내는 일은 의사가 병을 고치는 것과 비슷하다. 경제 문제는 복잡한 사회현상이라 원인과 처방을 판단하기 힘들 때가 많고 좋은 경제 의사가 되기도 쉽지 않다.

은행과 고객의 관계도 비슷하다. 은행이 재무제표, 거래기록 등 정보를 토대로 거래 중소기업의 건강 상태와 재무상황을 진단하고 문제를 논의하면 정보 비대칭을 시정하고 기업을 효과적으로 도울 수 있다. 은행의 데이터, 금융지원 역량과 디지털 기술을 접목한 프로그램을 만들면 거래기업의 건강을 지키는 동시에 은행이 초격차를 확보하는 무기가 된다.

금융주치의 제도의 취지와 아이디어를 임직원에게 설명한 후 거래기업 정보를 집약하여 간결하고 이해하기 쉬운 보고서를 만들라고 주문했다. 여신그룹 주도하에 디지털 등 관련 부서가 참여하고 영업점 의견수렴, 현장 피드백 등의 과정을 거쳤다. 아이디어를 실제 시스템으로 구현해내기가 쉽지 않아 작업에 1년 이상 소요되었다. 그렇게 선보인 〈기업진단보고서〉는 ▲진단요약 ▲금융거래 ▲신용도 ▲역량 및 업황 진단 ▲금융상품·서비스 등의 내용을 담은 14쪽 분량의 자료다. 초기에는 자산 30억 원 이상 제조업 중소기업을 대상으로 제공했으나 비제조업과 30억 원 미만 기업으로 대상을 확대했다. 진단 항목에 외환정

〈그림 11-1〉금융주치의 프로그램 기업진단보고서(표지 및 요약 부분)

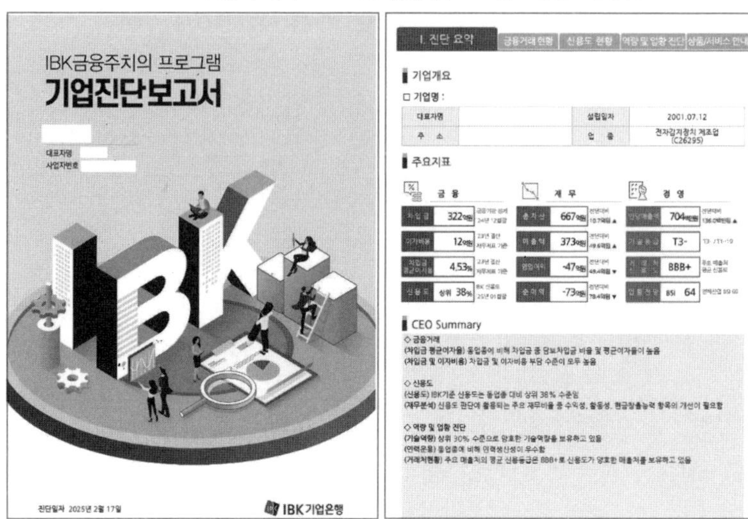

보, ESG, 상권분석 내용도 추가했다.

금융주치의 프로그램의 특징은 첫째, 광범위한 내·외부 데이터를 활용하여 비대면으로 거래기업을 진단하고 금융·비금융 솔루션을 제안한다. 둘째, 기업 진단과 솔루션 제안 프로세스가 자동 진행되며 심사자의 주관적 판단을 배제한다. 셋째, 기업 경영환경, 재무 분석 지표, 경쟁사와 거래처 상황, 정책자금과 금융상품 등 정보를 다각적으로 진단하고 결과를 직관적으로 이해할 수 있도록 표와 그래프로 시각화한다.

2021년 말 1단계 프로그램을 선보인 후 1년 간 8만 건 가까운 거래기업을 대상으로 금융주치의 진단이 이루어졌다. 고가 컨설팅 수준의 진단 내용과 금융·비금융 솔루션에 대한 고객의 긍정적 평가가 이어지면서 거래기업의 신청이 늘어났다. 지점 직원이 이동해도 금융주치의 프로그램에 거래기업 정보가 일목요연하게 집약되어 있어 고객 관계 형성과 대출 결정에 유용하게 쓸 수 있다. 혁신적인 서비스로 평가되어

상을 받기도 한 프로그램인데 기업과의 거래관계를 강화하고 정보 비대칭을 시정하는 기제로 다른 은행에서 시도해도 좋을 것이다.

금융주치의 진단의 적실성을 높이려면 고객과의 상담과정에서 파악한 정성적 정보로 보고서를 업데이트하는 것이 중요하다. CEO가 기업활동에 어떻게 임하는지, 혁신 지향적인지, 노사관계가 양호한지, 다른 문제는 없는지 등 현장 정보는 통계가 제시하지 못하는 상황 파악에 도움이 된다. 프로그램의 실효성을 높이기 위해 지점의 정성적 정보 업데이트 상황을 본점에서 점검할 필요가 있다.

과거의 눈으로는 미래를 볼 수 없다

9조 원 vs. 2천만 원

은행장이 된 후 가끔 전화 받는 일 중 하나가 대출 건이었다. 은행장이라고 안 되는 걸 되게 하는 요술 방망이는 없는 노릇이라 실망한 사람이 많았을 것이다. 대출은 엄격한 심사 절차를 거쳐 결정되며 은행장이 개입할 여지가 없다. 청탁금지법 대상이며 절차적으로 은행장은 여신 및 금리 결재라인에서 제외된다.[102] 결재라인에 있어도 부탁을 들어줄 수 없겠지만 빠져 있어서 다행이다 싶었다. 대출 건을 직원에게 전달하면 괜한 오해를 살 수 있고 될 일도 안 될 수 있다.

여신심사는 차입자의 상환능력에 대한 평가를 토대로 대출 여부와 금리를 결정하는 은행의 핵심 업무다. 가계대출의 경우 차입자의 상환능력을 반영할 수 있도록 금융당국은 총부채상환비율(Debt To Income Ratio, DTI), 총부채원리금상환비율(Debt Service Ratio, DSR), 주택담보대출비율(Loan To Value Ratio, LTV) 제도를 운용하고 있다.[103] 기업대출은 차입자의 신용상태, 미래 소득 흐름과 담보 등 상환능력, 자금 용도의 적정성, 여신 법규 저촉 여부를 토대로 결정한다. 은행이 대출심사를 어떻게 하느냐에 따라 돈의 흐름이 달라진다. 재무지표와 담보 위주로 심사하면 돈 떼일 가능성은 낮출 수 있지만 혁신기업이나 유망 스타트업은 대출받기 어렵다. 재무지표는 과거의 기록이라 기술력이나 미래 성장성을 판단하는 데 한계가 있다.

과거의 눈으로는 미래를 볼 수 없다. 관행으로 굳어진 담보와 재무지표 위주의 심사가 어떤 결과를 가져오는지는 유니콘 기업인 쿠팡의 사례를 통해 알 수 있다. 2021년 뉴욕증권거래소 상장 당시 쿠팡의 미래 가치를 보고 9조 원 넘는 투자가 유치되었는데 기업은행에서 재무지표를 기초로 산출한 쿠팡의 신용대출 한도는 고작 2천만 원이었다. 과거의 눈으로 보면 은행자산이 과거를 향하게 된다는 점을 강조하며 심사체계를 미래지향적으로 바꾸도록 주문했다. 재무·비재무 정보는 물론 기술력과 미래 성장성을 고려하는 심사 모형이 여신시스템에 탑재되었다.

판사 성향에 따라 판결이 다르면 곤란하듯이 심사자의 경험과 전문지식 등 역량 차이에 따라 여신심사 결과가 달라지면 문제다. 개별 직원의 판단보다 은행 전체의 판단, 정보와 기준을 종합 고려하는 시스템을 구축하면 심사자 간의 편차를 줄이고 혹시 모를 기업과의 유착 소지도 차단할 수 있다. 여신심사역 등 작업반을 구성하여 개발한 자동심사시스템[104]은 재무지표, 건전성과 미래 성장성을 기반으로 차입자의 상환능력을 더 정확하고 균질하게 판단한다. 디지털 기술로 핵심 정보를 선별하여 제공하기 때문에 영업점은 건전 여신을 신속히 집행하고 본부는 고위험 여신에 심사 역량을 집중할 수 있다.

기술, 지식재산권과 동산을 담보로 대출

기술력과 아이디어 등 성장성을 중시하는 것은 옳은 방향이지만 기술력이나 성장성은 눈에 잘 보이지 않는다. 기술이나 지식재산권 등 기업이 보유하는 유·무형의 자산을 평가하여 담보로 활용하면 대출이 쉬워지고 금리를 낮출 수 있다.

기술금융의 시초는 2014년 시행된 기술신용평가(Tech Credit Bureau, TCB) 대출이다. 기술신용평가 회사나 은행이 평가한 기술 등급에 따라 대출한도와 금리가 결정된다. 정부는 기술금융 대상 업종과 업무절차 등 기준을 마련했으며 은행의 기술금융 실적을 반기별로 평가한다. 기업은행은 기술신용평가 시스템을 구축하고 기술금융을 선도하는데, 기술금융 대출 잔액이 2022년 말 기준 99조 원으로 대출 비중이 45%에 이른다. 기술금융 대출이 빠르게 늘어난 것은 일반 기업에 기술금융을 적용한 결과일 수 있어 기술금융을 질적으로 발전시키려면 기술평가의 정확성을 높여야 한다.

상상력과 창의성을 과학기술에 접목하는 시대를 맞아 특허권, 상표권, 저작권과 같은 지식재산(Intellectual Property, IP)은 기업의 혁신을 뒷받침하는 핵심 요소가 되었다. 기술의 수명은 짧아지고 있지만 특허권과 디자인권의 존속기간은 20년, 저작권은 저작자 사후 70년까지 보호된다. 특허 전쟁에서 보듯이 지식재산은 가치사슬의 핵심 경쟁력이며 지식재산 기업의 수익률은 일반 제조기업과 기술기업을 웃돈다. 지식재산의 가치를 평가해서 대출, 투자 등에 활용하는 활동을 지식재산금융이라고 한다.

우리나라의 지식재산금융은 가치평가, 정보 공시, 회수 등 관련 인프라가 미흡하며 투자보다 대출과 보증 위주로 운용된다. 정부와 은행권은 부실 지식재산을 매입하는 사업을 추진하는 등 지식재산금융 생태계를 강화하고 있다. 기업은행은 지식재산 평가, 담보 설정, 대출로 이어지는 프로세스를 체계화하며 대출을 2019년 1,000억 원 수준에서 2022년 7,170억 원으로 늘렸다. 그러나 가치평가 역량을 높이고 투자 방식 지원을 늘려야 하는 과제를 안고 있다.

신용도나 재무 정보가 부족한 창업기업의 경우 기계나 자재 등 동산(動產)을 신용보강 수단으로 활용할 수 있다. 중소기업의 경우 동산이 자산의 40%에 이를 정도로 많지만 관리의 어려움으로 담보 활용 사례가 1%도 되지 않았다. 2012년 동산담보대출이 출시되었으나 담보물이 없어지거나 담보를 중복으로 잡는 사고가 생기며 대출이 줄어들었다. 기업은행은 동산에 사물인터넷 기기를 부착하여 담보물 위치를 확인하고 사후관리를 강화한 스마트동산담보대출 상품을 내놓고 대출한도를 평가액의 100%까지 높였다. 그 결과 코로나로 어려움이 컸던 중소기업에 2020~2022년 동산담보대출을 1조 원 이상 지원할 수 있었다.

미래지향적 여신 포트폴리오

디지털 혁신, 산업간 융복합 등으로 전통산업의 경쟁력이 떨어지고 신산업이 출현하고 있다. 기술 변혁의 흐름을 잘 읽고 올라탄 투자는 주가가 두세 배 올랐으나 판단을 잘못하여 주가가 반토막 난 경우도 많다. 경제와 산업도 마찬가지다.

어떤 산업과 기술이 유망할지 판단하고 투자하는 결정은 기본적으로 시장의 몫이다. 정부가 전략 산업을 선별 지원했던 과거의 승자 지정(winner-picking) 정책은 재원이 한정된 여건에서 선택과 집중 효과를 거두었으나 개입에 따른 비효율과 시장 왜곡을 초래했다. 이후 산업정책은 외부효과 시정, 연구개발, 인력양성, 생태계 조성 등 중립적인 지원에 중점이 놓였다.

그러나 신산업 육성과 관련한 미국과 중국 사례에서 보듯이 산업정책의 틀이 달라지고 있다. 미래 먹거리 산업의 경우 국가 전략적 접근이 중요하다. 기술 우위를 선점하기 위한 국가 간 경쟁이 치열한 상황에서 기술혁신 흐름에 적응해야 경쟁력과 일자리를 지킬 수 있다. 정부는 경제와 산업이 나아갈 방향을 제시하고 투자위험을 낮추어 민간 투자를 끌어내야 한다.

OECD도 〈산업정책의 귀환(The return of industrial policies)〉이라는 최근 정책보고서에서 경제안보, 환경, 포용성 강화 등의 차원에서 산업정책의 필요성을 재조명하고 있다. 다만 산업정책을 수행할 때의 비용과 부작용을 고려하여 산업 선정, 정책 디자인, 실행 과정에 주의를 기울일 것을 권고했다.

경제의 역동성을 높이고 혁신기업을 육성하는 데 있어 금융의 역할은 매우 중요하다. 여신의 구성에 따라 은행의 미래 자산가치가 달라진다. 기업은행의 대출 포트폴리오를 보았더니 제조업 대출이 50% 이상으로 많고 전문·과학기술, 보건·사회복지, 부동산업 등 서비스업 대출은 적었다. 신산업과 첨단기술 기반의 고부가가치형 제조업으로의 진화가 미흡했으며 지식기반 서비스업의 대출 비중이 낮은 점도 문제였다. 미래를 향해야 할 대출 포트폴리오가 과거를 바라보고 있었다.

유망산업과 혁신성이 높은 기업 중심으로의 대출 재편이 필요했다. 신산업과 혁신 품목을 생산하거나 혁신 기술을 보유한 기업여신이 늘어나도록 하려면 품목과 기업의 분류기준부터 손봐야 했다. 산업구조 변화가 빠른 자동차산업을 대상으로 혁신기업 확인을 위한 분류기준(taxonomy)을 마련했다.[105] 기술력, 혁신성, 성장성 등 정성적인 미래 가치를 심사하기 위한 협의체로 미래성장성심의회를 운영하고 혁신성장 품목, 녹색 금융, ESG 등 대출에 대해 한도와 금리를 우대했다.

신산업뿐 아니라 주력 제조업의 경쟁력도 높여야 한다.[106] 스마트화, 서비스화 등 혁신을 지원하기 위해 은행에서는 맞춤형 컨설팅을 제공하는 한편 디지털화와 친환경화를 추진하는 중소기업을 대상으로 대출과 투자자금공급을 확대했다.

한계기업 구조조정과 혁신전환컨설팅

거래기업 중 산업 흐름에 적응하지 못하거나 경영 애로를 겪고 있는 기업이 상당하다. 은행은 한계기업을 선별하는 역량이 있고 금융 및 비금융서비스를 제공할 수 있어 중소기업의 구조개선을 지원하는 데 비교우위가 있다.

한계기업의 구조개선을 지원하기 위한 제도와 상품을 마련했다. 유동성 부족을 겪거나 부실 징후가 있는 여신 10억 원 이상 한계기업의 경우 체인지업, 신속 금융지원, 사전 패스트트랙 등 맞춤형 구조조정을 지원하고 신용보증기금 등과 연계하여 채무조정을 추진했다.[107] 대규모 자금조달이 필요한 기업은 기업구조혁신펀드를 통해 구조조정과 외부 투자유치를 지원했다.

기업 구조개선을 지원하기 위해 혁신전환컨설팅 프로그램을 가동했다. 혁신전환컨설팅은 기업과 시장 상황을 점검하고 사업구조, 재무상태 등 구조적인 측면을 종합 분석한 결과와 기업 의견을 토대로 자산

(Asset), 사업(Business), 문화(Culture), 디지털(Digital) 전환 등 소위 ABCD 컨설팅을 제공한다. 컨설팅 후 금융 지원과 함께 인수합병, 업종전환, 디지털 마케팅 등 비금융서비스를 지원하며 구조개선 상황에 대한 점검과 멘토링을 지속한다.

현장을 다녀보면 혁신전환컨설팅에 대한 중소기업의 만족도가 꽤 높다. 기업의 구조개선 수요가 많으며 은행 컨설팅의 품질이 나쁘지 않다는 방증일 것이다. 예컨대 인천에서 운송업을 영위하던 A회사는 경쟁업체 인수를 고민 중이었는데 은행이 기업 인수 전략 컨설팅을 제공하고 10억 원의 인수 자금을 지원하여 인수합병을 성사시킬 수 있었다. 다양한 제품을 생산하고 있어 생산과 재고 관리에 어려움을 겪고 있던 B회사에는 디지털 전환을 통한 생산 효율 관리와 적정재고 컨설팅을 제공하여 애로 해소를 지원했다.

금융의 경계를 넘어

BOX, 디지털 경영지원 플랫폼

대변혁의 시기에 기업이 경쟁력을 확보하려면 세상 변화에 적응하고 변신해야 한다. 기업의 변신 노력을 은행이 돕는 것은 당연한 일이지만 금융의 경계를 넘어 비금융 분야까지 도와야 할까? 다양한 의견이 있지만 금융뿐 아니라 비금융서비스를 제공하는 것은 기업은 물론 은행에도 중요하고 또 불가피한 추세다. 미래 금융업의 판도는 금융뿐 아니라 비금융을 포괄한 종합서비스 역량과 플랫폼 경쟁력에 좌우될 것이기 때문이다.

은행이 제공하는 비금융서비스로는 경영 컨설팅이 대표적인데 컨설팅은 은행의 기업 모니터링 및 정보 창출 기능과도 관련이 있다. 비금융서비스를 확대하더라도 경쟁력을 가질 수 있는 활동에 중점을 두어야 한다. 중소기업과 소상공인의 디지털 전환과 친환경 경영 지원, 유·무형 자산의 거래 중개 등이 비금융서비스 사례다.

BOX(Business Operation eXpert)는 중소기업 경영지원을 위한 디지털 플랫폼이다. 기업이 고객에게 상품을 팔고 서비스를 제공하는 과정을 디지털화하여 비대면 대출, 정책자금 추천, 생산자 네트워크 지원, 기업부동산 매매 중개 등 분야별 솔루션을 제공한다. 그 강점은 소상공인에게 초저금리 대출을 지원하는 과정에서 드러났다. BOX에 소상공인 확인 기능을 탑재한 후 고객이 은행 지점을 거치지 않고 BOX에서 절차를 직접 진행한 결과 신속한 대출이 가능했으며 대출 만기 연장 기능을 탑재하여 24만 건의 대출 연장 또한 수월하게 처리했다. 혁신기업이 은행 투자를 받기 위해 비대면 채널에서 신청하는 혁신기업투자 BOX 등 새로운 금융·비금융서비스를 플랫폼에 탑재한 결과, 고객 수요에 부응하면서도 은행의 업무 부담을 줄일 수 있었다.

스마트폰을 결제 단말기로

BOX POS(Point of Sale)는 소상공인이 현장에서 겪는 어려움에 착안하여 만든 비금융서비스로, 상품과 서비스 판매 데이터를 관리하고 거래를 완결시키는 프로그램이다. 소상공인이 상품을 팔고 대금을 받으려면 결제 단말기(POS)가 필요한데 가게에 놓는 고정식 단말기는 설치비가 비싸다. 코로나 이후 배달이 늘었는데 이동 결제를 하려면 무선 단말기를 새로 사야 하는 부담이 있다.

BOX POS는 스마트폰을 결제 단말기로 쓸 수 있도록 하는 프로그램인데, 비용 부담이 전혀 없고 제로페이 등 간편결제에 사용할 수 있으며 시간과 장소에 제약도 없다. 배달할 때 휴대전화만 있으면 결제할 수 있고 시간대별 매출 정보도 확인할 수 있다. BOX POS를 출시한 지 얼마 되지 않아 가입자 수가 9만 명을 넘고 결제금액이 1천억 원을 초과했다.

기업승계와 M&A 컨설팅

중소기업을 만나면 듣는 고민 중 하나가 기업승계 문제다. 과도하게 높은 상속·증여세율 때문이지만 세율이 일부 낮아져도 세금과 경영권 승계 문제는 기업에 고민이 될 수밖에 없다. 중소기업 CEO의 평균 나이가 55세이고 60세 이상이 3분의 1을 넘었는데(〈그림 6-6〉 참조) 창업 1세대가 물러나고 2, 3세대가 승계하는 과정이 준비되어야 기업의 유·무형 자산이 세대를 넘어 계승될 수 있다.

기업의 장기 존속과 일자리 유지 차원에서 보면 가족에게 기업을 승계하는 가업승계뿐 아니라 다른 형태의 승계도 중요하다. 은행은 가업승계, 친족승계, 사업승계형 인수합병을 포괄하는 종합컨설팅을 2020년부터 제공하고 있다. 후계자가 있는 기업에는 절세, 경영전략 등 기업승계 종합 솔루션을 제시하고 후계자가 없는 기업에는 기업 수요에 맞추어 인수합병 컨설팅을 제공한다. 경영권 이전, 기업 매각, 인수합병 자문 등 개별기업 상황에 맞는 해결 방안을 매칭하고 있다.

중소기업 CEO들이 기업승계 사안을 충분히 이해하고 승계 결정을 내리는 것이 중요하기 때문에 기업승계에 관한 책자[108]를 발간했다. 국내외 연구 등 문헌조사, 실증분석, 전문가 의견을 토대로 기업승계와 관련된 이슈를 설명하고 있어 승계 과정을 지원하고 기업의 영속성을 높이는 데 좋은 참고가 될 것이다.

금융 인사이트

중소기업 금융을 혁신하려면 은행부터 달라져야 한다. 기존 방식에 문제가 있다면 과감히 결별하고 효과 있는 방식을 찾아야 한다. 대출기업과의 상호 정보 비대칭을 해소하여 호혜적인 거래관계를 형성하고 미래의 성장 가능성을 심사하는 실력을 키워야 한다. 신기술과 아이디어를 가진 혁신기업의 사업화를 뒷받침하고 중소기업이 산업의 미래 흐름에 적응하도록 돕는 것이 중요하다. 남들이 하는 금융방식에 천착하기보다 새로운 금융기법과 비금융서비스를 통해 성장 단계별 수요에 부응해야 중소기업 금융의 초격차를 확보할 수 있다.

12장

모험자본 전문은행

혁신 창업이 꽃을 피우려면

혁신적인 창업생태계를 갖추는 것은 역동성이 떨어지고 있는 우리 경제에 매우 중요한 일이다. 새로운 아이디어와 기술을 가진 기업이 시장에 진입하여 자유롭게 경쟁하고 성장하는 여건을 만들어야 경제 활력이 높아진다. 스타트업 하나하나는 성공 확률이 높지 않으나 집합적으로 보면 혁신적인 벤처기업이 새로운 시장을 만들고 부가가치와 고용을 창출하며 생산성을 높인다. 미국의 구글, 아마존, 엔비디아나 중국의 알리바바, 텐센트 사례에서 보듯이 국가 경쟁력을 견인하는 주체는 혁신적인 벤처기업이다.

스타트업이 시장에서 살아남기란 쉽지 않다. 인력과 자본의 한계, 기술의 사업화, 판로개척 등 모든 단계에 장애물이 널려 있다. 스타트업과 벤처·혁신기업에 투자하는 모험자본(Venture Capital)은 창업 초기기업이 죽음의 계곡을 넘어 성장하게 돕는다. 모험자본 시장이 잘 작동하려면 여러 조건이 필요하다. 위험을 무릅쓰고 아이디어와 기술을 사업화하려는 도전적인 기업가 정신은 기본이며, 기업 설립과 활동의 자유, 최소한의 규제, 지식재산권 보호, 합리적인 세제 등 제도적 기반이 뒷받침되어야 한다. 모험자본 투자의 고위험-고수익 구조를 이해하고 실패를 수용할 수 있어야 한다.

금융의 역할이 특히 중요하다. 성장 가능성을 알아보고 자금을 제공하는 금융시장이 있어야 기업이 가치를 제대로 평가받을 수 있다. 액셀러레이터, 엔젤투자자, VC, 연기금 등 다양한 주체가 벤처기업의 성공 가능성을 분석하고 자금을 지원해야 혁신이 꽃을 피울 수 있다. 실리콘밸리가 혁신의 요람으로 기능하는 것은 자금공급, 경영지원, 정보교류와 협력 네트워크 등 모험자본 생태계가 잘 작동하기 때문이다.

건강한 모험자본 생태계를 만들기는 쉬운 일이 아니다. 실리콘밸리는 도전과 시행착오, 경쟁과 협력 등 민간 주도로 오랜 시간을 거쳐 관행과 문화가 형성된 결과 튼튼한 생태계를 갖출 수 있었다. 우리나라의 모험자본 시장은 정부 육성정책에 힘입어 성장했다. 1986년 중소기업창업지원법과 1996년 벤처기업육성에 관한 특별조치법, 2004년 사모투자전문회사(Private Equity Fund, PEF) 도입, 2005년 모태펀드와 2013년 성장사다리펀드 설립이 대표적인 정책 사례다. 그 결과 창업기업 수가 2023년 기준 123만 개로 늘어났고 기술기반업종 기업도 22만 개에 이른다. 그러나 아직 갈 길이 멀다. 혁신 창업이 꽃을 피우려면 모험자본 생태계가 훨씬 더 탄탄해져야 한다.

모험자본 생태계 작동 원리

모험자본 시장을 들여다보면, 스타트업은 창업 이후 죽음의 계곡이라 불리는 사업화 초기 단계를 지나고 성장기와 성숙기를 거친 후 기업공개(Initial Public Offering, IPO) 등을 통해 투자자금을 회수하는 안정기로 진입한다. 기업 성장 단계별로 다양한 투자자가 각각의 역할을 발휘한다.

창업 초기단계에는 인큐베이터, 액셀러레이터, 엔젤투자자, 크라우드 펀딩, 정책펀드 등이 사업화를 지원하고 연구개발, 운영자금을 투자하며 스타트업이 죽음의 계곡을 건너도록 돕는다. 인큐베이터는 사무 공간과 창업 교육 등을 제공하는 보육기관인데 통상 공공부문이 운영한다.

〈그림 12-1〉 **벤처투자 생태계의 기본 개념**

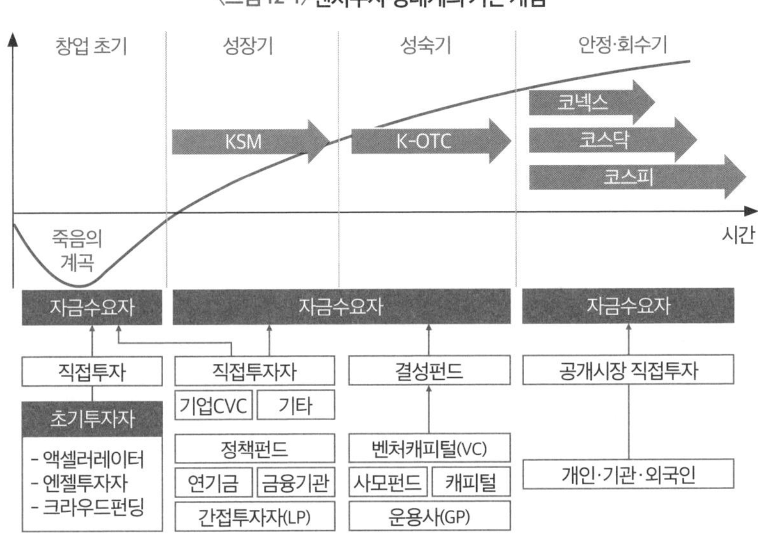

※ 주: KSM(KRX Startup Market)은 투자자금 회수 원활화 등 지원을 위해 한국거래소가 개설한 장외시장이며, K-OTC(Over-The-Counter)는 비상장주식 거래를 위해 금융투자협회가 개설한 장외시장이다.

액셀러레이터는 스타트업의 발굴·투자·보육 역할을 담당하는 핵심 플레이어다. 액셀 페달을 밟으면 차가 나가듯 액셀러레이터는 자금투자, 멘토링, 네트워킹을 통해 스타트업이 사업을 키워나가도록 돕는다. 실리콘밸리의 Y-Combinator, 500Global 등이 글로벌 선두 주자다. 우리나라는 2016년 창업기획자 제도를 신설하여 법적 근거를 마련했는데 2023년 기준으로 400여 회사가 운영되고 있다. 주로 창업 3년 이내 스타트업에 투자하는데 2023년 기준으로 1,156개 기업에 3,575억 원이 지원되었다. 회사당 평균 3억 원 남짓으로 투자 규모가 작다.

성장 단계 기업에는 정책펀드와 기업형 벤처캐피털(Corporate Venture Capital, CVC) 등 민간펀드가 마케팅 비용, 생산성 향상, 해외 진출 등을 위한 투자자금을 지원한다. 성숙 단계에 접어들면 정책펀드, 민간 VC 펀드와 사모펀드 등이 투자자금을 제공한다. 안정·회수 단계에 진입한 기업의 경우 M&A와 IPO를 통한 지속 성장과 투자 회수에 초점을 둔다. 다양한 기관이 각각의 동기와 성공 가능성에 대한 평가를 토대로 투자하는데, 투자위험이 큰 만큼 높은 수익을 거두려는 동기가 모험자본 시장을 움직이는 힘의 원천이다.

모험자본의 공급은 '① 출자 약정 → ② 조합 결성(펀드 조성) → ③ 투자 실행 단계' 순서로 진행된다. 벤처투자회사(벤투사)와 신기술사업금융회사(신기사)가 조합을 결성하여 자금을 모집하고 투자를 집행하는데 2023년 말 기준으로 벤투사 조합 290개, 신기사 조합 569개가 운영되고 있다. 운영 주체에 따라 정책펀드와 민간펀드로 나뉘는데, 민간펀드는 공시의무가 없어 펀드 조성 규모나 투자 실적을 정확히 파악하기 어려우나 연기금·공제회, 민간 금융회사와 일반법인 투자가 늘고 있다. 2021년 CVC 규제 완화 이후 대기업의 벤처 투자가 활발해졌다.

주요 모험자본 투자 주체인 정책펀드는 중소벤처기업부 산하의 한국모태펀드[109]와 금융위원회 산하의 성장사다리펀드[110]로 양분된다. 이 두 펀드는 자산의 50% 이상을 다른 펀드에 투자하는 재간접 펀드(Fund of Funds)다. 지원 취지와 역할이 비슷해서 통합하자는 의견도 있으나 투자 목적과 지원 대상이 달라 시장경쟁 촉진 차원에서 현행대로 유지할 실익이 크다고 본다.

〈그림 12-2〉 **신규 벤처투자 추이**

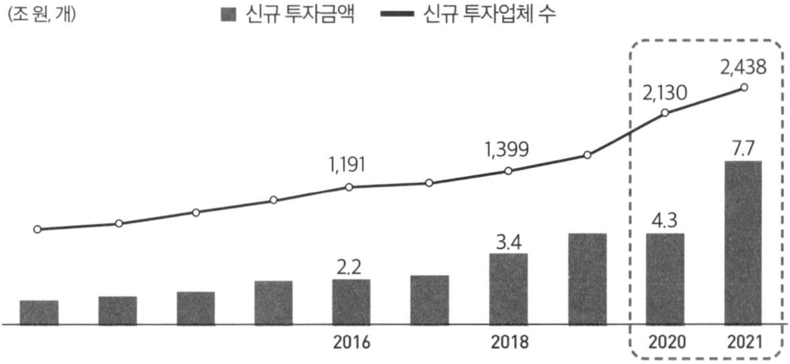

(조 원, 개)
신규 투자금액
신규 투자업체 수
1,191
1,399
2,130
2,438
2.2
3.4
4.3
7.7
2016
2018
2020
2021

※ 자료: 중소벤처기업부, 한국벤처캐피털협회.

〈그림 12-3〉 **초기 기업 신규 투자금액 비중 추이**

(%)
초기 기업
중·후기 기업
63
67
71
68
69
76
37
33
29
32
31
24
2016
2017
2018
2019
2020
2021

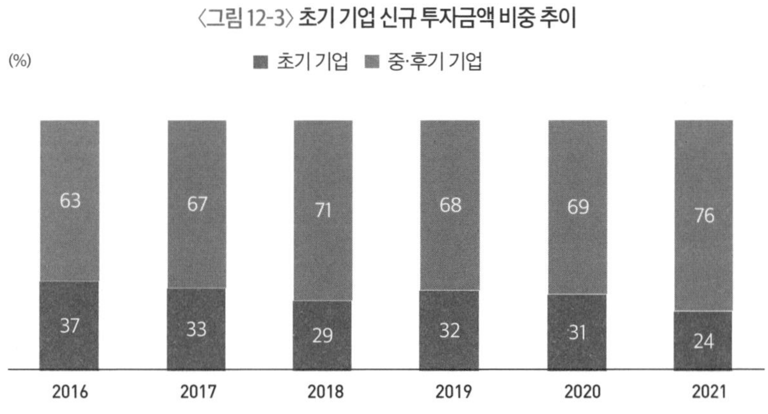

※ 자료: 중소벤처기업부, 한국벤처캐피털협회.

모험자본 생태계가 양적으로 성장했지만 질적으로는 부족한 점이 많다. 지난 10년간 펀드 결성과 신규 투자가 늘어났으나 공공부문이 시장을 주도하고 있으며 벤처투자 규모는 여전히 부족하다. 성장기 이후 기업에 투자가 집중되고 창업 초기기업에 대한 투자 비중이 낮다. 민간의 지원이 부족한 상황에서는 공공부문이 창업 초기기업의 금융 접근성을 높여야 한다. 수익성 확보를 전제로 국민연금이나 퇴직연금 등 저축을 벤처투자로 연결하는 방안도 조심스럽게 검토할 필요가 있다.

모험자본 키플레이어

대출 vs. 모험자본 투자

모험자본 시장의 주 활동은 투자라서 은행의 전통적인 업무인 대출과 차이가 있다. 대출은 보수적인 접근이 필요하지만 투자는 진취적으로 임해야 성과를 낼 수 있다. 은행은 신용 리스크 등 위험으로부터 건전성을 지키기 위해 자기자본이나 대손충당금 적립 등 엄격한 규제를 받는다. 투자는 대출보다 위험이 커서 제약이 많다. 2023년 말 대출의 평균 위험가중치는 46%인데 모험자본 투자는 384%로 높아 수익률이 웬만큼 높지 않으면 모험자본에 투자하기 어렵다.[111]

은행이 단순 자금중개에 치중하면 국가경제의 성장과 은행 부가가치를 높이는 데 한계가 있다. 금융심화 단계에서는 직접금융 중심의 구조가 성장 친화적이라는 분석이 있으며 정부 정책도 여신에서 모험자본 쪽으로 무게추가 옮겨가고 있다.

중소기업 대출 분야와 달리 기업은행의 모험자본 경쟁력은 열세에

〈그림 12-4〉 금융정책의 변화

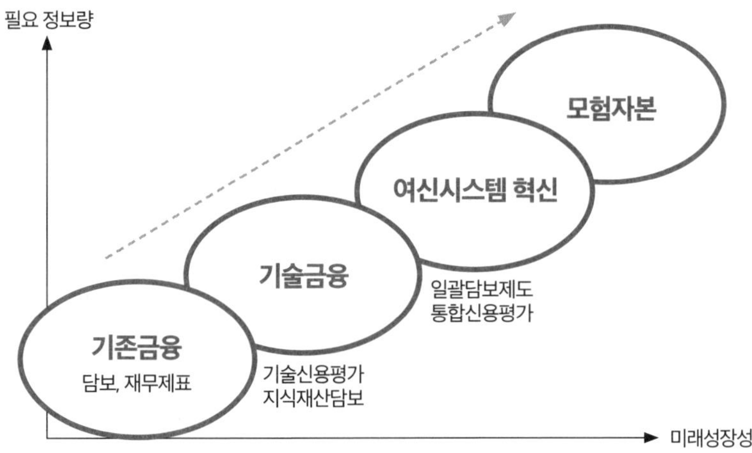

있었다. 대출, 투자 등 금융지원 방식을 혁신하여 스타트업과 혁신산업의 금융수요를 충족하는 일이 중요했다. 혁신 스타트업 투자는 신기술과 아이디어를 토대로 하는 사업이 대부분이라서 은행의 자산 포트폴리오를 미래지향적으로 재편하는 차원에서도 필요하다.

모험자본 시장의 키플레이어로 도약하는 것을 혁신금융 전략의 핵심 과제로 삼았다. 정책 변화, 혁신기업의 금융수요, 금융사 수익 전략이 맞물려 모험자본 시장이 성장하고 있으나 은행에는 통합적인 투자 전략이 없었다. 산업은행 등 시장을 선도하는 기관과의 격차가 굳어지기 전에 과감한 변신이 필요했다.

모험자본 역할 강화의 방향성에는 이견이 없었으나 은행이 대출 위주 관행과 인식에 갇혀있다는 느낌을 받았다. 중기대출 1위를 위해 리스크자본의 대부분을 대출에 배정해야 하므로 모험자본 투자 여력이 적다는 내부 인식이 강했다. 담당 부서가 팀 수준이고 전문인력도 부족했다. 결국은 리스크자산이나 인력과 조직 운영에 있어 대출과 모험자본 투자 간의 선택 문제인데 고민되는 사안은 아니었다. 모험자본 투자를 늘리고 스타트업을 지원하는 이유는 국가경제나 은행 전략 차원에서 명확했다.

현장 전문가를 만나 혁신기업의 성장잠재력을 알아보고 투자 성공 사례를 만든 모험자본 투자 경험을 듣고 위험관리, 가치 제고, 회수, 국책은행의 역할에 대한 의견을 물었다. 참석자들은 은행의 모험자본 투자가 창업생태계에 기여하리라고 평가하면서도 투자 경험이 쌓일 때까지는 민간과 협업을 통해 간접투자를 늘리는 방안이 효과적이라고 조언했다. 풀링(pooling)을 통한 위험 분산, 창업 초기기업 타겟팅 등의 조언은 모험자본 전략을 세우는 데 참고가 되었다.

모험자본 전략과 로드맵

국책은행이 모험자본 시장에 참가하는 이유는 단순히 돈을 벌기 위해서가 아니다. 시장에서 지원받지 못하는 스타트업과 혁신 벤처기업의 성장 가능성을 알아보고 이들이 세상을 바꾸는 기업으로 커나가도록 지원하려는 것이다. 은행이 가진 중소기업 자금 지원 역량, 서비스 경험, 네트워크를 결합하면 모험자본 경쟁력을 확보할 수 있으리라고 판단했다.

모험자본 시장에서 차별성을 확보하기 위한 방향성을 정립했다. 첫째, 모험자본 전반에 걸쳐 역할을 발휘하되 민간 역할이 미흡한 창업 초기기업 지원과 액셀러레이터 역할에 중점을 둔다. 둘째, 적어도 중기적으로는 리스크에 상응한 수익을 낼 수 있도록 시장경쟁력(market contestability)을 확보한다. 중기적으로도 이익을 못 낼 것 같으면 지속가능하지 않은 것이므로 사업을 시작하지 말아야 한다. 셋째, 직접투자와 간접투자 등 다양한 방식으로 모험자본을 공급하되 정책펀드, VC 등 기관과의 협업을 강화한다. 넷째, 투융자 복합지원, IBK창공, 컨설팅 등 은행의 금융·비금융서비스 역량과 연계해 종합 서비스를 제공한다.

이러한 방향 아래 모험자본 공급 목표를 설정하는 한편 혁신과제를 실행으로 옮길 조직을 개편하고 인력을 재배치했다. 실행력을 높이기 위해 혁신금융그룹을 신설하고 여러 부서에 산재한 스타트업 발굴·육성, 모험자본 공급, 기업성장 단계별 지원 등 혁신금융업무를 일원화했다.

모험자본 투자는 리스크가 크기 때문에 투자계획, 벤처 자회사 신설 등 주요 사안은 은행에 미치는 영향을 세심하게 점검했다. 모험자본 투자 규모는 지원의 지속성을 담보하기 위한 차원에서 당기순이익의 일정 비율, 예컨대 10% 정도를 시드머니로 미리 지정(earmarking)하는 것도 괜찮겠다 싶었다.

2020년부터 3년간 1.5조 원의 모험자본 공급을 목표로 설정하고 중기적으로 유연하게 롤링 조정하는 로드맵을 마련했다. 직접 및 간접투자 방식으로 투자를 실행한 결과 3년간 1.7조 원을 공급하고 IPO 기업 수가 2019년 3개에서 2020년부터 3년간 33개로 늘었다. 모험자본 공급 목표는 2023년부터 3년간 2.5조 원으로 늘어났다.

모험자본 공급은 신성장, 혁신 분야 벤처기업을 중심으로 이루어지는데 은행과 자회사를 포함한 그룹 전체로 정책펀드와 민간펀드에 2020년 말 기준 2.3조 원을 출자했다. 혁신기업 육성을 위해 산업통상자원부가 주관한 기술혁신전문펀드에 참여하여 5천억 원의 펀드 자금을 미래차, 시스템 반도체, 2차 전지, 바이오 등의 분야 연구개발 활동에 투자하고 있다.

기술평가 역량, 기술기업 데이터 등 기술금융 분야의 경쟁력을 토대로 모험자본 투자 프로세스를 개선했다. 전문가의 집단지성으로 투자를 선별할 수 있도록 기술성 심사를 신설하고 IPO 가능성을 고려하여 본질가치(자산 및 수익 가치)와 상대가치를 기초로 기업 가치를 산정했다. 가치 산정이 어려운 기업은 조건부 지분인수계약(Simple Agreement for Future Equity, SAFE)[112]을 활용했다. SAFE를 활용한 투자 사례가 거의 없었는데 은행에서 환기·청정제품 개발기업인 ㈜씨에이랩을 SAFE 사례로 선정하여 투자를 실행했다. 이후 시장에서 SAFE를 활용한 스타트업 투자 사례가 늘었다.

세상이 알아보지 못한 기업을 위해

모소대나무 키우기

모소대나무라는 나무가 있다. 4년 동안 전혀 자라지 않다가 5년째 되면 갑자기 울창한 숲을 이룬다고 한다. 모소대나무의 특성은 혁신기업의 성장잠재력을 닮았다. 모험자본의 역할은 세상이 알아보지 못하는 모소대나무 기업을 발굴한 후 믿고 지지해주는 일일 것이다.[113]

서울, 대전, 부산에 소재한 창업육성플랫폼인 IBK창공(創工)에는 이런 모소대나무가 꿈을 키우고 있다. 창업(創業) 공장(工場)을 축약한 창공은 아이디어와 기술을 가진 혁신기업을 육성하는 창업육성플랫폼으로, 투융자, 컨설팅, 판로개척 등 단계별 프로그램을 제공한다. 창공 프로그램은 창업육성 경험을 토대로 성과를 거두었으나 기술력이 뛰어난 혁신형 창업을 확대할 필요가 있었다. 투융자, 보육, 컨설팅 등 기능이 여러 부서에 흩어져 시너지 발휘가 어려웠고 코로나와 디지털 혁신으로 비대면 업무방식이 확산되는 추세에도 대응해야 했다.

창업지원 기능을 한군데로 모으고 예비 창업 단계부터 창공 졸업 이후까지 성장 단계별로 나누어 맞춤형으로 지원했다. 예비 창업자를 조기 발굴하는 'Pre-창공', 졸업기업의 시장안착을 지원하는 'Post-창공'으로 플랫폼을 확장하고, Pre-창공 단계 지원을 위해 서울대 캠프와 울산과학기술원(UNIST) 캠프를 추가했다. 혁신기술 연구를 선도하는 인재, 산학협력 인프라와 자금 지원이 결합하면 혁신 스타트업의 산실이 될 것이다. 지방의 창업생태계를 활성화하는 차원에서 대전 연구개발특구에 'IBK창공 대전'을 개설했는데 영국의 Level39에 견주어도 손색이 없으며 청년과 지방 창업기업에 투자한다. 오프라인 프로그램을 온라인으로 구현했는데, 웹 기반의 '온라인 창공'은 공간 제약 없이 많은 스타트업을 지원할 수 있다.

2016년 사업 시작 후 2022년까지 IBK창공은 5개 거점과 2개 캠프를 통해 혁신 창업기업 538개를 발굴하고 1조 원이 넘는 투융자와 8천여 건의 멘토링과 컨설팅을 제공했다. 23개 창공 기업이 세계 최대 전자제품 박람회인 CES에서 혁신상을 수상하고 〈포브스(Forbes)〉가 선정하는 아시아 청년 리더에 4개 회사가 선정되기도 했다. 아이디어와 기술로 세상을 바꾸려는 혁신 창업가의 도전을 지원하는 창공의 역할은 우리나라가 혁신 창업국가로 발돋움하는 밑거름이 될 것이다.

벤처 자회사 설립

국내 액셀러레이터 시장의 등록기관과 투자 규모가 늘고 있지만 상위업체를 제외한 대다수가 정부 사업에 의존하며 시장 인프라는 여전히 미흡하다. 은행은 민간 액셀러레이터 및 VC와 투자기업 풀을 공유하며 스타트업 선별·육성 역량을 키워왔다. 그러나 기존 방식으로는 액셀러레이터 시장 반전에 한계가 있다고 판단되어 자회사 신설 방안을 강구했다.

은행의 모험자본 전략을 정하고 투자를 늘리기 시작한 2020년만 해도 자회사를 설립할 실익이 있는지 확신할 수 없었다. 고민이 된다는 것은 불확실성이 그만큼 크다는 이야기다. 시간이 지나며 시야가 트이는 경우가 많기 때문에 서둘러 결론짓기보다 설립 여부와 방식에 대한 결정을 미뤄두었다. 1~2년에 걸쳐 모험자본 시장의 경험을 축적하는 과정에서 모험자본 시장의 투자와 전문 보육 기능을 결합한 액셀러레이터 자회사를 설립하는 쪽으로 마음을 굳혔다.

혁신금융그룹에 자회사 신설 방안 마련을 지시하여 내부 검토를 본격화하는 한편 실리콘밸리 액셀러레이터들과 만나 자회사 설립에 관한 생각을 가다듬었다. 모험자본 투자 측면에서 지원이 부족한 창업 초기기업 투자를 보강하고 중기 이후 스타트업 액셀러레이팅과 해외 진출을 지원하는 등 성장 단계별 지원체계를 강화한다는 구상이었다. 은행과 자회사를 포함한 그룹 전체의 자산 포트폴리오를 다변화하고 미래지향적으로 재편하는 효과도 기대했다.

창업 초기시장 규모 예측, 금융위원회와 협의 등 추진과정이 순탄하지는 않았으나 정부 기조가 달라지며 사업에 속도가 붙었다.[114] 정부의 혁신 벤처·스타트업 지원 대책에 "기업은행은 자회사를 설립하여 스타트업을 대상으로 컨설팅·네트워킹 등 보육지원과 함께 1천억 원 규모의 펀드를 조성하여 투자도 지원한다"라는 내용이 담겼다.

재임 당시 씨를 뿌린 자회사 설립은 얼마 지나지 않아 결실을 거두었다. IBK벤처투자라는 이름으로 2024년 출범한 벤처 자회사는 설립 목적이나 자본력(1,000억 원)에 있어 하나벤처스(300억 원), NH벤처투자(300억 원)등 민간 VC와 차이가 있다. 벤처 자회사가 씨를 뿌릴 당시 염두에 두었던 혁신적인 역할을 발휘하면 모험자본 생태계 발전에 큰 힘이 될 것이다.

벤처대출: 돈 가뭄 스타트업에 내리는 단비

벤처대출(Venture Debt)은 초기 자금 지원을 받은 스타트업이 후속 투자를 유치할 때까지 브릿지론을 지원하는 투융자 복합 지원 방식이다. 스타트업은 창업해서 초기 투자를 받은 후 후속 투자를 유치하는 과정에서 협상력이 낮기 때문에 창업자 지분을 방어하기 어려운 경우가 많다. 은행은 담보가 없고 부도 위험이 큰 스타트업 대출에 소극적일 수밖에 없는데 투융자를 연계하면 수익원 다각화와 위험 분산으로 타산을 맞출 수 있다. 기업 성장 단계별 수요에 맞추어 모험자본과 융자를

〈그림 12-5〉 **벤처대출 지원**

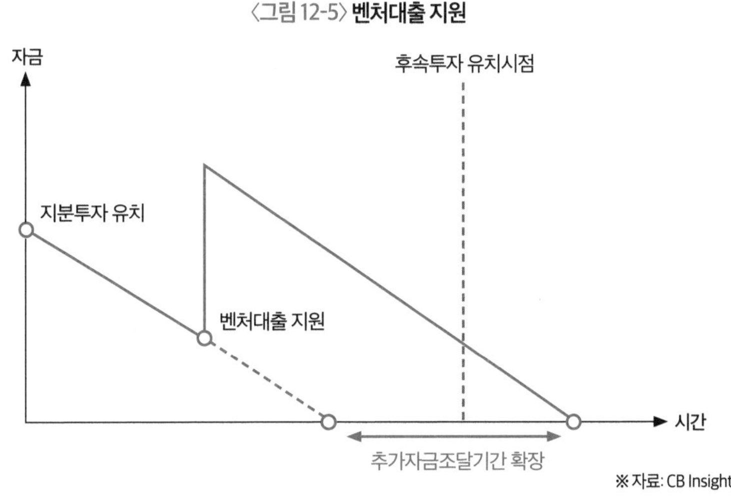

※자료: CB Insight.

지원하는 역량은 은행 경쟁력 향상에 도움이 된다. 이러한 맥락에서 눈여겨보았던 제도가 실리콘밸리은행(SVB)이 활용하는 벤처대출 제도였다.

SVB는 1983년 설립 이후 벤처기업과 VC, 사모펀드를 주 고객으로 전문적인 금융서비스를 제공했다. 유동성 부족 사태로 2023년 3월 파산했으나 SVB는 벤처금융 분야에 독보적인 영역을 개척한 혁신적인 은행이었다. 1년 후 일어날 사태에 대해 누구도 짐작하지 못했던 2022년 4월, SVB를 방문해서 앤 김(Ann Kim) 부행장을 만났다. 벤처대출 도입 관점에서 궁금한 사항을 물었고 부행장은 미래 성장성에 기초한 벤처대출 기법과 직원 유인 체계 등 제도 운영 방식을 소상하게 설명해주었다.

벤처대출은 VC가 초기 투자한 기업이 은행에서 브릿지론을 받으면 이후 VC의 후속 투자를 받아 대출 상환 재원으로 사용하는 구조다. 벤처대출을 제공할 때 부도 위험에 대한 보상으로 소액의 워런트, 즉 신주인수권을 받는다.

국내 VC 업계를 대상으로 한 시장조사 결과 시장 수요는 충분한 것으로 확인되었다. 벤처대출에 필요한 워런트에 대한 법적 근거가 없는 것이 문제였는데 계류 중인 법안이 언제 통과될지 모르는 상황에서 마냥 기다릴 수는 없었다.[115] 신주인수권부 사채에 포함된 신주인수권을 활용하는 방식으로 벤처대출을 출시했다. 기업 선택에 따라 신주인수권부 사채와 대출을 다양한 비중으로 결합했다. 기술 등급과 빅데이터 등급을 매트릭스로 결합한 심사 시스템을 적용하니 기존 제도로는 2천만 원 정도 대출할 수 있으나 벤처대출은 6억 원까지 가능했다. SVB 제도를 원용한 벤처대출을 통해 출시 후 1년간 85개 기업에 807억 원을 지원했다. 평균 금리는 6.1%였다. 한 언론 기사[116]처럼 벤처대출은 돈

가뭄을 겪는 스타트업에 단비 역할을 할 것이다.

금융 인사이트

경제의 역동성을 높이려면 혁신적인 창업생태계를 구축하는 것이 중요하다. 금융의 역할이 특히 중요한데 액셀러레이터, 엔젤투자자, VC, 연기금 등 다양한 주체가 벤처기업의 성공 가능성을 분석하고 자금을 지원해야 혁신이 꽃을 피울 수 있다. 리스크가 큰 벤처기업의 속성상 은행은 모험자본 투자를 적극적으로 하기에 여러 한계가 있다. 그러나 혁신기업의 성장 가능성과 긍정적 외부효과를 고려하면 자본시장 플레이어뿐 아니라 은행도 리스크를 풀링하고 지원하는 역할을 확대해나가야 한다. 남들이 알아보지 못하는 기업의 잠재력을 미리 발견하고 지원하는 활동은 해당 기업의 성장은 물론 은행과 국가경제 차원에서도 중요하다.

13장

글로벌 금융영토 확장

중소기업과 함께 세계로

해외 진출 전략과 추진 원칙

글로벌 업무는 디지털 전환처럼 은행 수익구조에 큰 영향을 미치는 사안이다. 국내 시장이 포화상태여서 해외 진출을 늘리는 금융회사가 많다. 그러나 해외 진출은 진출국의 경제·금융 관련 리스크, 문화와 언어의 차이, 담보·추심과 외국기업 차별 등 다양한 위험에 노출되어 있다. 금융회사의 해외 진출에 대해 한국금융연구원은 다양한 리스크를 검토하는 한편 현지 사업자 연계를 통한 현지화, 디지털 기반 영업력 강화, 진출 분야 특화 필요성을 제시하고 있다.[117]

기업은행의 업무 중점이나 인력과 조직 운영은 국내 중심적이었다.

뉴욕 등 국제금융 중심지와 중국, 동남아에 해외 점포를 가지고 있으나 지역이 제한적이며 해외 점포 이외의 활동은 해외 기관과의 일부 업무 제휴에 불과했다. 글로벌 활동이 제한적인 이유는 국내 중소기업 지원에 중점을 두는 은행 특성 탓이겠지만 글로벌 역량이나 조직 운영 방식에도 원인이 있다.

은행 경쟁력을 높이고 수익원을 다변화하려면 중소기업 금융의 강점을 토대로 한 차별화된 진출 전략이 필요했다. 해외 점포 전략과 관련하여 첫째, 중소기업이 가는 곳에 은행이 간다, 둘째, 핵심 경쟁력을 기반으로 한다, 셋째, 수익성 확보가 전제되어야 진출한다는 세 가지 원칙을 제시했다. 해외 진출하는 중소기업을 위해 해외 진출을 검토하되 경쟁력이 확보된 업무를 토대로 해야 해외에서 통할 수 있다. 수익성은 해외사업의 타당성을 시험하는 최소한의 요건이며 낙관적 기대나 조직 확장 차원에서 진출하면 돈 먹는 하마가 되기 쉽다. 이러한 세 가지 원칙을 토대로 은행의 해외 진출 전략을 점검하며 글로벌 영토를 확장해나갔다.

아세안과 동유럽 진출

은행의 해외 진출은 1990년대 금융 국제화의 흐름 속에서 국제금융 중심지를 대상으로 시작되었다. 2010년 전후 중국과 동남아 지역으로 확대되어 50여 해외 점포가 운영되고 있었다. 여러 지점을 둘 수 있는 현지법인이 중국과 인도네시아에 진출했고 미얀마와 베트남에 현지법인을 설립하는 작업이 진행 중이었다. 코로나 위기 이후 해외 점포의 영업이 위축되었는데, 직원 안전 확보와 함께 현지의 자금경색과 여신 부실화 등 하방 위험에 대응하는 데 주력했다.

코로나 위기 대응이 어느 정도 가닥 잡힌 후 해외 점포 전략을 재점검했다. 중소기업 진출이 활발하거나 진출이 예상되는 지역에 중점을 두되 탈중국화 등 글로벌 가치사슬의 재편 추세를 고려할 필요가 있었다. 전략의 핵심은 동남아 네트워크 강화와 전략 거점 선점이었다. ▲미얀마 현지법인 설립 마무리 ▲베트남 현지법인 설립 추진 ▲동유럽 거점 점포 마련 등 방안을 모색했다.

미얀마 현지법인 설립은 정부의 신남방정책 일환으로 2018년부터 추진되었다. 미얀마는 중국, 베트남, 인도네시아에 이은 동남아의 생산기지로 성장이 유망하다. 풍부한 자원과 양질의 노동력, 잠재력이 큰 소비 시장을 갖춘 매력적인 투자 지역이지만 인프라 부족, 정치 불안정, 복잡한 규제 등 제약요인이 많다. OECD 대사로 일하던 2016년, 동남아프로그램(Southeast Asia Regional Program, SEARP) 의장 자격으로 미얀마를 방문해 〈미얀마 발전을 위한 다차원적 검토〉[118]라는 OECD 보고서를 미얀마 정부에 제출했다. 경제사회 발전계획으로 볼 수 있는 이 보고서를 통해 미얀마의 발전 방향을 가늠할 수 있다. 미얀마 현지법인은 2020년 말 본인가 후 영업을 개시했는데, 코로나 여파, 쿠데타, 내전 등으로 어려움을 겪고 있다. 진출 검토 당시에 현지 리스크를 과소평가했던 탓도 있을 텐데 길게 내다보고 시련을 견디며 정상화를 모색해야 한다.

유럽의 생산기지인 동유럽 지역에 진출하기 위한 전략 거점이 필요했다. 폴란드, 헝가리 등 동유럽은 유럽 전기차 배터리 생산기지로 한국기업 중심의 공급망이 형성되어 있는데 LG엔솔(폴란드), 삼성SDI(헝가리) 등 대기업과 협력 중소기업이 진출해 있다. 폴란드에 진출한 국내은행이 없어 진출 기업들이 금융 애로를 겪고 있었다. 런던 지점을 통해 거래기업을 지원해왔으나 거리 제약 등 한계가 있어 동유럽 거점 점포를 신설하여 지역 금융수요를 지원할 필요가 있었다.

진출 타당성을 점검하기 위해 2021년 말 폴란드를 방문했다. 서유럽과 CIS 국가를 연결하는 요충지인 폴란드는 인구 3,830만 명, 1인당 소득 16,000불의 중소득 국가다. 최저임금이 서유럽의 3분의 1 정도이며 양질의 노동력과 근로 윤리, 규제 투명성 등 투자 여건이 좋아 외국인 직접투자가 늘어나며 4%대 성장을 지속하고 있었다. 수도 바르샤바에서 약 300km 떨어진 카토비체와 크라쿠프에서 만난 거래기업들은 운영자금 조달, 외환거래, 자금 이체 등 불편이 크다고 토로했다. OECD 회원국인 폴란드는 투자 리스크가 적고 해외 진출원칙 세 가지를 모두 충족했다. 출장 결과를 토대로 브로츠와프에 은행 사무소를 설치한 후 상황을 보아 지점 전환을 추진하도록 했다. 2023년 문을 연 폴란드 사무소는 거래기업의 금융 애로를 해소하며 동유럽 성장과 함께 커나가고 있다.

감 떨어지기만 기다려서는 안 된다: 베트남

해외 점포망 전략의 핵심 사안은 베트남 현지법인 설립 건이었다. 베트남은 우리나라의 세 번째 투자 대상국이자 네 번째 교역 대상국일 정도로 중요성이 큰 나라다. 삼성전자 등 9,000여 개 기업이 진출해 있으며 기업은행 거래기업만 2,600개가 넘는다. 베트남에는 외국은행 지점을 포함해 총 100개 은행이 있는데 한국계 은행은 11개로 베트남 은행 자산의 1.6%를 차지한다.[119]

은행업의 유망성 때문에 많은 나라 은행이 베트남 진출을 희망하고 있으나 베트남 정부는 부실 은행 구조조정 문제를 겪고 있어 신규 인가에 소극적이다. 대신 부실 은행 인수와 같은 기존 라이선스 취득을 요구하기도 한다. 조금은 열려 있던 신규 진출의 문마저 2022년 이후 닫히려 하는 상황이었다.[120]

기업은행은 2017년 현지법인 설립인가를 베트남 당국에 신청했고 이후 양국 정상회담 의제로 논의되기도 했으나 별 진전이 없어 베트남 당국의 처분만 기다리는 형국이었다. 감 떨어지기를 기다리는 대신 감나무를 흔들든지 감나무에 올라갈 방법을 찾아야 했다. 베트남 당국을 설득하기 위한 논리 개발과 톱다운식 접근, 두 가지가 문제를 푸는 핵심이라고 판단했다. 국책은행의 현지법인 설립은 수익 창출이 목적인 민간은행과 달리 베트남 중소기업 육성과 금융발전에 도움이 된다는 점을 베트남 정부에 인식시키는 것이 중요했다.

〈베트남 중소기업과 금융부문 평가 및 기업은행의 역할〉[121]이라는 발표자료를 만들고 베트남어로도 준비했다. 주한 베트남 대사를 만나 설명한 후 2022년 6월 베트남 중앙은행과 총리실 고위직을 면담하며 베트남 중소기업 육성 필요성과 현지법인을 통한 금융지원 방안을 설명했다. 베트남 측 실무자까지 배석한 회의에서 재무 건전성이 취약한 중소기업의 금융 애로를 완화하고 중소기업 금융을 발전시켜야 베트남 경제가 한 단계 도약할 수 있다는 점을 강조했다. 다른 은행과 달리 지방 공단지역에 점포를 설치하여 현지 중소기업까지 지원할 계획임을 덧붙였다. 베트남 당국은 중소기업 금융발전 필요성에 공감하면서도 은행 구조조정 등 현지 상황을 설명했다.

문제는 실질적인 결정권을 가진 총리, 주석, 당 서기장 등 고위인사를 어떻게 설득할지였다. 양국 총리 회담과 국회의장 면담이 예정되어 있어 한덕수 총리와 김진표 당시 국회의장을 찾아가 자초지종과 기업은행 현지법인 사안이 수교 30주년을 맞은 양국 관계에 호혜적으로 기여하리라는 점을 설명했다. 한 총리는 베트남 총리, 주석 등 국가지도자를 면담할 때마다 사안의 중요성을 강조해주셨고, 김 국회의장도 당서기장과 국회의장 면담에서 제기해주셨다. 대통령실에 설명하여 이 사안이 양국 정상회담의 최우선 의제로도 논의되었다. 앞으로 진전이 있다면 진행 과정에서 도와준 분들과 일선에서 노력한 직원 덕분이다. 중소기업 금융 경쟁력을 토대로 베트남 중소기업과 금융발전에 기여하는, 마침내 감을 따는 날이 곧 오길 기대한다.

창업자에게 집중하라. 그러면 다 해결될 것이다 : 실리콘밸리의 비법

봄을 맞아 나뭇잎에 윤기가 흐르고 햇볕이 강해지는 2022년 4월, 모험자본과 스타트업 발전 전략을 모색하기 위해 창업과 혁신의 본고장이라는 실리콘밸리를 찾았다. 세계 최고의 액셀러레이터, 벤처캐피털, 벤처 전문은행, 스타트업 등 모험자본 시장의 핵심 플레이어를 만나 그 시장이 어떻게 돌아가는지를 현장에서 확인하고 모험자본 전략 수립에 참고하려는 목적이었다. 실리콘밸리 전문가를 만나 성공 방식과 관행을 벤치마크하고 협업 가능성을 타진했다.

시장에 기반한 유인 체계를 토대로 80여 년에 걸쳐 세계 1위의 경쟁력을 쌓아온 실리콘밸리의 벤처생태계는 듣던 대로 탄탄했다. 스타트업 발굴, 자금 지원, 네트워킹, 인재 양성과 지식축적 등 각각의 전문 분야에서 경쟁하고 협력하는 과정은 치밀하고 유연했다. 모험자본 생태계를 구성하는 이들은 단순히 돈을 좇는 하이에나가 아니라 새로운 아이디어와 기술을 알아보고 유망기업의 혁신과 성장을 돕는 과정에서 수익을 함께 추구하는 글로벌 혁신의 선두 주자였다.

벤처 자회사 설립 구상을 가다듬고 모험자본 투자 업무를 발전시키기 위해 글로벌 액셀러레이터를 찾았다. 첫 번째로 방문한 Y-Combinator(YC)는 에어비앤비, 드롭박스에 투자한 글로벌 1위 액셀러레이터였다. YC는 유망 스타트업을 선발하는 행사를 1년에 2번 여는데, 선발된 회사는 지분 7%의 대가로 15만 달러의 자금을 제공받으며 경영 조언과 네트워크도 지원받는다. YC가 선발했다는 사실은 회사의 유망성을 입증하는 신호다. 조나선 레비(Jonathan Levy) 대표는 세계에서 몰려드는 2만 개 이상 스타트업 중에서 유망기업을 골라내는 방법과 선발된 기업이 유니콘 기업으로 성장하도록 지원하는 노하우를 소개했다. 회사당 인터뷰 시간은 10여 분이라며 창업자에 관한 판단과 세상을 바꾸는 아이디어 여부가 주 결정요소라고 언급했다.

"창업자에 집중하라. 그러면 다 해결될 것이다(Focus on helping Founders, and everything else will follow)." YC의 창립 이념에 담긴 이 문구가 성공 비결을 대변한다. 사업에 임하는 태도와 자질, 혁신적인 아이디어가 뒷받침된다면 그 창업자는 언젠가 성공하리라는 믿음은 합리적이다. 승패는 병가지상사이지만 실패해도 이유가 중요하다. 실리콘밸리 플레이어들은 사업이 실패해도 좋은 시도를 한 창업자에게는 재기 기회를 준다. 실패 경험 있는 사업가의 성공 확률이 초보 창업자보다 높다는 통계는 과거지향적으로 접근하는 우리 창업생태계에 시사하는 바가 크다. 설립할 벤처 자회사 운영에도 유념할 포인트였다.

스탠퍼드대학 근처에 자리 잡은 500Global은 크레디트 카르마(Credit

karma), 그랩(Grab) 등 유니콘 기업을 길러낸 글로벌 2위의 액셀러레이터였다. 창립자이자 CEO인 크리스틴 싸이(Christine Tsai) 대표는 한국에도 현지법인을 두어 50여 개 국내 스타트업에 투자하고 있었다. 국내 스타트업의 해외 진출과 글로벌 투자유치를 함께 지원하기로 합의하고 글로벌 액셀러레이팅 프로그램을 신설하는 양해각서에 서명했다. 500Global과 공동으로 조성한 펀드에 250억 원을 출자했으며, 국내 스타트업이 실리콘밸리에서 사업화를 진행하고 글로벌 투자유치 기회를 얻는 프로그램을 시작했다. 은행의 실리콘밸리 데스크를 500Global에 설치하며 호혜적인 관계를 유지하고 있다.

플러그 앤 플레이(Plug and Play) 창업자인 사이드 아미디(Saeed Amidi) 회장과는 개방형 혁신을 통한 스타트업과 대기업 연계 방안을 논의했다. 면담을 위해 영국에서 밤 비행기로 날아왔다는 아미디 회장은 동년배의 이란 출신 사업가로, 능수능란한 수완과 적극적인 태도에서 페르시아 상인의 면모가 엿보였다. 대기업과 협력해서 스타트업을 육성하

〈표 13-1〉**글로벌 액셀러레이터 개요와 특징**

Y-Combinator	세계 최초 및 1위 액셀러레이터, 2005년 그레이엄 등 4명의 창업자가 설립 : 기업 발굴·선별 노하우 탁월, 3,000개 이상 스타트업 투자집행(한국 10여 개) : 25개 이상 유니콘 기업, 110개 이상 예비 유니콘 기업 배출
500Global	글로벌 2위 액셀러레이터, 2010년 싸이(CEO)와 맥클루어가 설립 : 77개국, 2,500개 스타트업에 투자 집행(한국 50여 개) : 45개의 유니콘 기업, 130개 이상의 예비 유니콘 기업 배출
Plug and Play	글로벌 5위 수준 액셀러레이터, 2006년 사이드 아미디가 설립 : 대기업과 스타트업의 협력을 통한 개방형 혁신에 강점 : 30개국, 2,000여 개 스타트업 투자
UC Berkerly SkyDeck	산학연계 액셀러레이터, 2012년 UC버클리 동문, 교직원 등 설립 : 성장 단계별로 인큐베이팅, 액셀러레이팅, 네트워킹 프로그램 적용 : 매년 300개 기업 보육, 투자 병행

는 방식은 대기업 영향력이 큰 우리나라에 의미가 있다. 대기업과의 협업을 어떻게 끌어내느냐가 관건일 텐데 플러그 앤 플레이 사례는 좋은 참고가 된다.

UC버클리 스카이덱(SkyDeck)은 공대와 경영대가 합작 투자한 신기술 스타트업 위주 액셀러레이터다. 6개월마다 20개 스타트업을 선정하여 7.5% 지분을 받고 20만 달러를 제공한다. 캠퍼스 전경이 내려다보이는 고층빌딩 사무실에서 캐롤라인 윈넷(Caroline Winnett) 대표는 산학연 연계를 기반으로 한 액셀러레이팅 비결을 설명했다. 산학연 연계가 스타트업 성공에 중요하다는 점은 산학클러스터인 대전과 울산에 IBK창공을 개소한 이유와도 상통한다.

Saudi SME Bank 설립 지원: 사우디아라비아

중소기업 금융 노하우를 해외와 공유하면 은행의 활동 영토를 넓히는 동시에 국제적 위상을 높일 수 있다. SME Bank 설립지원 사업이 대표적 사례였다. 사우디 정부는 에너지 위주 산업구조를 다각화하기 위해 VISION 2030이라는 국가개혁 전략을 추진하고 있다. 중소기업 육성을 위해 중소기업은행(SME Bank)을 설립하기로 하고 세계 유수 기관의 자문을 받았다. 기업은행에도 지원을 요청해왔으며 양국 정부가 운영하는 '한-사우디 Vision 2030 위원회'의 협력과제로 상정되었다.

SME Bank 설립지원 사업에 착수했다. 인적·물적 비용은 사우디 정부가 부담하며 자문 및 라이선스 수수료도 받을 수 있다. 글로벌 은행과 컨설팅 회사가 설립 과정에 참여해 경쟁하는 상황이었다. 사우디와

파트너십 협약을 체결한 후 경영전략 수립, 여신체계 구축, 상품 개발, 리스크관리 등 4개 부문을 대상으로 중소기업 금융 노하우를 공유하는 작업을 진행했다. 사우디에 직원을 파견하여 여신체계 구축을 위한 업무 프로세스와 규정 신설을 지원하고 상품 개발 자문을 제공했다. 알 귀나임 신임 은행장과의 간담회, 경영진 초청 연수 등 인적 교류도 진행되었다.

2022년 말 마침내 SME Bank가 출범했고 사우디 초청에 따라 리야드에서 열린 창립기념식에 참석했다. 알 귀나임 은행장은 은행 지원에 각별한 감사와 협력 지속 희망을 표했고, 나는 한-사우디 수교 60년이 되는 해에 훌륭한 결실을 맺은 것을 축하하며 SME Bank가 사우디 중소기업 발전에 큰 힘이 될 것이라는 축사로 화답했다. 국가개발기금 부의장이기도 한 알 투와이즈리 SME Bank 의장, 사우디벤처캐피털과 신용보증기금 대표를 만나 정책금융 역할, 중소기업 지원 프로그램, 벤처 생태계 육성과 협력 방안을 논의하기도 했다. SME Bank가 사우디 중소기업 성장을 도와 국가개혁 비전을 이루는 과정에서 두 은행 간의 협력이 강화되길 기대한다.

OECD 지속가능 중소기업 금융 플랫폼

중소기업의 녹색 전환을 위한 금융의 역할은 국내외 모두 관심이 큰 사안이다. 여러 국제논의에서 녹색금융을 위한 국가 간 협력 필요성이 제기되고 있는데 글로벌 그린뱅크가 되려면 국제논의 동향의 파악과 협력은 필수다. 제26차 UN 기후변화협약 당사국총회(COP26) 계기에

〈그림 13-1〉 지속가능 중기금융 OECD 플랫폼

OECD

FINANCING SMEs FOR SUSTAINABILITY

OECD Platform on Financing SMEs for Sustainability

The Platform works to foster knowledge-sharing and policy dialogue, and bridge data and knowledge gaps to enhance SME access to sustainable finance to accelerate their green transition. We bring together public and private financial institutions, policy makers, ESG actors and SME representatives. We support our members' efforts to integrate environmental and climate considerations in their SME portfolios. We also provide data, analysis and operational solutions to help our members boost awareness and engage SMEs in sustainability. We provide a forum for dialogue with policy makers and a platform to showcase members' leadership in sustainable finance for SMEs.

Who we are

We are a member-funded initiative launched in November 2021 in the margins of the COP26. We are hosted by the OECD Centre for Entrepreneurship, SMEs, Regions and Cities, a global reference in the area of SME and entrepreneurship finance data, policy analysis and dialogue.

Our members:

BRITISH BUSINESS BANK bdc Industrial Bank of Korea bpifrance

Our knowledge partners:

aecm Bankers for NetZero EBF SME Climate HUB THE MONTREAL GROUP

What we do

We enable our members and partners to learn, network, engage in collective projects, gain access to policy makers and promote their own good practices and initiatives through:

- regular closed-door exchanges with members and knowledge partners;
- quarterly webinars on timely topics and an annual conference;
- brown-bag lunches;
- benchmarking surveys and discussions on data and reporting;
- analytical work.

Why join?

- Become part of a growing global network of institutions that place an important focus on sustainability
- Make your voice heard with policy makers on issues pertaining to financing SMEs for sustainability
- Provide inputs and high-level policy guidance to OECD, G20 and partner governments
- Showcase and promote initiatives and good practices in sustainable finance for SMEs
- Stay abreast of new developments, innovative projects and initiatives in other institutions around the world
- Identify and implement operational approaches and instruments based on members' experiences with ESG integration, SME financial and non-financial support and engagement
- Gain a better understanding of SMEs' diverse financing needs, to identify and address demand-side constraints to SME sustainable finance
- Benchmark activities and progress in this area relative to other members
- Collaborate on collective research projects with OECD and other members of the Platform

To learn more about the Platform, please contact:
Miriam.Koreen@oecd.org and Marija.Kuzmanovic@oecd.org

OECD는 녹색 전환을 위한 국제포럼을 개최했다.

중소기업의 녹색 전환을 지원하는 금융의 역할을 주제로 한 비대면 회의에 영국, 프랑스, 한국 등 중소기업 관련 은행장과 OECD 중소기업 국장이 자리했다.

참석자들은 탄소중립을 위한 중소기업 지원 필요성에 공감하며 국제협력 강화에 뜻을 같이했다. 중소기업 녹색 전환을 지원하는 국제 플랫폼을 만들기로 합의함에 따라 2022년 OECD 지속가능 중소기업

금융 플랫폼(Platform on Financing SMEs for Sustainability)이 설립되었다. 2022년 4월 열린 1차 운영위원회(Steering Committee)에서 플랫폼 지배구조가 결정되었다.

영국 기업은행(BBB)이 추천한 정부 인사가 초대 의장을 맡고 나와 캐나다 기업개발은행(BDC) 은행장이 공동의장으로 선임되었다. OECD는 플랫폼의 사무국 기능을 담당한다. 이 회의에서 플랫폼 의사결정 체계와 운영 구조를 마련하고 업무계획을 승인했다.

플랫폼은 각국의 정책 경험 공유, 국제적으로 통용되는 녹색금융 모델에 대한 글로벌 공동연구 등을 주요 활동으로 하여 중소기업의 탄소중립 지원 방안에 대해 지혜를 모은다. OECD 대사 시절부터 알고 지내던 OECD의 챠오위 국장과는 의제와 활동 방향을 설정하는 과정에서 긴밀히 협의했다. OECD 사무국에 기업은행 직원 1명을 파견하여 녹색 전환을 위한 국제협력에 영향력을 높였다. OECD 요청에 따라 COGITO 블로그에 〈중소기업 녹색 전환을 위한 금융지원은 미래를 위한 투자〉[122]라는 글을 기고했는데 중소기업의 녹색 전환을 유도하기 위한 유인구조의 중요성, 금융 및 비금융 지원, 국제적으로 정합성 있는 원칙 마련 등 국제협력의 필요성을 강조했다.

중소기업 녹색금융 관련 모범 관행을 모색하는 초기 단계부터 해외 사례를 연구하고 국제협력에 참여하는 것은 녹색금융 방향 수립에 유용하다. 중소기업의 녹색성장 생태계 조성을 위한 국제무대의 논의를 은행이 계속 주도하면 좋을 것이다.

국제기구와의 협업과 지식공유

기업은행은 국내적으로는 중소기업 전문은행으로서 금융 노하우, 인프라와 정책 네트워크가 강하지만, 해외 점포 진출을 넘어선 글로벌 활동은 인상적이지 않았다. 다른 국내은행도 사정이 비슷할 것이다. 일부 해외 기관과의 교류나 ADB 등 국제기구와 공조하여 무역 보증, 지분투자 등 해외사업을 추진한 정도였다.

은행의 국제경쟁력을 키우려면 글로벌 역량과 네트워크를 강화해야 한다. 국제기구, 글로벌 은행, 해외 유관기관과 업무 제휴, 금융 노하우 공유 등 다방면에서 교류하면 사업 기회 모색은 물론 금융혁신 동향과 선진 금융기법을 파악하는 데 도움이 된다.

중소기업 금융포럼(SMEFF)과의 협력은 그러한 맥락에서 의미가 있다. SMEFF는 중소기업 금융 노하우를 공유하고 협력하는 세계은행그룹 산하 국제기구로서 70개 나라, 240개 기관이 참여하고 있다.[123] IMF 연차총회 출장을 계기로 워싱턴에서 SMEFF의 갬저 대표와 협업 방안을 논의했다. SMEFF는 Learn(지식공유), Link(협력구축), Lead(정책선도)의 기치 아래에 활동을 전개하는데 협력을 통해 글로벌 트렌드를 파악하고 중소기업 금융 관련 해외 우수사례를 공유할 수 있다.

글로벌 네트워크와 지식공유를 강화하는 차원에서 몬트리올 그룹 가입을 검토하는 것도 유익하다. 몬트리올 그룹은 2012년 캐나다 몬트리올에서 BDC(캐나다), Bpifrance(프랑스), CDB(중국), BNDES(브라질), Nafin(멕시코), SIDBI(인도) 등 6개 개발 금융기관이 중소기업 금융 분야의 협력을 위해 창설한 글로벌 협의체다. 지금은 11개 기관이 참여하는데 선진국뿐 아니라 신흥국 국책은행을 포함하고 있어 국제 네트워크 강화에 도움이 된다. 이곳저곳에서 자주 만나야 관계를 강화하고 사업 기회도 논의할 수 있다.

금융 인사이트

은행의 국제경쟁력을 높이려면 국내에서 경쟁력이 있는 분야를 토대로 해외 진출과 지식공유를 늘리는 동시에 글로벌 네트워크 강화, 다양한 해외 기관과의 협업 등 꾸준한 투자가 필요하다. 직원과 조직의 글로벌 역량을 키워야 한다. 업무 분야마다 실무급, 간부와 경영진까지 다층적으로 교류해야 국제 네트워크가 강화된다. 부족한 역량을 보강하기 위해 국제기구 근무나 해외 경험이 있는 외부 전문가를 수혈하는 것도 좋은 방법이다. 성과가 단기간에 나타나지는 않겠지만 방향을 잡고 계속 노력하면 선진 기관과 발을 맞출 수 있다.

14장

쉽고 빠르고 안전한 디지털 은행

디지털 변혁과 금융

디지털 금융 트렌드

생성형 인공지능(AI), 딥러닝, 거대언어모델(Large Language Model, LLM), 블록체인, 멀티 클라우드, 연결된 사용자 경험, 데이터 거버넌스… 이름도 생소한 새로운 디지털 기술이 우리 삶을 바꾸고 있다. 디지털 기술은 변혁적이다. 원하든 원치 않든 기회와 고통을 수반하는 엄청난 변화를 불러온다.

각국은 디지털 변혁에 대응하기 위한 해법을 강구하고 있다. OECD는 2017년 'Going Digital'[124]이라는 디지털 전환(Digital Transformation, DT) 프로젝트를 시작했다. 디지털 변혁 흐름을 진단하고 바람직한 디지털 미래를 만들기 위한 정책개발이 목적이다. 노동, 무역, 금융, 중소기업 등 경제사회 각 분야에서 디지털 기술이 미칠 영향에 대비하기 위해 무엇을 준비해야 하는지가 프로젝트의 주제였다.

금융은 디지털 변혁이 매우 활발하게 진행되는 분야 중 하나다. 송금, 간편결제 등 일부 시장을 넘어 자산관리, 대출 등 핵심 업무로 디지털 혁신이 확장 중이다. 금융경쟁력의 핵심이 자산에서 데이터와 플랫폼으로, 대량 유통에서 맞춤 경영으로, 개인 역량에서 AI를 통한 증강역량으로 달라지고 있다. 고객 접점을 장악한 빅테크와 핀테크가 금융업 진출을 늘리면서 시장경쟁이 격화하고 있다. 국내에서는 결제·송금 등에서 카카오, 네이버가 시장 확보에 성공한 가운데 대형 은행과 카드사는 수성에 골몰하고 있다. 시장 구도가 어떻게 전개될지 불확실하지만 금융서비스가 금융회사의 전유물이라는 관념은 이미 깨졌다.

디지털 기술을 토대로 한 은행업 혁신은 선진국에서 빠르게 진행되고 있다. 금지된 것이 아니면 다 허용되는 네거티브 방식의 규제는 혁신을 추진하기 좋은 토양이다. 디지털 대응에 따라 은행의 명암도 엇갈린다. 미국 최대 은행인 JP모건의 성공 요인을 디지털 금융 경쟁력으로 보는 견해가 많다. 디지털 전환 투자를 선제적으로 추진하고 핀테크 등 금융서비스 기업을 인수했으며, 지금도 금융회사가 아닌 기술기반 회사를 목표로 전사적인 노력을 기울인다고 한다.[125]

국내 금융산업의 디지털 혁신은 외국에 비해 출발이 늦었다. 새로운 플레이어의 진입이 늦어진 것은 법과 규정으로 허용된 것만 할 수 있는 포지티브 방식의 규제에도 원인이 있다. 금융혁신에 대한 정책기조가 조금씩 달라지고 있다. 전자금융거래법 개정 등 핀테크 규제 완화가 이루어졌고 오픈뱅킹과 마이데이터 사업 등이 추진됨에 따라 핀테크의 시장진출과 은행권의 디지털 변신이 가속화되고 있다.

디지털 전환의 화두는 플랫폼과 고객 경험

국내은행의 디지털 전략은 플랫폼 강화, 고객 경험 중시, 옴니채널, 조직문화 혁신 등으로 정리할 수 있다. 기술혁신 등 새로운 디지털 환경에서 생존하기 위해 은행은 금융서비스의 외연을 확장하고 생활 밀착 비금융서비스에 진출하는 등 금융 플랫폼을 강화하고 있다. 금융회사의 핵심 자원이 사람과 통계 기반에서 사람과 기술, 데이터로 변화하며 플랫폼 역량이 중요해졌기 때문이다.

단순한 고객 만족에서 벗어나 기업과 고객이 상호작용하는 과정에서 나타나는 고객 경험(Customer Experience)을 중시하는 움직임에 주목해야 한다. 디지털 금융의 선두 주자인 DBS Bank의 고객여정연구소(Customer Journey Lab)는 고객이 금융 이용을 결정하는 순간부터 관계가 종결될 때까지 고객의 행동과 감정을 도식화하여 은행과의 접점을 분석한다고 한다.

디지털 전환으로 핵심 자원과 조직문화가 달라졌다. 규제보다 기술 변화에 민감해지고 과점에 따른 경쟁 제한성이 약해지고 있다. 시장은 제도, 상품, 서비스 등 공급자 시각에서 벗어나 고객이 필요로 하는 것을 충족시키는 방향으로 움직인다. 초기의 디지털 전환은 AI 등 디지털 기술을 업무 프로세스에 적용해서 효율성을 높이는 데 중점을 두었지만 이제는 고객, 직원, 시스템 등 은행업 구성요소 전반을 재구성하는 차원으로 진화하고 있다.

각국 은행은 데이터, 기술, 플랫폼을 핵심 자원으로 고객의 모든 일상을 접점으로 삼는 '보이지 않는 은행(invisible banking)'으로 변모하고

〈표 14-1〉 디지털 전환과 은행업의 변화 방향

	현재	미래(2030년대)
시장특성	규제 민감 & 과점경쟁 시장	기술 민감 & 유효경쟁 심화
경영특성	독자 경영 역량 기반	파트너십 협업 역량 기반
핵심자원	사람, 통계기반 시스템 (여신·투자 의사결정 경험)	사람, 데이터, 기술 (AI, 블록체인, 클라우드, IoT 등), 플랫폼
고객접점	Branch & Mobile Banking (물리적 영업점, 모바일 중심)	Invisible Banking (고객의 모든 일상이 접점)
조직문화	경직적, 보수적, 규제 추종적	유연하고 도전적, 창의적

있다. 이 변신이 성공하려면 창의적이며 유연한 조직문화가 뒷받침되어야 한다.

DT의 핵심은 D가 아니라 T

디지털 전환에 성공하기 위한 고려 요소

은행 내에서는 2018년 외부 컨설팅을 받아 ▲고객가치 실현 ▲디지털생태계 확장 ▲핵심역량 고도화 ▲조직문화 혁신의 네 가지 전략을 수립하고 있었다. 디지털그룹 신설, 모바일뱅킹 개편, 디지털 경영지원 플랫폼 출시 등의 과제를 추진하고 채널, 플랫폼 등 디지털 인프라를 강화했다. 그 결과 경쟁 은행에 근접한 수준으로 디지털 서비스를 제공하고 기업 디지털 뱅킹 등 우위를 점하는 분야도 생겨났다.

보완이 필요한 부분도 눈에 띄었다. 전체를 아우르는 그림과 방향을 파악하기 어려웠으며 디지털그룹의 일로만 여겨져 은행 전체적으로 혁신의 필요성과 지향점에 대한 공감대가 모자랐다. 디지털그룹 신설과 같은 투입(input) 성격의 과제는 성과가 있었지만, 핵심 신기술의 내재화, 업무 프로세스 혁신 등 산출(output) 성격의 과제나 고객가치 제고와 같은 성과(outcome) 과제는 진전을 파악하기 어려웠다. 디지털 혁신 상황에 대한 평가와 함께 혁신의 방향성을 점검했다. 경쟁력을 높이기 위한 은행권의 디지털 변신이 가속화하는 상황이라 혁신 동력의 재점화가 필요했다.

디지털 전환을 준비하는 과정에서 "DT의 핵심은 Transformation이지 Digital이 아니다"라는 제언이 중요하게 와닿았다.[126] 디지털 전환은 기술과 데이터의 적용 문제가 아니라 기업문화의 재창조로 이해하고 접근해야 한다는 것이다. DT에 성공하기 위한 고려 요소로 첫째, CEO의 강력한 리더십, 둘째, 장기적 관점의 비전과 전략 설정, 셋째, DT 거버넌스 구축, 넷째, 작게 시작하여 많이 실패하고 점진적으로 개선, 다섯째, 기존 비즈니스 모델 재점검 및 과감한 혁신이 제시되고 있다. DT는 디지털 리더십, 전략, 문화. 기술 역량이 뒷받침되어야 성공할 수 있다. 디지털 신기술이 조직 운영과 업무방식에 자연스럽게 스며들게 해야 한다.

디지털 비전과 혁신전략

성공적인 DT를 위해 중요하다고 생각되는 몇 가지 원칙을 제시했다. 첫째, DT로 은행이 어떻게 달라질 것인지 방향성이 뚜렷해야 한다, 둘째, DT에 대한 임직원의 공감과 참여가 뒷받침되어야 한다, 셋째, DT의 결과는 실질적인 고객 만족, 직원역량 향상, 재무성과 개선으로 체감할 수 있어야 한다, 마지막으로 DT 성과를 측정하는 척도를 만들어 변화 상황을 추적하고 보완해야 한다. 디지털 성과지표를 개발하고 직원 보상과 연계해야 DT가 지속가능하다.

이들을 고려하여 디지털 비전과 2030 미래 모습을 제시했다. 디지털 비전은 간결하고 직관적으로 와닿는 '쉽고 빠르고 안전한 디지털 IBK'로 정했다.[127] 고객은 빠르고 안전하게 은행과 거래할 것이고, 직원은 단순 업무에서 벗어나 가치 있는 일에 집중할 것이며, 은행은 데이터와 디지털 기술을 기반으로 상품·서비스를 설계하고 고객과 환경 변화에 미리 대응한다는 뜻이었다. 디지털 비전을 토대로 목표를 설정하여 혁신 방향과 목표 간에 일관성을 유지하도록 했다.

디지털 혁신은 특정 그룹과 부서에 국한되지 않고 모두 참여해야 성과를 거둘 수 있다. 디지털그룹에 맡겨두면 그동안 하던 대로 흘러갈 소지가 있어 은행장이 주재하는 '디지털혁신위원회'를 가동했다. 디지털 혁신의 공감대를 확산하고 관련 부서의 참여도를 높이며 의사결정 시간을 단축하려는 취지였다.

위원회를 통해 혁신전략과 과제를 설정했다. 첫째는 고객 우선의 디지털 환경 구축이다. 전통적 은행에서 고객 중심의 디지털 금융제공자로 변신하기 위해 생활금융 플랫폼 완성, 옴니채널 구축, 비대면 금융 확대를 과제에 포함했다. 둘째, 핵심 업무를 효율화하고 미래 역량을 강화하기 위해 핵심 업무의 디지털 전환, 업무 프로세스 디지털화, 디지털 역량 강화를 과제로 선정했다. 셋째, 디지털생태계를 강화하기 위해 핀테크·빅테크 제휴 확대, 오픈 API 플랫폼 구축, 데이터의 체계적 관리·활용을 과제로 선정했다. 기술적이고 세부적인 사항은 직원에게 위임했다. 과제 내용이 추진 과정에서 조금씩 달라지기도 했으나 큰 줄기에 변화는 없었다.

작업이 삐걱거리는 일도 있었다. 부서 간 칸막이 행태가 있었고 협업의 필요성을 누차 강조했으나 부서 간에 자료를 공유하지 않는 폐쇄적인 행동도 나타났다. 주의만으로 시정되지 않아 재발 방지와 기강 확립 차원에서 해당 부서장을 직위에서 해제하고 부서 간 협의체를 운영했다.

은행 업무에 익숙한 직원은 디지털그룹에서 오래 일해도 디지털 전문성이 부족한 경우가 많다. 디지털그룹을 지휘하는 부행장도 디지털 역량에 한계가 있을 수밖에 없다. 디지털 전문성을 보강하고 내부 직원 중심의 인적 구성에 따른 집단사고에서 벗어나도록 디지털혁신본부장을 외부 전문가로 충원했다. 본부장에게 은행장의 DT 보좌관 역할을 병행하며 DT 작업에 대한 새로운 시각의 조언을 주문했다. 복잡하고 어려운 과제가 하나씩 매듭지어지며 혁신에 속도가 붙었다.

디지털 목표와 성과지표 운용

디지털 비전을 뒷받침할 목표와 성과지표를 검토했다. 디지털 목표와 성과지표를 도입한 국내 사례는 찾기 어려웠고 해외 사례로는 DBS 경험이 눈에 띄었다. 은행이 아닌 기술 회사로의 전환을 목표로 핵심 영역 디지털화, 고객 경험 개선, 일하는 방식 전환 등 전략에 맞추어 성과지표를 운용하는 DBS 사례를 참고했다.

디지털 목표는 DT 추진 원칙에 맞추어 고객 만족, 업무 효율화, 수익 창출의 세 가지로 정했다. 은행 상황에 대한 분석과 시뮬레이션을 토대로 2023년까지 ▲디지털 고객 800만 명 ▲업무 자동화 200만 시간 ▲디지털 이익 2,500억 원을 중기 목표로 설정했다. 업무시간은 중장기적으로 은행 전체 업무(연간 2,700만 시간)의 20%에 해당하는 500만 시간을 절감한다는 계획을 세웠다.

디지털 목표를 달성하기 위한 성과지표(KPI)는 의미 있고 적용할 수 있는 항목으로 구성했다. 우선 디지털 고객의 정의를 바꾸었다. 디지털채널 이용 여부에서 디지털채널 이용 비중으로 변경하여 의미 있는 거래가 평가에 반영되게 했다. 디지털 고객, 업무 자동화, 디지털 이익의 세 분야에서 성과를 거두려면 디지털 기반이 공통 사항으로 중요하기 때문에 디지털 기반 지표를 KPI에 추가했다.

세부 성과지표는 디지털 고객 수, 업무 절감 시간, 디지털 이익, 혁신 상품과 서비스 출시, 디지털 교육 이수 등으로 구성했다. KPI 달성 과정에서 DT 취지가 훼손되는 일이 생기지 않도록 6개월간 시범 운영한 후 문제점을 보완했다. 디지털 목표와 성과지표가 제시되면서 디지털 혁신을 위한 도전과 시도가 활발해졌다.

디지털 혁신의 결과 고객이 쉽고 빠르고 안전하게 은행 업무를 처리하고 직원의 업무 부담을 줄이는 성과가 나타났다. 몇 가지 사례를 들자면 기업뱅킹에서 거래기업의 대표나 경리직원이 온라인으로 기업금융업무를 처리할 수 있는 서비스를 개발하여 고객 만족을 높였다. 개인뱅킹에서 고령 고객을 위해 가독성 좋은 '쉬운 뱅킹' 서비스를 개발하고 외국인 근로자를 위해 'i-ONE뱅크 글로벌'을 구축했다. 주소를 입력하면 3분 안에 부동산담보대출 금액을 심사하는 'AI 부동산 자동심사시스템', 고객의 서류 발급 대신 은행이 공공기관의 정보를 수집하는 '원클릭 서류제출 서비스', 디지털 기술로 재무제표 등록업무를 자동화한 것도 고객 불편을 줄인 사례다. 집에서 비대면으로 일하는 클라우드 기반의 스마트워크 시스템, 영업점 직원의 업무 문의에 대응하는 챗봇(chatbot) 상담 서비스를 통해 직원 업무 부담을 줄였다. 이러한 시도가 쌓이면 은행의 디지털 경쟁력을 끌어올리는 힘이 된다.

데이터 경영 기반 강화

데이터는 디지털 금융 시대의 핵심 자원이다. 상품과 서비스의 기획·개발, 고객관리, 마케팅 등 모든 프로세스가 데이터에 기반하며, 데이터를 이해하고 활용하는 능력은 경쟁력의 핵심이다. 은행 상황을 점검하니, 데이터 활용은 일부 부서의 일이라는 인식 때문에 데이터 활용이나 기반 구축의 중요성에 대한 이해가 충분하지 않았다. 데이터 생성 단계부터 사각지대가 존재했으며 데이터 관리를 위한 목표와 유인 체계, 데이터 공유 프로세스를 갖추는 일이 시급했다.

은행이 보유한 데이터를 체계적으로 관리하여 업무 효율화와 고객 경험 개선에 활용할 수 있도록 데이터 관리 체계를 정비하고 데이터 활용 방안 수립을 지시했다. 은행 전체의 데이터 관리를 맡는 조직을 신설하여 부서 간 역할과 책임을 명확히 하고 데이터 경영 과제를 검토하게 하는 등 데이터 거버넌스를 정비했다. 은행 데이터를 한눈에 파악하고 분석할 수 있도록 데이터 공유 포털도 구축했다. 시간이 지나며 데이터 포털을 통해 은행 내 데이터를 공유하고 활용하는 사례가 늘어났다. 은행이 보유하는 데이터 중 유통 가능 데이터를 선별하여 금융데이터거래소를 통해 판매하는 사업을 추진해서 데이터 수익을 창출하기도 했다. 은행이 보유한 방대한 데이터를 충분히 활용하려면 추가 노력이 절실하다.

은행의 데이터 역량은 마이데이터 사업이 도입되면서 더욱 중요해졌다. 신용정보법 개정으로 개인의 동의하에 은행, 증권, 보험 등의 개인 금융정보를 수집·관리할 수 있게 된 것이다. 법 개정 이전에도 경쟁은행은 스크래핑 기술을 이용하여 개인자산관리 서비스를 제공했는데 마이데이터 사업이 도입되며 스크래핑 환경을 API로 변환하는 작업을 서두르고 있었다.

마이데이터 사업 추진 과정에서 암초를 만나기도 했으나 자산관리 서비스 프로그램을 직원들이 꼼꼼하게 준비한 결과 2021년 말, 다른 은행과 같이 마이데이터 사업을 시작할 수 있었다.[128] 마이데이터 사업은 고객에게 양날의 칼이 될 수 있다. 여러 금융회사에 있는 자산을 한군데서 관리할 수 있어 편리하지만, 여러 곳에 예치된 자산이 한꺼번에 금융사기에 노출될 소지도 배제하기 어렵다. 조금 덜 편리해도 안전한 편이 훨씬 좋아 개인적으로는 마이데이터 서비스를 이용하지 않는다. 고객 자산을 보호하기 위한 이중·삼중의 보안과 사기 방지를 위해 더욱 철저히 노력해야 한다.

데이터 경영을 뒷받침하려면 충분한 규모의 전산센터가 필요하다. 일반 사무실 건물을 취득해서 전산센터로 사용하고 있는 기존의 수지 IT센터는 공간이 모자라고 설비가 노후화되어 대안을 찾아야 했다. 데이터센터를 신축하기로 하고 하남미사지구에 대지 4,184평의 땅을 매입하여 공사를 시작했다. 에너지 효율 시설과 진도 7 지진까지 견디는 하남데이터센터는 은행의 디지털 미래와 데이터 경영을 뒷받침하는 핵심 기반으로 기능할 것이다.

디지털생태계 확장

개방형 혁신과 오픈 API 플랫폼

디지털 금융을 혁신하려면 외부와 정보 및 데이터를 공유하고 협업하며 새로운 상품과 서비스를 만들어내야 한다. 개인과 기업이 자기의 금융 데이터를 제삼자와 공유할 수 있도록 허용하는 오픈 파이낸스는 금융 데이터의 이동성을 높이고 혁신 서비스 개발 여건을 제공한다. 지급결제시스템, 금융업무, 데이터를 외부에 개방하는 오픈 파이낸스 정책이 2019년부터 시행되었다. 은행은 오픈 파이낸스를 외부 기관 제휴, 공공데이터 활용, 혁신 서비스 발굴에 활용할 수 있다.

오픈 파이낸스 시대에 걸맞은 디지털 기반을 갖추려면 오픈 API 플랫폼이 필요하다.[129] 은행 내에서는 중소기업 금융 분야의 데이터와 노하우를 지키는 것이 중요하다고 생각해서 그런지 모든 은행이 하는 오픈뱅킹에 참여하는 수준에 머물러 있었다. 1년 가까운 작업을 거쳐 오픈 API 플랫폼을 구축한 결과 고객 수요 반영이 쉬워졌으며 마이데이터 사업을 차질 없이 도입할 수 있었다. 은행의 금융기능을 외부 기업에 제공하고 수익을 창출하는 서비스형 뱅킹 사업도 활성화되었다.

혁신적인 상품과 서비스는 핀테크 등 외부로부터 기술과 아이디어를 수혈하면 쉽게 구현할 수 있다. 은행 데이터와 내부 정보를 활용하되 새로운 비즈니스 솔루션을 은행이 직접 찾는 것은 바람직하지 않다. 그러기에 은행은 보수적이고 동작이 느리며 관점이 참신하기 어렵다.[130] First와 Laboratory의 합성어인 퍼스트랩은 외부의 혁신 기술과 아이디어를 검증하고 핀테크 기업의 신기술을 은행에 도입하기 위해 테스트하는 조직이다. 퍼스트랩은 개방형 혁신의 산실로 기능하며 고객경험을 개선하고 업무 효율을 높이는 역할을 선도할 것이다. 'AI 부동산 자동심사시스템', 신분증 없이 실명을 확인할 수 있는 '디지털 본인 인증 서비스', 중소기업이 ESG 경영 수준을 스스로 진단하는 'ESG 자기진단 Tool 서비스' 등의 혁신 서비스가 퍼스트랩에서 만들어졌다.

클라우드 전략과 디지털 시스템의 미래

클라우드는 자신의 컴퓨터가 아닌 인터넷 '너머'에 존재하는 다른 컴퓨터에 정보를 저장하고 처리하는 인터넷 기반 컴퓨팅 기술이다. 직접 데이터센터를 구축하는 대신 음악 스트리밍처럼 서버, 스토리지, 운영체제 등 IT 자원을 필요할 때 비용을 내고 사용하는 서비스 패러다임이다. 클라우드는 비용 효과성과 확장성, 접근성, 외부 협업 용의성 등 장점이 있으나 인터넷이 연결되지 않으면 서비스를 이용할 수 없는 의존성, 보안 위험 같은 단점도 있다. 디지털 전환을 위한 핵심 기반으로 클라우드 활용이 늘고 있다. 글로벌 시장조사 업체인 가트너는 세계 클라우드 시장 규모가 2022년 4,820억 달러에서 2025년 8,375억 달러로 커질 것으로 전망했다.

은행 내에서는 필요에 따라 클라우드를 사용했지만 전행 차원의 클라우드 전략이나 계획은 없었다. 은행은 고객 데이터의 저장·처리, 정보 보안 때문에 엄청난 비용을 들여 온프레미스(on-premise)라고 불리는 자체 시스템을 운영한다. 디지털채널로 고객이 동시에 몰려도 문제가 생기지 않으려면 IT 인프라가 유연해야 한다.

IT 효율화 관점의 접근에서 벗어나 은행의 모든 업무를 대상으로 어떤 업무를 어느 정도로 클라우드로 전환할지 적절성과 비용·효과를 검토했다. 컨설팅을 토대로 적정 클라우드 비중, 멀티 클라우드 필요성, 로드맵의 유연성, 규제와 인력을 검토한 후 클라우드 전략과 로드맵을 2021년 말 디지털혁신위원회에서 확정했다.

클라우드를 도입한 이후 활용을 고려하여 시스템 전환에 어려움을 겪었던 다른 은행 사례를 타산지석으로 삼았다. 클라우드 도입 초기 단계부터 비즈니스 활용을 고려하도록 인프라 최적화와 디지털 비즈니스 구현의 투 트랙으로 진행했다. 보안성을 확보하는 동시에 확장성을 기하도록 하이브리드 형태로 도입했다.[131] 계정계, 정보계 등 고객정보는 프라이빗 클라우드로 구성하고 유연한 데이터 분석과 외부 연계가 필요한 업무는 퍼블릭 클라우드로 설정했다.[132]

인프라 최적화를 위해 40% 수준의 업무를 클라우드로 운영하는 것을 중기 목표로 삼았다. 81개 업무 시스템을 클라우드로 전환할 경우 시스템 총비용은 매년 클라우드 비용이 들지만 기존 시스템 비용이 줄어들며 전환 후 5년 차에 비용 절감 효과가 나타나는 것으로 분석되었다. 외부인 출입이 빈번한 사무실의 경우 건물 사는 것보다 월세 사는 게 비용 면에서 효과적인 것과 같은 이치다. 혁신 서비스가 활성화되고 외부 협업이 쉬워지는 효과도 있다.

분석 결과를 토대로 시스템 전환 작업을 진행했다. 클라우드 전략 추진과 클라우드 관련 서비스 개발을 전담하는 애자일 조직으로 '클라우드 추진 Cell'을 신설하고 클라우드 사업자를 선정했다. 직원이 장소에 구애받지 않고 업무용 PC를 사용할 수 있는 '스마트워크 시스템'이 클라우드 기반으로 개발되었다. 클라우드 도입은 단순한 인프라 전환이 아니라 디지털 기반을 다지는 프로젝트다. 장기적 관점에서 로드맵을 차근차근 이행해야 효과를 거둘 수 있다.

디지털 전환 3년의 성과

디지털 전문성의 한계에도 불구하고 은행장으로서 디지털 전환을 이끌어야 했다. 보고를 받고 공부하고 하나하나 따지며 대안을 찾았다. 더 빠르고 좋은 길도 있었겠지만 디지털그룹, IT그룹, 경제연구소는 물론 전 부서가 함께 고민하며 DT 비전과 전략을 짜고 과제를 실행에 옮겼다.

디지털 혁신의 성과를 평가하기는 아직 이르지만 디지털 고객, 업무 자동화, 디지털 이익 분야에서 의미 있는 성과가 나타나고 있다. 디지털 고객이 늘어나고 업무 자동화로 200만 시간에 이르는 업무시간을 줄였다. 디지털 이익이 3,000억 원을 넘어서고 여신심사 등 핵심 업무에 디지털 기술을 적용하며 성과를 내고 있다. 양적 성과를 넘어 DT가 자연스러운 업무방식으로 자리 잡는 질적 변화도 나타나고 있다.

디지털 혁신은 미래 경쟁력을 좌우하는 핵심사안이며 상시 추진되어야 한다. 혁신 과정에서 유의할 부분도 있다. DT는 통상 이익 극대화 차원에서 추진되는데 이익 이외의 요소가 경시되진 않는지 경계해야 한다. 디지털 친화적으로 조직문화를 개선하고 직원 개개인이 DT 이후의 역할과 직무를 고민하며 역량을 키워야 한다. 사이버 위협이 지능화되고 있어 보안과 시스템 안정성에도 유의해야 한다. 디지털은 시시각각 달라진다. 끊임없이 변하는 여건 속에서 창의적인 시도와 도전이 계속되어야 디지털 경쟁에서 살아남을 수 있다.

* * *

3부에서는 불확실한 미래에 대응하여 금융 본연의 역할을 수행하기 위한 혁신금융 사례를 살펴보았다. 4부에서는 바른경영을 위해 ESG 경영, 인사혁신, 일하는 방식과 조직문화 재구축 등 내부 경영 혁신 사례를 소개한다.

4부

바른경영을 향한 길

15장

기본에 충실한 지속가능은행

기업의 사회적 책임과 ESG 경영

경제정책의 패러다임이 양적 성장에서 질적 발전으로 달라졌다. GDP, 취업자 수 등 양적 성과에 치중하던 접근방식에서 벗어나 삶의 질과 같이 GDP를 넘어(beyond GDP) 질적 측면을 중시하는 움직임이 강화되고 있다. 기업 활동도 시장 거래로 포착되는 금전적 영향뿐 아니라 외부효과까지 고려해야 한다는 목소리가 커지고 있다. 기업경영 화두로 부상한 ESG는 기업의 외부효과를 내부화하려는 시도로 해석할 수 있다.

ESG는 어느 날 갑자기 등장한 개념은 아니며 비슷한 논의와 노력이 이전에도 전개되고 있었다. 2015년 9월 채택된 UN 지속가능발전목표

(SDG)는 인류와 지구의 지속가능성을 확보하기 위해 모든 국가가 달성하려고 노력해야 하는 17개 분야의 도전적인 목표다. 빈곤 탈피, 성장, 일자리와 같은 경제 영역뿐 아니라 환경, 양성평등, 기후변화 대응 등 사회 영역을 포괄하고 있다. 경제사회에 미치는 질적 영향과 지속가능성을 중시하는 점에서 SDG는 ESG와 맥을 같이한다.

OECD 대사로 근무하던 2015년, OECD에서는 포용적 성장의 맥락에서 기업 책임경영(Responsible Business Conduct, RBC) 원칙이 논의되었고 그 이행을 확보하기 위해 2018년 실사 지침이 제정되었다. 다국적기업 가이드라인에 기반한 RBC의 취지는 기업이 해외에 진출할 때 제도가 미비한 후진국 상황을 악용하지 말라는 것이다.[133] 기업이 국가사회에 기여한다고 해서 경영상 자유를 무한정 용인할 수 없듯이, 부정적 영향을 미칠 수 있다 해서 사적 자치의 영역을 침범하거나 윤리적 의무를 법으로 강요하는 것은 옳은 해법이 아니다. 그러나 부정적 외부효과가 큰 사안을 기업 자율로 방치할 수는 없다. RBC는 기업의 사회적 책임에 도덕적 구속력을 부여하는 시도다.

기업의 사회적 책임을 어디까지 규율할 것인지에 대한 논쟁에 불을 붙인 불행한 사건이 있다. 2013년 방글라데시의 수도 다카 인근에 있는 라나 플라자 건물이 무너져 1,135명이 사망했다. 이 건물에는 다국적기업에 의류를 납품하는 업체의 직원들이 열악한 여건에서 장시간 일하고 있었다. 사고의 1차 책임은 공장주와 건물주에 있고 정부도 책임이 있다. 그런데 이들 업체에 발주한 다국적기업이 도의적 책임 이상의 책임을 져야 할까?

법령을 위반하지 않았어도 다국적기업의 책임을 넓게 인정하는 것이 국제 흐름이다. UN Global Compact의 원칙에 따르면 기업의 책임에는 국제범죄에 연루되지 않는 것도 포함된다. 다국적기업은 납품업체의 작업장 안전에 주의 의무를 다해야 하는데 불법 증축과 노동법을 어긴 행위를 묵인하여 사고에 연루되었기에 상응한 책임을 져야 한다는 것이다. 버거킹, 네슬레가 열대우림을 파괴한다는 이유로 인도네시아 팜유 업체와 계약을 취소한 것과 같은 이유다. RBC는 법적 강제가 아니라 기업의 사회적 책임에 대한 자발적 노력을 권고하는 ESG와 취지가 같다.

ESG가 국내에서 경영 화두로 떠오르는 것은 환영할 일이다. 기업 활동의 사회적 해악을 스스로 제어하는 효과가 있으며 규제의 비효율을 줄이는 장점도 있다.[134] 법률조항의 유무를 떠나 ESG는 기업 신용등급 산정, 금융거래 등 전 과정에서 평가받는다. 그런데 ESG가 필요하다고 해서 기존 경영 체계를 유지하며 ESG 업무만 추가하면 의미 있는 성과를 거두기 어렵다. ESG 가치를 은행 경영에 녹여내려면 비전과 목표 설정, 전략과 집행 프로세스 확립, 정보공시와 대내외 소통 등 경영 전반의 변화가 요구된다.[135]

지속가능경영보고서

지속가능경영 기반을 구축하기 위해 '기본에 충실한 지속가능은행'을 비전으로 설정하고 이사회에 ESG 위원회를 신설하고 ESG 경영팀을 신설하는 등 실행 조직을 정비했다. ESG를 은행 업무에 내재화하기 위해 환경(E) 분야에서 녹색금융 전략을 추진하고 국책은행 특성을 유지하는 범위 내에서 이사회 구성과 운영 등 지배구조(G)를 손보았다.

중소기업 지원을 목적으로 하는 기업은행은 존재 이유 자체가 ESG에 부합하지만 사회(S) 분야 활동도 보강했다.

ESG 경영의 투명성을 높이기 위해 국제기준에 부합하는 〈지속가능경영보고서(Sustainability Report)〉를 매년 발간했다. UN GRI(Global Reporting Initiaive)에서는 지속가능경영보고서를 '지속가능발전을 위해 조직 성과를 측정·공개하고 내부 및 외부 이해관계자에게 그에 걸맞은 책임을 약속하는 활동'이라고 정의한다. 보고서에는 ESG 경영 의지, 2040 탄소중립 선언, 녹색금융 전략, 중소기업 녹색 전환을 지원하는 역할을 담았으며 친환경 차원에서 e-Book 형태로 발간했다. 〈지속가능경영보고서〉를 통한 투명한 공시는 은행의 대내외 이미지 제고에 도움이 된다.[136]

은행이 부족한 점을 보완하고 지속가능성을 대외에 알리려는 차원에서 외부 평가에도 대응했다. 시험문제를 알면 답을 찾기 쉬운 법이라서 외부 기관의 평가 기준과 항목을 파악하여 개선했다. 평가 결과보다 지속가능성을 높이기 위해 어떤 변화를 만들었고 실력이 얼마나 나아졌는지가 중요하다. 그린워싱처럼 평가를 잘 받으려고 시늉만 하거나 일회성으로 그치는 것은 안 하느니만 못하다.

외부의 ESG 평가 결과를 보니 사회 분야는 괜찮았으나 환경과 지배구조 분야는 미흡했다.[137] 한국ESG기준원(KCGS)은 기업은행을 B⁺(환경 B⁺, 사회 A, 지배구조 B⁺)로 평가했다. 국외 기관 평가에서 다른 은행은 우수기업으로 평가되고 ESG 지수에 편입되기도 했으나 기업은행은 평가 경험이 없었다. KCGS 147개, 탄소정보공개프로젝트(Carbon Disclosure Project, CDP) 50개, 다우존스 지속가능경영지수(DJSI) 94개 등 ESG 평가에 포함된 전체 191개 항목을 취합하여 갭(Gap)을 분석했다.

미흡하다고 드러난 KCGS 81개, CDP 4개, DJSI 48개 항목 하나하나를 두고 개선 방안을 검토했다. 주로 환경과 지배구조 분야가 취약했는데, 탄소 배출권시장의 딜러로서 탄소금융 전문성이 높은 은행 상황을 고려하여 국외는 CDP 평가를 먼저 추진했다.

공을 들인 성과는 생각보다 빠르게 나타났다. 전 세계 상장기업을 대상으로 기후변화 대응과 탄소 경영 수준을 평가하는 CDP의 2022년 평가에서 국내 금융기관으로는 유일하게 최고 등급인 '리더십 A' 평가를 받았다. 정부의 지속가능경영평가에서 우수기업으로 선정되고 K-ESG 경영 대상, 대한민국 100대 ESG 챔피언을 수상했다. ESG 위원회를 신설하고 지속가능경영의 방향성을 정립하며 변화를 창출한 점이 높게 평가받았다. 아시아와 세계 최고 지속가능은행으로 연이어 선정되는 등 국제적으로 인정받고 있다. 상장과 성적표보다 더 의미 있는 것은 ESG에 대한 직원 인식이 달라지고 추진 기반이 확립된 것이다. 지속가능경영 자체가 지속가능하게 된 것이다.

탄소중립과 금융의 역할

신은 늘 용서하지만, 자연은 절대 용서하지 않는다

탄소중립과 녹색 전환은 2010년대 이후 유행어가 되었다. 기후변화 대응 실패의 결과는 불 보듯 명확하다. "신은 늘 용서하지만, 자연은 절대 용서하지 않는다(God always forgives. Human being sometimes forgives. Nature never forgives)." 2020년 프란체스코 교황의 언급으로 유명해진 스페인 속담이다. KOTRA에서 주관한 2022년 글로벌 그린 허브 코리아 국제포럼의 기조연설에서 이 문구를 인용하며 기후위기의 엄중함을 표현하고 금융의 역할을 제시했다. 환경과 기술, 경제의 조화를 통해 해법을 모색해야 하지만 대응이 여전히 굼뜨다.

2000여 년 동안 일정 범위 내에서 등락하던 지구 표면 온도는 산업화가 진행된 1850년 이후 올라가기 시작했고 누적된 온실가스 영향으로 1980년대 이후 가파르게 상승 중이다. 기후변화에 관한 정부 간 패널(Intergovernmental Panel on Climate Change, IPCC)은 2021년 보고서[138]에서 지구의 평균 온도가 인간 행동의 결과로 상승했다고 지적했다.

문제의 심각성을 인지한 세계는 대응에 나섰다. 기후 대응 협력은 1992년 UN기후변화협약을 기점으로 1997년 교토의정서(선진국에 감축의무 부과), 2010년 칸쿤 합의(선진국과 개도국의 자발적 감축)에 이어 2015년 파리기후협약에서 전기를 맞았다. 기온 상승을 산업화 이전보다 2°C 미만으로 제한하고 더 나아가 1.5°C 아래로 낮추기 위해 모든

〈그림 15-1〉IPCC 지구 기온 변화 추이

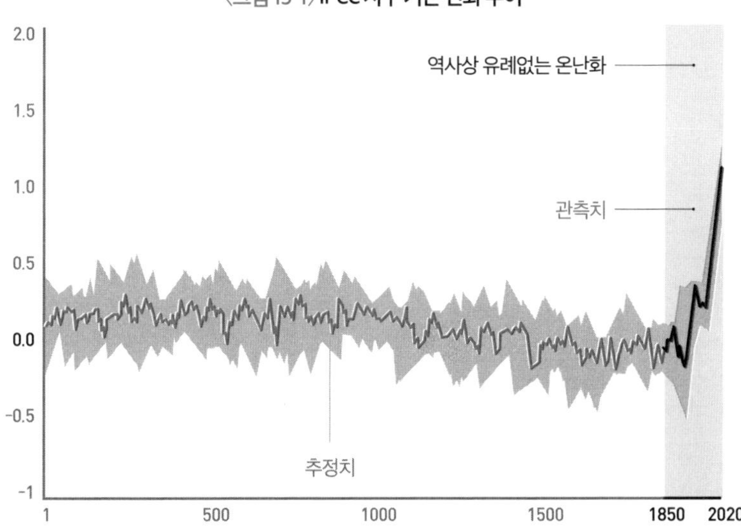

나라가 노력하자는 데 합의하고 각국은 탄소중립을 위한 온실가스감축목표(Nationally Determined Contribution, NDC)를 발표했다.

NDC가 합의대로 이행되어도 2°C 내로 관리하기 어려운 상황인데, IMF가 G20 국가의 기후 노력을 평가한 결과 파리기후협약 목표치에도 미달하는 것으로 나타났다. IMF는 기후위기 대응과 관련한 정책 한계를 기후변화 삼중고(trilemma)로 표현했다.[139] 기후 목표를 달성하려면 기후 투자를 늘려야 하는데 정부지출로 충당하면 국가채무가 급증하고 탄소가격을 올리면 저항에 직면하기 때문에 기후 목표, 국가채무 지속가능성, 정치적 실행 가능성의 세 목표 간 상충 관계를 지적한 것이다. 국민 설득을 통해 탄소가격 인상에 대한 정치적 저항을 낮추면서 혁신적인 기후 기술 개발, 정부와 금융 등 민간의 역할 분담을 통해 해법을 찾아야 한다.

우리나라가 탄소중립으로 가는 길은 다른 나라보다 험하다. 2030 감축목표를 이행하려면 EU는 매년 2.0%, 미국은 2.8%를 줄여야 하는데 우리는 4.2%씩 줄여야 한다. 제조업 비중이 높고 화석 에너지 비율이 높

〈그림 15-2〉 우리나라와 EU의 온실가스 감축 여건 비교

EU

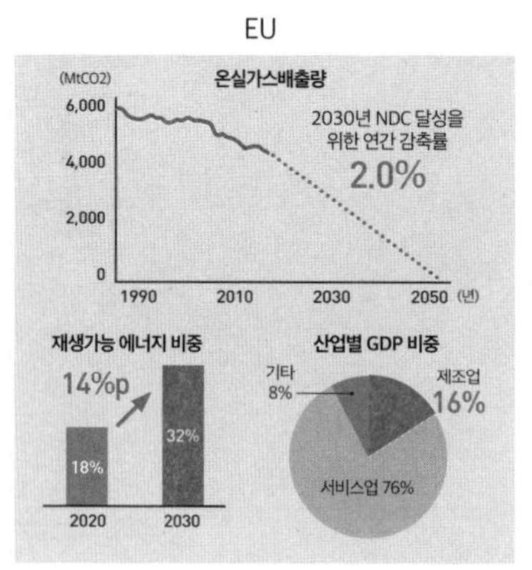

VS

한국

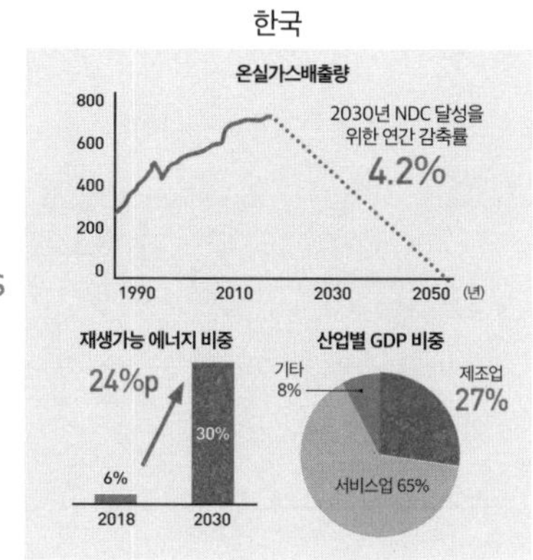

아 발전(46%), 산업(11%), 건물(33%), 수송(38%) 등 전 분야의 노력이 필요하다. 한 국제포럼에서 언급했듯이, 다른 지구가 없는 만큼 기후 대응 외에 다른 선택은 없다(No Plan B for climate actions as there is no Planet B).[140]

녹색금융 과제

탄소중립을 포함한 녹색 활동은 외부효과 때문에 시장에 맡겨두면 필요한 만큼 자금이 공급되지 않는다. 공공부문이 기후 투자를 늘리고 민간 투자를 유도하기 위해 유인을 제공해야 한다. 기후위기 대응을 위해 2020년 정부는 2050 탄소중립 선언과 추진 전략을 발표하고 탄소중립 기본법과 이행 체계를 마련했다.

탄소중립 대응의 중심에 금융이 있다. 1992년 UN 환경계획의 금융 이니셔티브 출범, 2003년 적도원칙 채택, 2013년 녹색기후기금 조성 등 기후 리스크를 관리하기 위한 금융부문의 노력이 이루어졌다. 파리기후협약 이후 2015년 금융당국과 금융기관이 참여하는 기후관련 재무정보공개 태스크포스(Task Force on Climate related Financial Disclosure, TCFD) 설립, 2017년 중앙은행과 금융당국으로 구성된 탄소회계금융협의체(Partnership for Carbon Accounting Financials, PCAF) 설립 등 국제논의가 활발해졌다. EU는 2018년 지속가능금융 10대 행동계획을 통해 녹색분류체계 개발, 녹색금융상품 식별 기준, 기후 리스크관리, 공시 등 금융의 역할을 가이드하고 점검하는 세부 지침을 제시했다. 2021년에는 탄소중립을 달성하기 위한 금융권 협의체로 글래스고 탄소중립금융연합(Global Financial Alliance for Net Zero, GFANZ)이 결성되었다.

우리나라도 녹색분류체계 마련, 자금 지원 확대, 기후정보 공시를 주 내용으로 하는 녹색금융 추진계획을 2021년 발표하고 기후위기 대

〈표 15-1〉 기후변화 대응 관련 주요 국제표준과 이니셔티브

UN 환경계획 금융 이니셔티브(UNEP FI)	- 1992년 리우정상회의 이후 설립된 UNEP와 금융부문 간의 파트너십 - 지속가능한 성장을 위한 민간 금융회사의 역할 강조
UN 책임은행원칙 (UN PRB)	- 기후협정과 UN SDG 이행을 위한 은행권의 역할과 책임 규정 - UNEP가 금융이 사회와 환경에 미치는 영향에 대한 벤치마크 제시
적도원칙 (Equator Principles)	- 환경파괴, 인권침해 등 문제 있는 대형 개발 사업에 대출하지 않겠다는 금융기관들의 자발적 협약. 2003년 채택
기후관련 재무정보공개 태스크포스(TCFD)	- 기후변화와 관련한 지배구조, 전략, 리스크관리 등 정보공개 권고 - 2015년 G20 산하 금융안정위원회(FSB)에서 설립
탄소회계금융협의체 (PCAF)	- 금융거래의 탄소 배출량을 측정·공개하는 탄소회계 표준 제공 - 2015년 네덜란드에서 시작, 2019년 글로벌로 확대된 민간 협의체
과학기반 감축목표 이니셔티브(SBTi)	- 과학적 근거에 기반해 기업의 온실가스 감축목표 설정을 돕고 검증 및 승인하는 이니셔티브. 2021년에 넷제로 표준 제시
글래스고 탄소중립 금융연합(GFANZ)	- 탄소중립 약속을 행동으로 옮기려는 금융기관의 노력을 지원하기 위한 도구와 방법론 개발. 2021년 출범

※ 주: PRB: Principles for Responsible Banking, TCFD: Task Force on Climate-related Financial Disclosure, PCAF: Partnership for Carbon Accounting Financials, SBTi: Science Based Targets Initiative, GFANZ: Glasgow Financial Alliance for Net Zero.

응을 위한 금융지원 방안을 마련했다.[141] 국책 금융기관이 2030년까지 420조 원의 녹색자금을 공급하고 기후기술 육성과 재생에너지 확충을 위해 18조 원의 펀드를 조성하는 내용이 담겼다. 금융권은 녹색금융 가이드라인과 모범 사례를 담은 〈금융권 녹색금융 핸드북〉[142]을 발간했다. 금융회사에 따라서는 2050 탄소중립을 위한 기후금융 지지를 선언하는 등 발 빠르게 적응하고 있다. 탄소중립 가치가 확산하며 금융 활동과 관련한 배출량을 포함하는 탄소중립 계획을 마련하고 기후 리스크 공시 요구에 대응하여 투자한 기업의 금융배출량을 산정하고 관리하는 노력을 기울이고 있다.

금융 분야의 기후 대응은 아직 미흡하다. 기후금융을 활성화하는 방

안으로 정책금융기관의 역할을 강화하는 가운데 공동 펀드 조성 등 민간 금융기관과의 협업, 그린뱅크 설립 등 방안이 제시되고 있다.[143] 민간 금융기관의 중소기업 지속가능연계대출에 대해 세제상 혜택, 자기자본비율과 중소기업 의무대출비율 우대 등 인센티브 제공이 필요하다. 낮은 수익과 높은 리스크를 보완하는 유인구조가 만들어져야 민간의 기후 투자가 늘어날 수 있다.

중소기업과 함께하는 글로벌 그린뱅크

녹색금융 전략과 실행 과제

은행은 체계적인 녹색금융 전략이 미비한 가운데 적은 인력으로 녹색 흐름에 산발적으로 대응하고 있었다. 선진국에서 국책은행이 기후대응을 위해 적극적인 역할을 하는 것처럼 기업은행이 녹색금융을 주도할 필요가 있다. 은행 특성을 고려하여 녹색금융 비전을 '중소기업과 함께하는 글로벌 그린뱅크'로 정하고 2040년 은행 탄소중립, 2050년 금융자산 탄소중립 목표를 세웠다. 금융자산 탄소중립은 대출 거래기업까지 포함한 순 배출량을 제로로 만드는 것이라 매우 어려운 일이다.[144]

녹색금융을 실행으로 옮기는 작업은 네 갈래로 진행했다. 첫째, 녹색경영 원칙과 프로세스를 정립하고 탄소중립을 달성하기 위한 계획과 실천 방안을 만들었다. 은행 탄소중립은 직접 및 간접배출이 대상이라 상대적으로 단순했다. 탄소 배출량을 전망하고 전기차 보급, 건물 관리 등 감축 방안을 포함한 2040 탄소중립 추진계획을 이사회에서 의결했다. 기타 간접배출까지 포함하는 금융자산 탄소중립 방안 마련은 훨씬 복잡하다. 국제 방법론을 원용하여 금융자산 배출량을 측정하고 녹색 금융 지원 대상 선정, 기후변화 위험 차주 관리 등 방안을 제시했다.

2022년 IMF 연차총회 출장 때 면담한 글로벌 투자은행 대표에게 금융자산 탄소중립 방안을 물었는데 대답이 궁한 것으로 보아 글로벌 은행도 탄소중립 대응이 아직 체계적이지 못한 듯하다. 기업은행의 금융자산 탄소중립 로드맵도 아직 출발점 수준이다. 탄소 감축의 상당 부분이 정부의 에너지 전환에 따른 것이며 배출량 측정이나 녹색금융이 배출량 감축으로 이어지는 경로에 불확실성이 크다. 어떤 수단으로 탄소중립 목표를 달성할지에 대해 깊이 검토해야 한다.

둘째, 대출이나 투자 등 금융 활동에 녹색 가치를 반영했다. 금융에 녹색 가치가 반영되어야 경제사회의 녹색 행동을 유도할 수 있다. 이를 위해서는 ① 녹색 활동을 정의한 후 ② 녹색 분류기준을 설정하고 ③ 여신, 채권발행, 금융상품 등 금융거래에 녹색 가치를 적용하며 ④ 결과를 공시하고 검증을 받는 작업을 거쳐야 한다.

녹색금융의 분류기준과 적용 방법이 나라마다 다르면 혼선이 생길 수 있으므로 국제적으로 통용되도록 설계해야 한다. 기업 신용평가와 여신심사 등 금융거래에 녹색 가치를 적용하는 작업을 진행하고 환경부의 녹색분류체계 시범 사업에 참여했다. 신재생에너지 투자 등 녹색 활동에 금리와 대출한도를 우대하는 상품도 개발했다. 녹색의 외부성에 상응하는 수준의 지원 등 정부의 유인책 또한 강화되어야 한다.

셋째, 기후변화 금융과 관련한 국제표준에 참여했다. 국제표준 가입은 녹색금융을 글로벌 기준에 맞추고 기후 위험 관리의 투명성을 높이는 효과가 있다. 가입 실익이 있고 요건이 충족되는 대로 UNEP FI, PRB, 적도원칙, PCAF, SBTi, GFANZ 등 국제표준에 순차적으로 가입했다.

넷째는 중소기업의 녹색 전환을 지원하는 일이다. 중소기업의 탄소 배출량은 전체의 15%, 산업 부문의 30%를 차지하고 있다. 중소기업의 녹색 전환이 없으면 국가 감축목표를 달성하기 어렵고 은행도 금융자산 탄소중립 목표를 이룰 수 없다.

중소기업을 위한 ESG 가이드

중소기업의 녹색 전환을 법으로 강제할 수는 없다. 금리우대 등 유인 체계를 통해 자발적 녹색 전환을 유도해야 한다. 중소기업의 녹색 활동을 확인하고 기업별 탄소 배출량을 측정하는 한편, 녹색 활동의 금융 접근성을 높이고 비금융 지원을 늘렸다.

매출의 대기업 의존도나 수출 비중이 높은 중소기업에 ESG 경영은 발등에 떨어진 불이 되었다. EU의 공급망 실사 지침, 탄소 국경세 부과와 같이 ESG 요구가 강해지고 공공 발주 사업에서 입찰 기업의 탄소 배출 상황을 고려하고 있어 녹색 전환이 미흡한 기업은 글로벌 공급망이나 시장 선택에서 도태될 것이다. 녹색 전환의 필요성을 인식하면서도 중소기업의 준비는 미흡하다.

정부는 기업이 ESG 수준을 스스로 진단하고 대비하도록 K-ESG 가이드라인[145]을 발표했는데 중소·중견기업은 17개 범주, 27개 항목으로 구성되어 있다. 은행에서도 컨설팅센터에 ESG팀을 신설하여 중소기업의 ESG 경영을 진단하고 조언하는 컨설팅을 시작했다. 12쪽 분량의 〈중소기업을 위한 ESG 가이드〉를 발간했는데, ESG 배경과 동향, 정부 정책, ESG 과제, 중소기업 지원 프로그램 등 정보를 담았다. ESG 준비가 시급한 수출 중소기업 등을 대상으로 ESG 계획 수립과 개선을 돕는 정밀진단 컨설팅도 제공한다.

지배구조 개선

ESG 가이드라인과 지배구조 항목

효율적이며 투명한 지배구조는 지속 성장과 이해관계자의 이익 보호를 위해 중요하다. 은행 지배구조 상황을 평가하기 위해 ESG 평가기관의 지배구조 항목을 살펴보았다. 국내외 평가기관은 다양한 평가 항목과 기준을 운영하고 있었는데, 정부의 K-ESG 가이드라인은 지배구조 분야에서 이사회 구성·활동, 주주 권리, 윤리경영, 감사기구, 지배구조 위반 등 6개 범주, 17개 항목을 제시한다. 금융기관의 경우 글로벌 기관은 이사회 다양성, 회계감사, 윤리경영, 보고 투명성, 리더십 책임성 등의 항목으로 평가한다. 국내 ESG 기관은 평가 방법을 공개하지 않는다.

외부기관 평가에서 은행은 이사회 운영과 다양성 등에서 낮은 평가를 받았는데 일부 항목은 국책은행의 특성에 따른 불가피성도 있었다. 기업은행은 특별법으로 설립 목적과 의사결정, 조직 운영 등 지배구조를 규정하고 있어 임원 선임 절차나 이사회 구성이 민간은행과 차이가 있다.

상장기업이라 시장의 견제·감시 대상인 동시에 정부와 국회의 관리·감독을 받으며 시장 견제와 정부 감독 방향이 어긋날 때도 있다. 지배구조를 민간과 다르게 운용하는 이유가 있으나 법 취지를 훼손하지 않는 범위 내에서 지배구조 모범규준을 최대한 따르도록 했다.

이사회 구성과 운영

기업은행은 중소기업은행법에서 민간은행과 다른 지배구조를 규정하고 있다. 이사회가 최고 의사결정기구의 역할을 하고 사외이사 제도도 도입된 지금의 모습을 갖춘 것은 2000년이다.[146] 법에서는 이사회를 7인 이내 이사로 구성하고 사외이사를 이사회 과반수, 3인 이상으로 구성할 것을 규정하고 있다. 현재 은행장, 전무이사와 4명의 사외이사 등 6명으로 운영하고 있다.

이사회 의장을 겸하는 은행장은 금융위원장이 제청하고 대통령이 임명한다. 임원후보추천위원회를 거쳐 주주총회에서 선임하는 민간은행과 다르다. CEO와 이사회 의장직을 분리하자는 의견도 있으나 현 체제가 바람직하다고 본다. 위기 상황에서 국가 차원의 결정을 신속히 집행해야 하는 특성을 고려할 필요가 있다. 국책은행은 정부와 국회 등 정부가 공익 차원에서 감독·감시하고 있어 추가 견제 장치로써 이사회 의장을 분리할 실익이 적다. 공공기관의 CEO가 이사회 의장을 겸하는 사례는 흔하다. IMF에서 총재가 이사회 의장을 맡아 이사회를 주재하며 세계은행도 마찬가지다. 대사로 구성되는 OECD 이사회에서 구리아 사무총장이 이사회 의장으로 회의를 주재하던 기억이 선하다. 한국은행도 총재가 금융통화위원회 의장을 맡는다.

사외이사 수(數)를 늘리는 방안을 검토했다.[147] 독립성을 강화하고 ESG, 디지털 전환 등 다양한 이슈에 대응하는 차원에서 4명인 사외이사 수를 늘리는 것은 바람직해 보인다. 다만 전문성 높은 사외인사를 선임하는 여건이 전제되어야 한다.

최고 반도체 회사인 TSMC의 이사회 구성을 보면 6명 사외이사 대부분이 전략적 식견이나 산업과 현장 전문성이 높다. 힘 있는 기관이나 교수 출신으로 구성된 우리와 대조적이다. 독립적이고 전문적이어야 할 사외이사가 엉뚱한 고려로 선임된다면 굳이 법을 바꾸며 숫자를 늘릴 필요는 없다.

지주사 전환 문제

지주사 전환은 계열사 간 데이터와 인력 등 자원 공유를 통해 시너지를 높이고 조직 운영의 유연성을 확보할 수 있는 장점이 있다. 지주회사 체제에서는 자회사 간에 임직원 겸임이 가능하며 고객정보 공유가 허용되어 고객에게 종합 금융서비스를 제공하기 쉽다. 은행과 자회사가 분리된 현 체제에서는 전산 설비 공동이용이나 고객정보 공유가 금지된다. 지주회사 체제는 그룹 차원의 유연한 의사결정이 가능하며 자회사 출자 한도가 늘어나 사업의 전문화와 다각화도 용이하다.[148]

지주사 전환을 위해서는 법 개정이 필요하며 전환해도 사업지주회사로 운영될 가능성이 높아 옥상옥 소지가 있다. 지주사 전환을 검토했으나 코로나 대응 등으로 논의를 본격화하지 못했다.

대신 자회사와의 업무 연계를 높였다. 캐피털, 투자증권 등 자회사에 4,500억 원을 출자하고 자회사 성과를 체계적으로 관리하는 시스템을 구축했다. 지주사 전환은 실익이 부작용을 능가하고 공감대가 선행되어야 한다. 국책은행 특성과 여건을 점검한 후 조심스럽게 접근할 필요가 있다.

외부의 감시·감독

기업은행은 국책은행이라 정부 통제를 받는다. 금융위원회는 은행을 포괄적으로 감독하며 경영 상황을 매년 평가한다. 기획재정부는 대주주이자 공공기관 관리 차원에서 은행 경영을 감독한다. 금융감독원과 한국은행은 건전성, 소비자 보호 등을 상시 감독하며 감사원은 업무와 회계를 감사한다. 국정감사 등 국회에 출석하며 자료 요구에 따라 매년 2천 건에 이르는 자료를 소관 상임위에 제출한다. 감독기관과 주주, 고객은 물론 직원, 노조, 언론 등 내·외부 소통도 중요하다.

한국 사회에서 감독기관과 피감기관의 관계는 대체로 수직적이다. 그러나 정부의 행동양식은 대제로 합리적이고 별 무리가 없었다. 소상공인 지원, 벤처 자회사 설립, 임원 선임 등 금융위원회와의 업무협의는 상식적이었다. 기획재정부와의 협의도 원만했고 예산, 출자, 배당 등 여러 현안이 큰 무리 없이 처리되었다. 국민 정서 등 사유로 풀리지 않은 사례도 있다. 명예퇴직 제도가 그 예인데 도입 취지와 달리 직원은 많으나 정작 일할 인력은 부족한 일이 벌어지고 있다.[149] 방만 경영을 막는 과정에서 성격이 다른 공공기관을 하나의 잣대로 평가하여 공기업 발전을 저해한다는 의견도 있다. 합리적이지 않은 명분보다 실용으로 접근해야 한다.

국회와의 관계는 상시적이지 않다. 국정감사와 상임위에 출석하기 때문에 은행은 의원실과 좋은 관계를 맺으려고 평소에 현안을 설명하고 노력을 기울인다. 임기 동안 국회 관계에 큰 문제는 없었다. 합리적으로 행동하는 의원이 대다수였으나 국회방송에서 보듯이 피감기관에 목소리를 높이고 고압적으로 행동하는 의원도 있었다. 윤흥길의 소설 《완장》의 종길을 연상시키는 일부 보좌관 행태로 고생하는 직원 이야기를 들으며 마음이 불편했던 적도 있다.

우리 사회 다른 곳에서 벌어지는 갑질에 비해 이 정도는 양반일지 모른다. 그러나 입법기관에 부여한 권한이 남용되지 않도록 변화가 있어야 한다. 국회의원 윤리강령과 실천규범에는 직무를 수행할 때 예절을 지키고 품위를 유지해야 한다는 규정이 있으나 별 효과가 없다. 윤리 헌장 도입, 규정 마련 등 자정(自淨) 노력이 필요하다. 사소하다고 치부할 수도 있는 일을 굳이 언급하는 이유는 후진적인 행태가 사라지길 바라서다. 매사 그러려니 하며 바라만 보면 세상은 달라지지 않는다.

경영 인사이트

지속가능경영은 바른경영의 근간이다. 올바른 비전과 실행할 수 있는 목표 설정, 추진체계 확립, 구성원의 인식 변화가 수반되어야 환경, 사회 및 지배구조 분야의 변화를 도출할 수 있다. 탄소중립을 향한 국제사회의 대응 등 ESG 여건은 상황에 따라 달라질 수 있다. 그러나 단순한 이윤 창출 차원을 넘어 경영의 지속가능성을 높이고 국가사회에 이바지하려는 노력은 상황 논리에 휘둘림 없이 꾸준히 진행되어야 한다. 조직의 지속가능성을 위해서도 그러하다.

16장

사람이 핵심 자산

공정과 포용의 인사

인사는 기속재량

인사는 만사(萬事)가 맞다. 동기 유발과 성과 보상을 통해 구성원의 역량이 조직을 위해 최대한 발휘되도록 한다. 일부 기관에서 줄서기, 청탁 등 후진적 인사 관행이 문제가 된 경우가 있었고 지금도 우려의 목소리가 있다. 인사가 부당한 영향을 받으면 직원은 일보다 힘 있는 사람에게 줄을 대려 한다. 청탁을 좋은 게 좋다는 식으로 쉬쉬하며 들어주었다간 명백한 법 위반이다.

인사는 자유재량이 아니라 기속재량(羈束裁量)이다. 인사권자라고 마음대로 해도 되는 권리가 아니며 인사원칙과 기준에 어긋나지 않아야 한다. 인사발표가 나면 누구 줄이라던가, 어느 학교 출신이라던가 뒷이야기가 나왔다는데 인사에서 출신, 연줄 등 사적 관계가 고려되는 조직은 건강하지 않다. 반칙 당하는 대다수에게 피해를 준다. 불법과 불공정의 싹을 도려내야 조직이 바로 선다. 그래야 직원은 성과와 실력으로 경쟁한다.

인사 상황을 점검한 후 인사 혁신의 줄기를 잡았다. 첫째, 공정성과 포용성을 최우선 원칙으로 삼았다. 역량과 성과를 인사에 반영하고 현장 직원을 배려하며 성별 불평등을 시정했다. 둘째, 인사기준을 투명하게 공개하고 객관성과 예측가능성을 높이기 위해 인사스코어링시스템을 구축했다. 셋째, 청탁, 줄서기 등 불합리한 관행을 도려낼 것임을 밝혔다. 넷째, 인사 평가 결과를 역량 개발에 활용하고 교육훈련을 확대했다.

인사 방향을 실행으로 옮겼다. 인사 반칙을 근절하려면 특단의 조치가 필요했다. 청탁을 받으면 페널티를 주고 인사 기록에 남기겠다고 전 직원에게 선언했다. 청탁하면 인사명부 서열이 몇 페이지 뒤로 밀리고 평판이 나빠져 승진은 물 건너간다. 게임의 규칙이 투명하지 않고 불공정하다는 의구심이 들면 방어적 차원에서 보험을 드는 심정으로 부당한 관행에 편승하기 쉽다. 그러면 조직은 나쁜 균형에 봉착한다. 그러나 인사가 공정하게 이루어지고 청탁하면 불이익을 받는다는 인식이 퍼지면 반칙은 햇빛 앞의 바퀴벌레처럼 사라진다.

첫 번째 인사를 단행했다. 은행에서는 원샷 인사라고 해서 매년 1월과 7월에 직원 승진과 이동을 한꺼번에 결정한다. 공정성, 포용성, 투명성의 세 가지를 인사 키워드로 제시했다. 성과, 역량과 조직 기여를 승진과 이동에 반영하여 공정성을 높였다. 포용성 또한 중요한 원칙이다.

출발점이 다르거나 공평한 기회가 주어지지 않은 사람을 동일선상에서 평가하는 건 공정하지 않다. 성별, 학력 등 차별을 바로잡고 영업점, 격지 등 근무 여건의 차이를 인사에 고려했다. 인사 고충이 있는 직원은 바른경영실이나 이메일 등을 통해 상담할 수 있는 길을 열어두었다.

취임 초 밝힌 인사원칙은 임기 동안 흔들림 없이 적용되었다. 과정이 쉽지는 않았다. 과거 관행에서 벗어나 새로운 원칙을 정착하는 과정에서 승진에서 빠진 직원의 불만이 표출되기도 했다. 세상 혼자 사는 것 아니라는 외부인의 핀잔도 들었다. 하지만 어려움이 있어도 편법과 반칙을 도려내고 공정과 포용의 인사를 정착시켜 나갔다. 시간이 가고 신뢰가 쌓이며 반칙도 사라졌다.

"나는 네가 지난 여름에 한 일을 알고 있다"

1997년에 개봉한 호러 영화의 제목이다. 독립기념일 축제 후 음주운전으로 사람을 죽인 네 명의 청년은 이 사실을 비밀에 부치기로 공모한다. 그러나 1년 후 "나는 네가 지난 여름에 한 일을 알고 있다(I Know What You Did Last Summer)"라는 익명의 편지가 배달되며 한 명씩 의문의 죽음을 맞는다.

영화에서처럼 세상에 비밀은 없다. 인사도 내부 줄서기나 외부 청탁을 남들이 모를 것 같지만 반칙이 있었는지, 인사권자가 어떻게 했는지 시간이 가면 다 드러난다. 직원 성과도 마찬가지다. 무슨 일을 했고 어떤 성과를 냈는지 하루하루는 모를 수 있지만 시간이 지나면 내가 어떤 사람인지 남들이 더 잘 안다.

직원의 성과를 평가하고 인사와 보상에 반영하는 일은 올바른 유인구조의 설계 차원에서 중요하다. 흐릿한 인사기준과 결과의 공정성에 대한 의구심은 조직의 건강성을 해치는 첩경이다. 성과, 역량과 조직기여를 체계적으로 평가하는 인사시스템을 구축했다. 기존 관행은 연공과 온정주의가 강했으며 평가 기준과 결과에 대한 직원의 수용성이 낮았다.

인사제도 전문기업의 컨설팅을 토대로 인사스코어링 방안을 마련했다. 성과와 역량 기반의 평가인 인사스코어링은 친소관계나 연줄 등 사적 요소를 자연스럽게 배제한다. 인사스코어 평가 요소를 성과, 역량, 조직기여도, 바른경영의 네 항목으로 구성하고 경영평가, 근무평정, 다면평가 등 정보를 계량화하여 인사 자료로 활용했다.[150]

인사스코어 결과가 좋은 직원이 승진과 이동 인사에서 고려되도록 했다. 지역본부마다 다른 평가 기준을 표준화하여 자의적 인사 소지를 줄이고 격지 직원에게 가산점을 부여하여 희망 점포로 이동할 수 있게 했다. 연공 요소의 중요성은 줄어들었다.

전 직원 대상으로 인사방식을 공개하고 취지와 효과를 설명했다. 대부분이 제도 취지에 공감했으나 서열화로 인한 협업 저해 등 우려가 제시되어 보완했다. 직원이 본인의 장단점을 파악하여 성과 개선과 경력 개발에 활용하도록 인사스코어 항목, 본인 점수의 상대 수준을 공개했다.

인사스코어는 인사의 공정성과 예측가능성을 높이는 핵심 수단이다. 직원 신뢰로 연결될지는 인사스코어를 토대로 공정한 인사가 이루어지는가에 달려 있다. 제도가 있어도 친소관계 등으로 인사를 진행하면 말짱 도루묵이다. 그렇게 되면 직원은 또 다시 관계 맺기와 청탁에 매달릴 것이다.

유리천장을 걷어내다

부당한 차별, 기회의 불평등, 불공정한 경쟁은 건강한 사회의 적(賊)이다. 그 대표적인 사례가 성차별이다. 여성이라는 이유로 기회를 제공하지 않거나 공정한 경쟁을 저해하는 조직 관행과 사회 관습은 뜯어고쳐야 한다. 유리천장이 사라지면 다양한 관점을 의사결정에 반영할 수 있고 직원 역량이 최대한 발휘될 수 있다.[151] 양성평등(Gender Equality)은 UN 지속가능발전목표 중 다섯 번째에 위치하는 보편적 가치이며 ESG 경영 차원에서도 중요하다.

OECD는 성별 불평등에 관한 각국 사례를 연구하고 양성평등을 위한 전략과 여성 역량 강화, 여성 쿼터, 일·가정 양립 등 과제를 제시했다. 2017년 OECD 이사회에 〈양성평등의 추구(The Pursuit of Gender Equality)〉라는 자료가 올라왔다. 양성평등을 향한 싸움의 힘겨움을 나타내는 '오르막 전투(An Uphill Battle)'라는 부제가 달렸다.

성별 불평등은 우리나라가 유독 심하다. OECD 통계를 보면 우리나라는 급여 갭, 노동시장 참여 등에서 최하위권이다. 성별 불평등을 평가하는 지표로 유리천장지수[152]가 널리 인용된다. 우리나라는 조사를 시작한 2013년 이후 12년 연속 OECD 29개국 중 꼴찌다. 상장기업의 관리직 여성 비중은 16%로 OECD 평균(34%)보다 크게 낮다. CEO 여성 비중도 3%대로 S&P500 기업(6%)보다 낮다. 금융권 사정도 비슷하다. 금융권의 여성 직원 비율은 2분의 1인데 여성 임원은 15분의 1이다. 관리직 여성 비중도 20%로 낮다. 기업은행도 부행장 16명 중 여성이 1명이고 관리직 여성 비중은 22%였다.

문제를 고치려면 직원 공감대를 넓혀야 한다. 세계 여성의 날을 맞아 직원과 공유한 문정희 시인의 〈그 많던 여학생들은 어디로 갔는가〉[153]는 많은 걸 생각하게 한다.

학창 시절 공부도 잘하고
특별 활동에도 뛰어나던 그녀
여학교를 졸업하고 대학 입시에도 무난히
합격했는데 어디로 갔는가

(중략)

저 높은 빌딩의 숲, 국회의원도 장관도 의사도
교수도 사업가도 회사원도 되지 못하고
개밥의 도토리처럼 이리저리 밀쳐져서
아직도 생것으로 굴러다닐까
크고 넓은 세상에 끼지 못하고
부엌과 안방에 갇혀 있을까
그 많던 여학생들은 어디로 갔는가

많은 직원이 답신을 보내왔다. 영업점에서 만난 직원은 자신이 그 많던 여학생 중 하나라고 했다. 발표된 지 20년이 더 지난 이 시(詩)가 지금도 와닿는 이유는 성별 편향성이 우리 사회에 깊이 뿌리내리고 있어서다.

문제를 고치려면 CEO의 강한 의지와 실천이 중요하다. 성별 다양성을 공시하고 인사 관행과 조직문화를 개선했다. 유리천장을 걷어내기 위해 임기 말인 2022년까지 여성 임원을 늘리고 관리직 여성 비중을 OECD 수준으로 높이겠다는 계획을 밝혔다. 신임 사외이사를 여성 전문가로 선임하고 여성 부행장을 2명으로 늘렸다. 성과와 실력이 검증된 여성 직원의 승진을 확대한 결과 22%였던 관리직 여성 비중이 2022년 35%로 OECD 수준에 이르렀다.

일·가정 양립을 위해 근무제도를 개선하고 직장어린이집을 늘렸다. 직장 보육시설은 직원이 안심하고 아이를 맡기고 업무에 전념할 수 있게 하며 체계적인 학습을 통해 아이가 좋은 습관을 형성하게 한다. 영국의 철학자 존 로크(John Locke)는 "아이의 정신이 유연해서 올바른 방향으로 이끌 수 있는 시기에 정신이 규칙을 지키고 이성을 따르도록 교육해야 한다"라고 설파했다.[154]

여성 인권과 경쟁력을 높이기 위해 UN 여성역량강화원칙(Women's Empowerment Principles, WEPs)에 참여했다. 양성평등은 어느 일방을 편들거나 특혜를 주려는 것이 아니다. 인권의 문제이고 공정성의 문제다. 그 많던 여학생이 곳곳에서 활약하는 때가 오면 우리나라도 양성평등 최후진국에서 벗어나 있을 것이다.

우영우 반기는 한바다 같은 은행

〈이상한 변호사 우영우〉라는 드라마가 있다. 로스쿨을 수석 졸업하고 탁월한 성적으로 변호사 시험에 합격한 우영우는 자폐 장애로 취업 문턱을 넘지 못한다. 법무법인 한바다는 우영우의 능력을 알아보고 채용하며 이해와 존중을 토대로 장애 극복을 도와주는 보금자리 역할을 한다. 우영우 변호사의 행동과 사고방식은 보통 변호사와 다르지만 맡은 사건을 슬기롭고 정의롭게 해결한다. "우영우 반기는 한바다 같은 기업은행 만들다"[155]라는 기사에서는 장애 문제해결을 위한 은행의 노력을 연대(solidarity)의 가치를 조명하며 평가했다.

장애인이라는 단어 사용이 적절하지 않은 건 아닌가 하는 생각이 들 정도로 장애인을 대하는 일은 조심스럽고 가슴 아리다. 대한민국 인구의 5.1%, 약 264만 명이 장애인이다. 많은 장애인은 우영우와 달리 사회 적응에 어려움을 겪고 있다.

자기 잘못이 아닌 일로 어려움을 겪는 것 자체가 힘들 텐데 이들에 대한 사회의 시선과 제도는 그리 따뜻하지 않다. 장애로 인한 부담과 불편은 사회가 나누어야 한다. 장애인 가족을 위해 그리고 사회의 건강성 강화를 위해 필요하다.

장애인이 우리 사회의 소중한 일원으로 살아가려면 복지 차원의 지원은 물론 자립 기반으로서 일자리를 갖는 것이 중요하다. 장애인고용촉진법에서는 상시근로자 50명 이상 사업주에 대해 공공기관은 3.8%(2022년 3.6%), 민간기업은 3.1%의 장애인 고용을 의무화하고 있다. 공공부문과 민간기업 중 상당수가 의무비율을 채우지 못하고 벌금으로 대신한다.[156]

기업은행도 장애인 고용비율이 2019년 3.0%로 의무비율을 못 지켜 벌금을 내고 있었다. 법적 의무를 솔선수범해서 지키는 방안을 마련하도록 지시했다. 신입 행원을 채용할 때 장애인 우대가점을 운영하고 이직률을 고려하여 장애인 채용을 늘린 결과 장애인 고용비율이 2022년 3.6%로 높아졌다.

적응 지원을 위해 장애 직원에게 적합한 신규 직무를 개발하고 장애

유형별 유의 사항에 대해 관리자 교육을 했다. 마음먹으면 할 수 있는 일인데 왜 법적 의무를 지키지 않았을까? 이익과 효율 관점에서 접근했거나 남들만큼 해도 된다고 여겼던 건 아닐까? 의지와 실천이 중요하다.

포용성과 개방성

은행 직원 대부분은 본점이나 대도시에서 일하고 싶어 하지만 누군가는 지방이나 근무 환경이 열악한 음지에서 일해야 한다. 외교관 중에도 누군가는 아프리카 오지에서 일해야 하는데 외교부는 양지와 음지 간 순환근무를 의무화하고 험지 수당을 제공하여 근무 여건 차이를 보정한다. 조직 차원에서 격오지나 공단지역 지점에서 일하는 직원도 본점 직원만큼 중요하다. 공정성 차원에서 음지 근무에 가점을 부여하고 순환근무를 확대했다. 격지수당 등 인센티브도 늘렸다.

창구 직원을 포함하여 은행 직원은 입출금, 여수신, 금융상품 판매 등 다양한 업무를 처리해야 한다. 학력 제한은 없으며 고졸 이상은 누구나 은행에 지원할 수 있다. 직원 대부분은 대졸이지만 고등학교를 졸업한 학생도 얼마든지 은행에서 역량을 발휘할 수 있다. 고등학교 졸업 후 입행한 후 부행장 등 고위직으로 승진한 사례도 많다.

고졸 인재를 등용하고 학력 인플레의 사회적 비용을 낮추려는 취지에서 정부는 2007년 선취업 후진학 제도를 도입했다. 은행 상황을 확인하니 2018년 이후 고졸 인재 채용이 중단되어 있었다. 여러 이유로 고등학교를 졸업하고 사회에 진출하는 학생이 많은데 이들의 입행 기회를 막는 것은 바람직하지 않다. 고졸 인재 등용문을 다시 열었다. 신입 직원 채용에 고졸 인재 쿼터를 설정하여 상하반기 각각 30명 내외를 채용했다. 우수한 성적으로 선발된 이들은 은행 각 분야에서 일하고 있다. 희망하는 경우 대학에 진학하여 업무와 학업을 병행하는 기회도 제공한다.

직원 구성이 동질적이고 순혈주의 정서가 강해서인지 은행은 외부 인재 채용에 소극적이었다. 인사의 개방성을 높이기 위해 외부 전문성이 필요한 직위는 개방형 공개채용으로 외부 인사를 수혈했다. 홍보브랜드본부장, 디지털본부장, 경제연구소 수석연구위원, 직원권익보호관 등 은행 역량이 부족한 분야를 대상으로 전문가를 영입했다. 변호사, 회계사 등 외부 인력 채용은 그전에도 있었으나 본부장급 채용은 은행 설립 이래 처음이었다는데 그 이야기 자체가 생경했다. 이들 전문가는 전문성과 새로운 시각을 은행에 불어넣었다. 본부장급뿐 아니라 집행 간부 등 다양한 직급과 직위로 외부 인력 채용을 늘려서 조직의 개방성과 전문성을 높일 필요가 있다. 하이브리드는 순철보다 강도가 훨씬 높고 쓸모도 많다.

경쟁을 통해 성과 창출을 유도할 목적으로 지점장 공모제도를 도입했다. 고객이 많아 혼잡하고 고령 고객이 높으며 수익성이 낮은 지점을 대상으로 지점장을 공개경쟁으로 선발했다. 업무실적과 역량, 리더십 등 평가와 공모지원서를 토대로 선발했는데 경쟁률이 20대 1을 훌쩍 넘었다. 공모 지점의 성과가 개선되고 조직 활력이 높아지는 효과가 확인되어 다른 영업점과 자산관리센터로 대상을 늘렸다. 개방과 경쟁은 연공 문제를 시정하고 새로운 활력을 불어넣었다.

공정한 보상과 자긍심

자긍심을 가지고 일하는 일터를 만들려면 공정한 성과 평가, 적절한 경제적 보상과 건전한 업무 기풍이 중요하다. 조직 목표 달성을 위한 인센티브 설계 이론에 따르면 직원이 조직 부가가치에 기여한 만큼 보상하는 것이 효율적이다. 정도의 차이는 있겠으나 대부분 직원은 은행의 부가가치를 높이지만 그렇지 않은 직원도 있다. 성과를 내도 보상에 영향이 없거나 일을 안 해도 보상하는 조직은 업무 기풍이 이완되고 뒤처진다. 조직 성과에 대한 기여도를 각자 한 번쯤 생각해볼 필요가 있다.

공정한 평가 제도를 만들어 일하는 만큼 보상받게 해달라는 직원 소통엽서를 받은 적이 있다. 우리나라는 보상이 근속연수에 따라 결정되는 호봉제가 일반적인데, 호봉제는 안정성은 높지만 성과와 실력만큼 보상을 받기 어려워 능력을 발휘할 유인이 낮다. 일 안 하는 분위기가 생기거나 효율성이 떨어질 수 있어 호봉제와 성과급제를 병행하는 곳이 많다.

2020년 정부는 직무급 도입 방안을 발표했다.[157] 직무급제를 선호하는 직원이 있는가 하면 스트레스를 우려하며 반대하는 직원도 있다. 공정성을 중시하는 젊은 세대의 목소리가 커지면서 많은 기업이 업무성과에 초점을 맞추어 급여체계를 손보고 있다. 성과에 상응한 보상을 바라는 직원이 늘어나고 있어 직원이 수용할 수 있는 급여체계를 세밀하게 검토할 필요가 있다.

국책은행은 고용 안정성이 높다는 이점은 있으나 시중은행과의 임금 격차가 벌어지고 상여금과 퇴직금 등 차이가 크다. 자긍심을 가지고 일하려면 경제적 보상이 수반되어야 한다. 복지 개선을 위해 직원 의견을 수렴하여 격지수당, 휴가·휴직 제도 개선, 교육훈련 지원, 보육시설 확대 등 가능한 범위 내에서 종합적인 후생 개선 방안을 마련했다. 그러나 공공기관 제약으로 명예퇴직, 우리사주, 건강검진비 등 시행되지 못한 사안이 많았다. 편법적인 사기진작책을 요구하는 목소리가 있었으나 공공기관 관리지침이나 내부통제 규정에 위반되는 조치는 결국 부메랑이 되어 돌아온다. 가능한 후생 증진 방안에 대해 계속 고민해야겠지만 시중은행과의 격차가 확대되지 않도록 공공기관 관리 차원에서 유연한 접근이 필요하다.

직원권익보호관

IMF에는 윤리자문관(Ethics Advisor)이라는 자리가 있다. 청렴성 정책 수립, 윤리 교육, 위반사례 조사, 직원 고충 상담 등을 담당하는 윤리실(Ethics Office)의 책임자다. 윤리자문관은 독립성이 담보되는 외부 인사로 선임하고 최대 6년의 임기를 보장하며 총재에게 직접 보고한다.

IMF 이사로 일하던 2014년, 간부 직원의 규정 위반 때문에 윤리자문관을 만났다. IMF에는 이사회에 상정한 보고서를 수정하면 사유서를 제출해야 한다는 규정이 있다. 당시 한국 미션단장이 이사회 보고서를 수정했는데 사무착오에 기인된 것이라며 이사회에 사유서를 제출하지 않았다. 의도성이 있다고 판단된 데다 시정 요구를 받아들이지 않아 윤리자문관에게 문제를 제기했다. 총재에게도 보고되었고 미션단장은 결국 다른 자리로 옮겨졌다. 이례적인 일이라 IMF 직원들에게 널리 알려졌고 이사회 절차 준수에 대한 경각심이 높아졌다. 한국 이사를 바라보는 눈도 달라졌다.

윤리자문관은 윤리 위반뿐 아니라 직원 고충을 상담하고 권익을 보호하는 역할도 한다. 눈여겨보았던 윤리자문관 제도를 은행에 도입했다. 윤리 정책 수립이나 위반사례 조사를 담당하는 조직은 따로 있었으나 고충 상담과 애로 해결 채널은 원활하게 작동하지 않았다. 성희롱이나 직장 내 따돌림 같은 부당한 피해를 당했을 때 2차 피해에 대한 우려 없이 피해 사실을 신고하고 상담할 채널이 필요했다. 직원권익 보호 조직을 은행장 직속에 신설하고 명칭을 직원권익보호관으로 정했다. 독립성과 전문성이 중요한 자리라서 외부 전문가로 공개 채용했다.

직원권익보호관은 고충 상담, 윤리 위반사례 신고, 피해 직원 보호 업무를 맡으며 성희롱과 2차 피해 예방 등 행동규범을 제시하고 상담 기회를 제공한다. 직원권익보호관 제도는 직원의 심리적 안정감을 높이며 좋은 성과를 거두었고 직원 반응도 긍정적이다. 조직의 건강성과 직원권익 보호를 위해 무언가 하기를 바라는 CEO가 있다면 직원권익보호관 제도를 도입할 경우 직원이 힘들어하는 피해사례를 합리적이고 공정하게 처리할 수 있다. 직원 보호와 존중은 조직의 건강성과 청렴성으로 이어진다.

경영 인사이트

일은 사람이 하는 것이다. 구성원이 올바른 유인구조를 토대로 성실하게 일하고 실력을 높이는 여건을 마련하면 조직 전체의 실력과 성과는 저절로 나아진다. 어떤 조직이든지 반칙이 스며들 여지가 항상 있지만 공정하고 투명한 인사, 기회균등과 포용성, 구성원이 자긍심을 가지는 일터를 만드는 작업은 은행경영에 있어 가장 중요한 요소다. 인사는 정말 만사다.

17장

원칙의 가치와 바른 조직문화

좋은 유인구조의 중요성과 내부통제

구성원의 생각과 행동이 원칙과 기본에 충실해야 경영 리스크를 줄이고 신뢰를 확보할 수 있다. 건전한 기풍과 사려 깊은 행동이 은행에 깃들면 충격이 있어도 회복하는 힘이 강하다. 바른경영을 위해서는 구성원의 조직행동을 올바른 방향으로 유도하도록 유인구조가 마련되고 조직 기풍이 건전해야 한다.

1990년 초 유학 시절, 메커니즘 디자인이라는 미시경제학 수업을 들었다. 그 핵심은 불완전 정보와 정보 비대칭 속에서 구성원이 조직에 반하는 행동을 할 수 있으며 개인행동이 조직 목표에 부합하도록 유인구조를 짜야 성과를 거둘 수 있다는 것이다.[158] 은행 발전에 기여하는 사람에게 혜택이 돌아가도록 인사와 평가를 운영하고 신상필벌을 적용하면 구성원은 조직에 도움되는 방향으로 움직인다. 유인구조는 은행과 직원의 목표를 일치시킬 수 있도록 하는 기제다.

상식이 통하는 경영을 정착시키고 시스템을 유인부합적(incentive-compatible)으로 개편하는 작업을 진행했다. 고객 이익을 우선하도록 은행 업무를 개편하고 인사와 조직문화 전반을 혁신했다. 임직원에게 조직 윤리와 행동 기준을 제시하기 위해 고객 신뢰, 주주가치 보호, 임직원 인권 존중, 사회적 책임 이행, 준법·윤리 경영의 내용을 담은 윤리헌장을 제정하고 규범과 현실의 간극을 보완하기 위해 사례별 대응을 담은 실천 가이드를 직원에게 제공했다.

부실 경영이나 불건전 영업 행위를 예방하기 위한 노력도 중요하다. 금융회사는 사고가 생기면 고객 피해는 물론 경제 전체의 시스템 리스크로 확산될 수 있다. 외부통제와 내부통제에 빈틈이 없어야 하나 사모펀드 사태에 이어 횡령, 불법 대출 등 금융사고가 빈발했다. 내부통제의 실효성을 높이기 위해 금융회사지배구조법에서는 이사회와 경영진의 내부통제 책임을 명시하고 경영진별 책무를 배분한 책무구조도 제도를 도입했다.

2025년부터 적용되는 금융기관 책무구조도는 임원의 책임 소재를 명확히 하여 금융사고 예방책임을 다하도록 하는 유인을 제공한다. 한 준법감시인이 60년 내부통제 역사에서 가장 큰 패러다임 변화라고 언급할 정도다. 그간 내부통제가 준법감시 부서 중심으로 운영되었으나 책무구조도 도입에 따라 앞으로는 모든 업무 부서가 책임지고 관리하는 형태로 전환되어 내부통제의 실효성이 개선될 것이다. 그러나 책임을 회피하기 위해 의사결정이 지연되거나 금융혁신이 위축되는 부작용도 예상된다.

내부통제가 실효를 거두려면 최고경영진의 의중(tone at the top)이 중요하다. 책무구조도가 결과적 처벌이 아니라 예방을 위한 제도로 정착하려면 금융회사 경영진뿐 아니라 당국의 의중(tone at the authorities) 또한 중요하다. '금융당국 책무구조도'라도 있으면 좋겠지만 없더라도 금융당국은 그와 같은 생각을 가지고 감독의 투명성과 예측가능성을 높이도록 각별히 노력해야 한다.

금융사고 제로를 향하여

Vision Zero

파리에서 운전하다 보면 직선으로 만들 수 있는 길을 구부려 놓고 도로 군데군데 교통섬과 회전교차로를 만들어 놓았다. 교통사고와의 전쟁을 선포한 프랑스가 주행속도, 도로구조, 시설 등 시스템을 대대적으로 수선한 결과다. 차량이 도로의 주인인 현대사회에서 교통사고를 피하기는 어렵지만 시스템을 바꾸면 사고를 줄일 수 있다.

OECD 산하 국제교통포럼(International Transport Forum, ITF)은 교통사고 사망자 제로를 실현하기 위해 'Vision Zero' 전략을 제시했다. 사람이 실수해도 사고 가능성을 '중첩적으로' 차단하도록 시스템을 설계해야 한다는 취지다. 책임을 개인 탓으로 돌리거나 처벌 위주로 대응하던 기존 방식과는 다른 접근이다. 실제 유럽에는 인구 5만 명 이상 도시 중에 교통사고 사망자가 5년 연속 제로인 도시가 16개나 있는 것으로 조사되었다. 생각과 시스템을 바꾸면 변화를 만들 수 있다.[159]

1980년 중반 세실극장에서 본 연극 〈0.917〉은 수면 아래 잠긴 91.7%의 빙산 부피만큼 현대인의 불안과 부조리가 심층부에 도사리고 있다고 말한다. 금융사고도 마찬가지일 것이다. 기저에 깔린 인식과 행동, 제도와 관행을 바꾸지 않고 개인의 일탈로 치부하면 사고의 재발을 막을 수 없다.

금융사고 제로와 정직한 금융

금융사고는 은행 평판과 신뢰에 악영향을 미치며 대외 공시되기 때문에 엄중하게 받아들여야 하는 문제다. 높은 청렴도가 요구되는 국책은행인데도 금융사고가 때때로 발생했다. 한 직원이 가족 법인에 29건, 76억 원의 부동산담보대출을 실행한 셀프대출 사건이 그중 하나다. 이해 상충 소지가 당연히 있는데도 대출 확인 절차와 감시망이 허술해서 벌어진 일이었다. 해당 직원을 징계면직과 형사 고발하고 대출금 원리금 전액을 환수했다. 상급 책임자의 관리 책임도 물었다. 이보다 중요한 일은 불법 대출 소지를 차단하고 재발을 막기 위한 시스템 정비였다.

임직원 본인과 가족에 대한 대출 과정에 본인이 간여하지 못하도록 하고 임직원 대출 여부를 전산 등록하여 승인 절차와 준법감시인 신고 대상을 강화했다. 이상 징후 포착과 비위 조사, 시재금 점검에 대한 본점의 불시 조사 등 감시 장치도 강화했다. 주식, 가상자산 투자 신고를 의무화하고 무리한 채무부담이 사고로 이어지지 않도록 부채상담 컨설팅을 제공했다.

소 잃고 외양간 고친 꼴이지만 셀프대출 사고는 시스템을 개선하는 계기가 되었다. 금융사고 제로(Vision Zero) 목표를 표명하고 여수신, 외환 등 업무 전반의 잠재 위험을 분석하며 내부통제와 업무 관행의 적정성을 원점에서 재검토했다. 내부통제총괄부를 신설하여 사고 예방 활동을 총괄토록 하고 고위험 상품 판매와 관련한 프로세스 등 개선 방안을 마련했다.

이후 금융사고가 조금씩 줄어들었지만 제로를 이루지는 못했다. 은행과 직원을 위해 청렴도 1등급 은행을 만들고 싶었으나 3등급에서 2등급으로 올라가는 데 그쳤다. 시스템과 관행의 변화가 어렵다는 방증이기도 하다. 금융의 정직성을 더욱 높여야 한다. 의사에게 히포크라테스 선서가 필요하듯이 금융인도 금융 본연의 역할을 충실하고 정직하게 수행하겠다는 윤리 선서가 필요한 것은 아닐까.

사모펀드 불완전판매 사태

기업은행은 DLF(Derivative-Linked Fund)나 라임사태에서는 벗어나 있었지만 디스커버리펀드의 투자 손실이 발생하며 어려움을 겪었다. 디스커버리펀드는 운용사인 디스커버리자산운용이 설계한 고위험 사모펀드 상품이다.[160] 2017년부터 기업은행 등 9개 금융회사에서 6,647억 원이 판매되었으나 2,019억 원이 지급유예되었다. 기업은행은 695억 원이 지급유예되어 198명의 투자자에게 피해를 초래했다.

은행이 판매한 펀드의 손실로 투자 고객에게 피해가 생긴 것은 뼈아픈 일이다. 판매사로서 책임을 다하기 위해 태스크포스를 구성하고 법테두리 내에서 은행이 최대한 손실을 부담하여 고객 피해를 줄이는 방안을 모색했다. 피해 고객은 은행이 모든 책임을 지라고 요구했다. 손실 규모가 알려지며 고객들은 사기 피해 대책위원회(이하 대책위)를 구성하고 시위를 벌였다.

대책위에서 은행장 면담을 요구했는데 다른 금융사 CEO가 피해 고객을 만난 사례가 없는 데다 불미스러운 일이 생기지 않을까 우려하여 내부에서는 면담을 말리는 분위기였다. 그러나 은행장이 피해 고객을 만나 이야기를 듣는 것이 문제를 풀어가는 순리라고 판단했다.

면담에서 대책위는 디스커버리펀드는 사기이므로 은행이 투자 원금과 이자까지 지급하라고 요구했다. "은행에 오기 전에 일어난 일이지만 펀드 손실로 피해가 야기된 데 대해 은행장으로서 송구스럽게 생각하며 법과 규정에 따라 고객 피해가 최소화되도록 최선을 다하겠다. 법적 문제를 검토해야 하겠지만 판매사로서 잘못한 부분에 대해 책임을 회피하지 않겠다"라고 언급했다.

해결 방안의 핵심은 은행의 배상 비율을 어느 수준으로 어떤 절차를 통해 결정할지였다. 배상 비율 결정은 쉬운 일이 아니다. 계약 무효가 아닌 불완전판매에 대해 귀책 범위를 넘어서는 배상은 법에 어긋나며 배임 소지가 크다는 전문가 의견이 있었다. 공정성을 담보할 수 있는 분쟁조정위원회(분조위)에서 배상 비율을 결정하는 방향으로 가닥이 잡혔다.

절차 마무리에 시간이 걸리므로 고객의 자금난을 덜어주기 위해 사후 정산 조건으로 투자 원금의 50%를 가지급하는 사적 화해 방안을 이사회에서 의결했다. 이 방안에 196명 고객이 합의하고 가지급금을 수령했다. 다른 판매사도 이 방식을 따랐다.[161]

2021년 5월 열린 분조위에서는 불완전판매 대표사례 두 건에 대해 64%와 60%, 여타 고객에게 40~80%의 배상을 권고했다. 은행은 분조위 결정과 자율 배상안을 수용하고 고객 합의를 토대로 배상 절차를 진

행 중이다.[162]

디스커버리펀드 사태가 은행에 남긴 상처는 깊다. 금감원 감사 등 절차를 거쳐 업무 일부 정지 1개월의 기관제재와 과태료 47억 원이 부과되었다. 제재보다 더 마음 아픈 것은 은행이 잃어버린 신뢰와 은행에 등을 돌린 고객이다. 처절한 반성과 함께 재발을 막기 위해 제도와 관행의 허점을 계속 보완해야 한다.

자금세탁방지 문제

은행은 고객의 금융거래가 법규에 위반되지 않는지 확인하는 책임을 지는데 내부통제 미비로 은행이 크게 낭패 본 일이 있다. 한 무역업체의 이란 제재 위반 사건과 관련하여 미국 사법당국으로부터 자금세탁방지법 위반 혐의로 제재를 받은 것이다.[163] 기업은행이 위장거래를 파악하지 못했고 송금 과정에서 자금세탁방지법을 위반했다는 혐의를 적용했다. 금융당국도 리스크관리 및 자금세탁방지 규정 위반 혐의로 2016년 뉴욕 지점을 제재했다. 이후 은행은 시정합의서에 서명하고 내부통제 계획을 미국 당국에 제출한 후 이행 상황을 보고하고 있었다.

내가 은행에 부임했을 당시는 미국 당국과의 협의가 마무리 단계로 기소유예협약에 합의할지 결정을 남겨둔 때였다. 제재의 적법성을 소송으로 다툴 수도 있었으나 소송할 때 감당해야 할 위험과 불확실성이 컸다. 비슷한 이유로 기소된 외국 은행의 사례를 보니 벌금이 1조 원을 넘는 건도 있었다. 기소유예협약에 합의하고 약 1,000억 원에 이르는 벌금을 납부했다. 사태 재발 방지를 위해 내부통제시스템을 선진화하고, 국외 지점의 상황을 실시간으로 확인하기 위한 글로벌 자금세탁방지 시스템도 서둘러 도입했다.

미국 연방 검찰과 체결한 기소유예협약은 2022년 5월 종료되었고 미국 금융당국과의 서면 합의도 마무리되어 이 사안으로 인한 불확실성이 해소되었다. 다시는 겪지 않아야 할 일이다. 자금세탁방지의 심각성을 10년 전에 인지하고 내부통제를 강화했다면 엄청난 벌금과 비용은 물론 은행 평판이 실추되는 일은 없었을 것이다. 다른 곳에서도 이런 일은 얼마든지 발생할 수 있다. 준법과 내부통제의 중요성을 절감하고 재발이 없도록 하는 뼈아픈 교훈으로 삼아야 한다.

고객은 왕이 아니다

은행과 오래 거래하며 380억 원 정도를 예금한 VIP 고객이 있었다. 기업 CEO인 이 고객이 은행 직원에게 부당한 업무 요구와 폭언을 계속하여 심적 고통을 겪은 여직원이 인병 휴가를 갔다는 보고가 올라왔다. 속상하고 분통이 치밀었다. 직원과 문제 고객의 접촉을 차단하고 해당 직원과 전화하여 건강을 빨리 회복해서 돌아오라고 위로했다.

VIP 고객이라 해서 문제행동을 그냥 놔두면 안 된다. 담당 부행장에게 변호사, 지점장과 함께 고객에게 엄중히 항의하고 법적으로 대응할 방침임을 알리라고 했다. 해당 고객을 디마케팅하고 예금 이탈로 해당 지점이 불이익을 받지 않도록 실적을 조정했다. 은행에 불만을 표시하던 갑질 고객은 문제가 커지겠다 싶었는지 잘못을 시인하며 직원에게 사과하겠다는 뜻을 전해왔다. 대면하고 싶지 않다는 직원 의사를 존중하여 지점장이 대신 사과받았으나 법적 대응은 계속하도록 했다.

이 사건을 계기로 문제행동 소비자에 대한 직원 인식을 바꿀 필요가 있었다. 왜 은행은 그동안 고객 갑질에 가만히 있었을까? 집단사고의 틀에 갇혀 직원 고통과 불의를 보면서도 은행 수익이나 경영평가 때문에 눈감은 건 아닌가? 거래 고객을 지원하는 것은 응당 할 일이지만 무례한 행동을 그냥 두어서는 안 된다. 은행이 보호할 테니 참지 말고 전문 금융인으로서 당당하게 대응하라는 서신을 전 직원에게 보냈다.

문제 사례를 전수조사했더니 인격 침해, 협박 등 20여 건의 문제 사례가 드러났다. 직원 고충을 파악한 후 고객접촉 차단, 심리 치료, 법률 지원을 조치했다. 거래기업 CEO로 구성된 최고경영자클럽 세미나가 그즈음 열렸다. 세미나에 참석한 300여 명의 CEO에게 사건 경위와 법적 조치를 설명하고 은행 직원이 거래기업을 성심껏 지원하도록 존중할 것을 부탁했다.

갑질 고객 문제는 어디서나 생길 수 있는 일이라 고객의 문제행동에 대한 체계적인 대응이 필요했다. 그간 문제소비자 대응은 금융소비자지원부, 피해 직원 보호는 인사부로 고충 처리 채널이 분산되어 있었다. 직원권익보호관이 고충 접수와 상담을 맡되 고충처리위원회를 신설하여 직원 보호를 총괄토록 체계를 정비했다. 문제 고객 분리, 이탈 고객 실적 조정 등 기준과 문제 고객 응대 요령을 담은 매뉴얼을 만들고 전담 변호사를 지정하여 법적 대응을 지원했다.

고객이 왕이라는 인식 때문인지 갑질 문제는 우리 사회 곳곳에서 일어난다. 은행은 물론 식당, 백화점, 동네 아파트의 갑질 행동을 가벼이 여기면 바로잡을 수 없다. 제도 개선과 함께 동료가 고객 갑질로 어려움을 겪진 않는지, 직원 보호를 막는 관행이나 조직문화는 없는지 살피고 함께 대응해야 한다. 그래야 갑질이 사라진다.

조직문화 재구축과 일하는 방식 혁신

조직문화 진단과 변화

조직 운영의 합리성과 유연성이 떨어지면 좋은 의사결정이 어렵고 직원에게 불필요한 고충이 생긴다. 유연하고 효율적인 업무방식, 자유로운 소통, 서로를 존중하고 약자를 배려하며 다양성을 용인하는 분위기가 뒷받침될 때 개인과 조직이 역량을 발휘하고 발전할 수 있다.

은행의 의사결정과 소통 과정은 수평적이라기보다 수직적이며 의전이 강하다는 느낌을 받았다. 이러한 조직문화에는 양면성이 있다. 공동체 의식이 강하고 심리적 안정을 느낄 수 있는 반면 업무태도가 수동적이고 온정주의 속에서 잡음 없이 지내려 하기 쉽다. 일보다 사적 관계가 중심이 되면 부작용이 생긴다.

회의를 하면 보고 부서 외에 의견을 개진하는 사람이 많지 않았다. 회의에서 과묵은 미덕이 아니다. IMF와 OECD에서는 회의에서 과묵한 사람을 실력이 없거나 일에 관심이 없다고 여긴다. 토의가 활발해야 문제를 사전에 거르고 중지(衆智)를 모아 대안을 찾을 수 있다. 폐쇄성이 강한 조직은 아이디어 흐름이 막혀 발전하기 어렵다.

상명하달식의 권위적 문화를 다양한 의견이 물처럼 흐르는 활기찬 조직문화로 바꾸고 싶었다. 일회성 캠페인이 아니라 불합리를 걷어내고 활력을 불어넣는 계기로 뿌리내리도록 조직문화 재구축 프로젝트를 시작했다. 내부 토의와 외부 컨설팅을 토대로 상황 진단, 바람직한 조직문화의 모습 설정, 개선 과제 도출과 실행으로 이어지는 내재화 작업을 진행했다.

조직문화 진단 결과 '조직에 자부심이 강하고 위기 때 일치단결하며, 위계질서 속에서 형식과 의전을 중시하고, 인간관계를 고려하여 잡음 없이 지내려 하며, 도전하기보다 지시가 있어야 반응하는' 특성이 나타났다.[164] 다소 권위적인 한국 사회 조직의 평균적인 모습과 비슷했다. 개인 차원이 아니라 조직 전반의 문제이므로 전방위적인 혁신이 필요했다.

조직, 일, 사람의 관점에서 필요한 조직문화 요소를 도출했다. ▲원칙을 지키며 자율적으로 ▲형식을 버리고 유연하게 ▲결정 사항은 책임지고 실행 ▲예의를 지키고 수평적으로 소통 ▲조직 간 경계 없이 협력 ▲새로운 시도와 혁신 장려 ▲성과와 실력 중시 등 일곱 가지가 바람직한 조직문화로 설정되었다. 기업은행 특성이 고려된 것이지만 우리 사회의 다른 조직에도 적용할 수 있는 보편성이 있다.

변화 관리를 위해 혁신 성과를 점검한 결과 업무 관행과 프로세스가 조금씩 개선되고 있으나 만족스러운 수준은 아니다. 변화에 시간이 걸리는 조직문화의 특성상 체감할 만한 성과를 거두려면 꾸준한 노력이 필요하다.

일하는 방식 혁신

바람직한 조직문화를 실행에 옮기기 위해 일하는 방식에 대한 실천 가이드를 제시했다.[165] 특히 개선이 시급한 의전·회의·보고 관행에 대한 시정 방안을 마련했다.

우선, 의전 개선을 위해서는 직원 간의 상호 존중, 에스코트 지양, 출

퇴근 눈치 안 보기 등 합리적인 관행을 도출했다. 상사가 먼저 의전하지 말라는 의사를 명확히 표현해야 변화가 가능하다는 점을 유의했다.

회의와 보고 문화는 과거에도 관행 개선을 시도했으나 시간이 지나며 흐지부지되었다고 한다. 회의, 보고서 작성, 의사소통의 단계별로 불합리한 관행을 걷어내기 위한 업무 원칙을 도출했다. ▲회의는 필요한 경우에 필요한 사람만 참석한다 ▲불필요한 자료는 준비하지 않는다 ▲회의 시간을 효율적으로 쓰고 가능한 한 결론을 낸다 ▲보고서는 핵심 위주로 작성한다 ▲전자우편, 전자결재, 전자 합의를 적극 활용한다 등의 준칙이 제시되었다.

보고 문화를 효율화할 필요가 있지만 좋은 보고서를 작성하는 실력 또한 중요하다. 일을 줄이는 과정에서 보고서의 질이 낮아지면 조직 의사결정에 장애가 생긴다. 보고서 작성에 참고하도록 영국 윈스턴 처칠(Winston Churchill) 총리가 1940년 9월 '간결(Brevity)'이라는 제목으로 전시(戰時) 내각에 내려보냈다는 보고서 작성 지침을 직원들에게 소개했다.

한 쪽짜리 비밀문서에서 처칠은 첫째, 보고서 핵심을 짧고 생생한 문장으로 표현, 둘째, 상세 분석이나 복잡한 통계가 필요하면 부록으로 포함, 셋째, 제목 중심의 간략한 메모를 수시 활용하고 필요하면 구두보고로 보완, 넷째, 장황한 단서는 빼고 간명한 구어체 사용을 피하지 말 것을 주문했다.[166] 빠른 상황 판단과 결정이 요구되는 전시 상황이라 보고서의 간결성이 더 중요했을 텐데 영화 〈다키스트 아워(Darkest Hour)〉에서 여비서에게 연설문을 구술하는 처칠의 모습이 떠오르기도 했다. 처칠 지침을 참고하여 보고서에 핵심 내용을 간결하게 담도록 했다.

〈그림 17-1〉처칠 총리의 보고서 작성지침(1940)

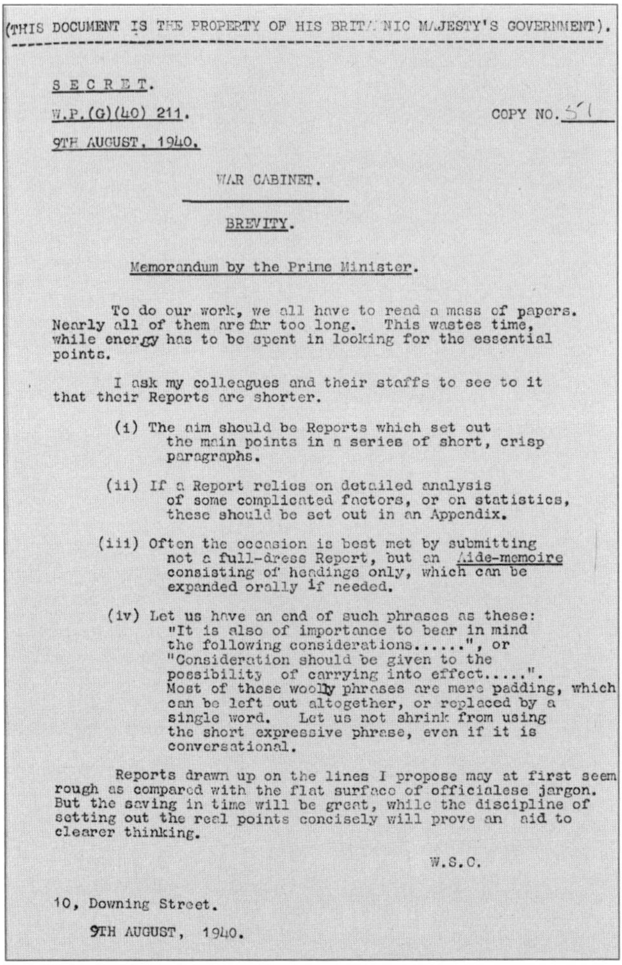

(THIS DOCUMENT IS THE PROPERTY OF HIS BRITANNIC MAJESTY'S GOVERNMENT).

S E C R E T.

W.P.(G)(40) 211. COPY NO. 51

9TH AUGUST, 1940.

WAR CABINET.

BREVITY.

Memorandum by the Prime Minister.

To do our work, we all have to read a mass of papers. Nearly all of them are far too long. This wastes time, while energy has to be spent in looking for the essential points.

I ask my colleagues and their staffs to see to it that their Reports are shorter.

(i) The aim should be Reports which set out the main points in a series of short, crisp paragraphs.

(ii) If a Report relies on detailed analysis of some complicated factors, or on statistics, these should be set out in an Appendix.

(iii) Often the occasion is best met by submitting not a full-dress Report, but an Aide-memoire consisting of headings only, which can be expanded orally if needed.

(iv) Let us have an end of such phrases as these: "It is also of importance to bear in mind the following considerations......", or "Consideration should be given to the possibility of carrying into effect.....". Most of these woolly phrases are mere padding, which can be left out altogether, or replaced by a single word. Let us not shrink from using the short expressive phrase, even if it is conversational.

Reports drawn up on the lines I propose may at first seem rough as compared with the flat surface of officialese jargon. But the saving in time will be great, while the discipline of setting out the real points concisely will prove an aid to clearer thinking.

W.S.C.

10, Downing Street.

9TH AUGUST, 1940.

일하는 방식이 바뀌려면 구성원의 인식과 행동 변화가 필요하다. ▲원활한 소통 ▲변화와 혁신 추구 ▲목표 제시 및 실행 ▲구성원 지도와 육성 ▲공정한 평가와 피드백 등을 건강한 조직 운영을 위한 리더의 행동 원칙으로 제시했다.

팔로워의 역할도 중요하다. 조직 성공에 대한 기여도가 리더 20%,

팔로워 80%라는 연구도 있다. ▲원칙과 예의를 지키고 ▲자율적으로 일하고 도전하며 ▲수평적으로 소통하고 협력한다 등 요소를 직원 행동 준칙(IBK Way)으로 제시했다. 이러한 요소들이 현장에서 어느 정도 실천될지는 리더와 팔로워 모두에게 달려 있다.

경영 인사이트

바람직한 리더 행동 준칙

▶ 구성원과 원활하게 소통한다.
▶ 변화와 혁신을 추구한다.
▶ 목표를 제시하고 실행에 옮긴다.
▶ 원칙에 입각하여 업무를 처리한다.
▶ 구성원을 지도·배려하고 육성한다.
▶ 공정하게 평가하고 피드백한다.

바람직한 팔로워 행동 준칙

▶ 원칙을 지키며 자율적으로 일한다.
▶ 불필요한 형식 대신 유연하게 일한다.
▶ 결정된 사항에 책임감을 가지고 임한다.
▶ 예의를 지키며 수평적으로 소통한다.
▶ 조직 간 경계 없이 협력한다.
▶ 새롭게 도전하고 실력을 쌓는다.

18장

건강한 노사관계를 향한 길

은행과 노동조합의 목적함수

노사관계론 교과서에 따르면, 노동조합은 협상력을 토대로 임금과 근로조건 개선, 근로자 권익 보호와 산업 안전 증진, 작업장 지식의 전수 등 순기능을 발휘할 수 있다. 반면 노사 갈등이 심하면 생산성 저하와 사회적 비용을 초래한다. 노사관계는 정치·경제·사회적 환경의 영향을 받으며 형성된다. 노사관계의 모습은 산업화 정도, 정부 정책, 사회 환경 등에 따라 나라마다, 시대마다 달랐다. 산업화 시기 억압되었던 우리나라 노동운동은 1987년 이후 억눌렸던 힘이 표출되었으며 노조 조직이 확대되고 정치적 활동이 늘어났다. 1997년 위기 이후 인력 중심의 비용 구조조정으로 대량실업을 초래하며 노사분규가 격화되고 비정규직 근로자가 늘어났다.

우리 노동시장은 이중구조가 심하며 중소기업과 비정규직 보호가 취약하다. 선진국과 달리 대립적인 경우가 많아 노사관계의 국제경쟁력은 매우 낮게 평가된다. 노동시장의 이중구조를 해소하고 협력적 노사관계를 구축하려면 노사는 물론 정부, 전문가, 시민사회를 포함한 폭넓은 접근이 필요하지만 각각의 주장이 강해서 해법 찾기가 쉽지 않다. 현장에서 노사가 상호 역할을 존중하며 대화와 타협으로 문제를 풀어나가는 협력적인 관행을 쌓는 것이 중요하다.

유니언숍을 명문화한 산별 단체협약에 따라 은행 직원은 입행과 동시에 조합원이 된다. 전 직원 중 차장급 이하 약 만 명이 노조에 가입해 있다. 노조에는 근로시간 면제제도에 따라 전임자 24명이 있다. 은행은 금융업종 공공기관이라 고용 안정성이 높고 임금과 근로조건이 다른 업종보다는 괜찮은 편이다. 임금은 공무원 인상률을 따르게 되어 있어 노사가 다툰다고 달라질 것은 별로 없다. 인력, 예산은 공공기관 기준을 따라야 해서 여유 자원(featherbedding)을 가지기 어렵고 노사협상으로 조정할 수 있는 범위가 제한적이다. 그러나 성과를 보여야 하는 노조 사정과 현실 제약 속에서 역설적으로 갈등이 커질 수 있다.

정부에 있을 때 노동시장 정책이나 노사 현안에 관여한 적은 있으나 개별 사업장에서 노사관계를 접한 것은 은행에 와서였다. 출근 저지로 시작된 노조와의 첫 만남이 그리 유쾌한 것은 아니었다. 그러나 은행과 직원을 위해 건강하고 협력적인 노사관계를 만들고 싶었다. ▲법과 원칙의 테두리 내에서 최대한 유연하게 임하고 ▲상대방의 역할을 존중하고 배려하며 ▲열린 소통을 통해 직원 애로 해소와 후생 증진을 위해 노력한다는 원칙을 가지고 임했다. 그러나 현실은 녹록지 않았다. 은행과 노조는 목적함수가 달랐고 협상 범위 등에 대한 시각 차이로 갈등 소지를 내포하고 있었다.

노사 갈등 사안과 대응

순탄한 노사관계를 기대하지는 않았으나 예상을 넘어서는 힘든 일이 많았다. 노사관계의 운동장도 기울어져 있었다. 인사, 조직, 경영평가 등 경영권과 관련되거나 정부 승인 사안은 노사교섭 대상이 아니지만 직원 의견을 수렴하고 경영 투명성을 높이는 취지에서 노사협의회를 통해 논의되곤 했다. 노조가 경영 관련 사안을 단체교섭 대상에 포함하자고 요구하기도 했다. 그러나 단체교섭은 결렬 시에 파업 등 쟁의권이 부여되기 때문에 노사협의회 대상과 엄격히 구분해야 한다.

임기 동안 인사 문제, 52시간 근무제, 경영평가, 사기진작책, 합의 이행 등 사안을 두고 노사협의가 진행되었다. 갈등도 있었지만 원칙을 견지하고 불필요한 감정 소모를 줄이며 임금 및 단체 협상, 노사협의회, 비공식 협의를 통해 하나씩 풀어 나갔다.

인사 문제는 전체 직원을 보호하기 위해 원칙에서 벗어나지 않았다. 출근 저지 과정에서 노조는 전무이사 등 임직원 인사에 노조 의견 반영을 요구하기도 했다. 노조가 인사에 영향력을 미치면 임직원이 노조 눈치를 보게 되어 소신 있게 일하기 어렵다. 인사 공정성이 훼손될 수 있고 청탁금지법 위반 소지도 있다.[167] 노조는 기존 관행이고 다른 은행도 그렇게 한다고 주장했으나 잘못된 관행을 답습할 수는 없다. 인사 시기가 되면 노조는 임직원 설문조사 자료와 인사 의견을 보내왔으나 방식과 절차가 투명하지 않아 단순 참고로만 삼았다.

주 52시간 근로 사안은 은행의 준수 의지가 강해서 갈등 소지가 적다고 생각했다. 52시간 준수를 위해 은행은 퇴근 시간에 PC를 자동 중지시키고 위반사례를 점검한다. 코로나 위기 대응으로 바쁠 때 IT 부서에서 52시간을 어겼다고 노조가 문제를 제기했다. 52시간 준수는 은행으로서도 지켜야 할 사안이기 때문에 재발 방지 대책을 노조와 협의해서 시행했는데 갑자기 52시간 위반으로 지방노동청에 은행장을 고발했다. 52시간 준수에 이견이 없고 대책도 협의한 사안을 왜 고발했을까? 부서에서 고발 취하를 요청하겠다고 보고해왔으나 그럴 필요 없다고 했다. 한 달쯤 지나 노조는 고발을 자진 취하했다.

52시간은 이후에도 갈등을 빚었다. 52시간을 넘어 일하라는 상사도 없지만 직원 스스로 52시간 권리를 지켜야 한다. 권위적인 업무 문화 때문일 수 있어 차제에 조직문화 전반을 손보기로 했다. 노사문화에 대해서도 함께 논의하자고 제안했는데 노조는 억압 수단으로 사용될 수 있다며 거절했다. 조직문화와 일하는 방식을 혁신하는 작업은 은행에 좋은 변화를 가져왔다. 노사문제에 대해 함께 논의하기 어렵다면 노조 자체적으로라도 현재의 관행과 문화를 검토하면 직원과 노조를 위해 좋을 것이다.

경영평가는 경영권 사안이지만 업무환경에 영향을 주고 직원 의견을 수렴할 필요도 있어 노사협의회에서 논의했다. 불가피한 사유가 생기면 노조와도 협의하여 목표를 조정했다. 불완전판매를 막기 위해 펀드와 퇴직연금을 평가 대상에서 제외하자는 요구도 있었다. 불완전판매는 내부통제 등으로 해결할 사안이지 평가 제외는 옳은 해법이 아니다. 과거에 평가 제외된 상품의 실적은 크게 떨어졌다. 평가 제외가 은

행과 직원에게 어떤 영향을 미칠지 숙고해야 한다.[168]

경영평가에는 직원이 노조 행사에 참여하지 않을 때 해당 지점에 페널티를 주는 노사화합 항목이 있다. 행사 참여는 자발적인 선택에 맡겨야지 경영평가로 강요할 사안은 아니지 않을까. 노사화합은 은행 경영에 중요한 요소이므로 실제 노사화합에 도움이 되는 활동을 포함하면 좋을 것이다. 입행 동기가 승진하면 노조위원장이 자동 승진하게 하는 규정도 있다. 노조 활동이 탄압받던 과거에는 필요했을지 모르지만 지금 그런 조항이 필요한지는 의문이다. 직원이 판단할 사안이다.

즐겁게 협의할 사기진작책도 갈등 요인이었다. 급여와 복지가 시중은행보다 낮기 때문에 은행은 노사협의 등을 통해 방안을 만들고 지원 규모를 늘려왔으나 매년 새로운 대책을 짜내기란 쉽지 않다. 공공기관 가이드라인과 대외감사를 두려워하지 말자고도 하지만 나중에 문제될 지원책을 파업한다고 내놓을 수는 없다. 그나마 국책은행 경영평가에서 9년 만에 S등급을 받아 직원 모두 기뻐했고 높은 성과급도 지급할 수 있었다. 직원들 사기도 올라갔다.

취임 초 명예퇴직, 직원 정원통합, 노조추천 사외이사, 인병 휴가 등의 해결을 위해 함께 노력한다고 노조와 약속했다. 오랜 기간 해결되지 않은 난제들이었지만 정부과 협의하며 문제를 풀기 위해 힘썼다. 정원통합과 같이 해결의 첫발을 디딘 사안이 있고 명예퇴직처럼 풀지 못한 사안도 있다.

노조추천 사외이사는 국회에서 밝혔던 것처럼 기대와 우려가 공존하는 사안이다. 노동자가 기업지배구조 형식으로 경영에 참여하는 것은 정당하지 않다는 목소리도 강하다.[169] 은행 경영이 과도하게 주주 중심으로 흐를 소지를 막고 직원 의견을 반영하는 장치로서 실험적 의미에서 시도했다. 노조가 추천한 후보를 금융위에 제청했으나 인사검증 등 과정에서 선임되지 못했다. 노조는 경영진 비난, 청와대 시위와 대정부 투쟁을 벌였다. 은행에서 물러난 후 사외이사가 교체될 때도 노조 추천 후보는 선임되지 못했다. 성사 여부와 시기는 노조에 대한 일반 국민의 인식에 달려 있을 것이다.

투명성이 답이다

노조는 회사의 영속성과 직원 후생을 위해 불가결한 존재다. 은행에 있는 동안 많은 노사 현안이 있었으나 갈등을 초래하고 노사관계를 위협할 성격은 아니었다. 이들이 없었다면 다른 건이 갈등 요인으로 등장했을 것이다. 갈등 여부는 사안의 성격보다 갈등 요인을 함께 풀어 나가려는 자세에 달려 있다. 신뢰를 바탕으로 함께 해법을 찾으면 갈등이 생겨도 쉽게 해결된다.

신뢰는 행동으로 쌓아야 한다. 그 첫걸음은 노사가 서로의 역할을 존중하며 예의를 지키는 것이다. 노조는 선거에서 조합원의 표를 받아 선출되는 조직이므로 지지를 받기 위해 사측과 투쟁하고 선명성을 부각하는 행동이 필요할지 모른다. 하지만 도를 넘어서면 곤란하다. 경영진이 노조 활동에 간여하지 않듯이 노조도 경영권을 존중해야 한다. 인사, 조직 등 경영 사안에 노조가 의견을 제시하고 협의할 수는 있겠으나 판단은 결과에 책임지는 경영진에 맡겨야 한다.

협상 과정에서 목소리를 높일 수 있고 화가 날 수도 있다. 그러나 노와 사는 서로 화풀이 대상이 아니다. 노조 소식지에는 아비규환, 지옥

불, 절규, 공포, 헛소리, 독선, 굴종, 파괴와 같이 평소 접하지 않는 자극적인 단어가 등장한다. 예의를 지킨다는 것이 항상 웃는 낯으로 대하라거나 존대를 하라는 의미는 아니니다. 동료, 친구나 동네 사람을 만날 때처럼 무례하지는 않아야 한다. 한가한 소리로 치부할지 모른다. 그러나 웃는 낯에 침 못 뱉는다는데 침 뱉는 사람을 웃음으로 대하기는 더 어렵다. 작은 이익을 위해 다투기보다 소명을 생각하고 예의와 존중으로 대할 때 노사관계의 품격이 높아진다.

노사협의 상황에 대한 정보가 직원에게 제공되어야 갈등을 예방하고 문제를 해결할 수 있다. 2020년 말 임금·단체협약(임단협)은 갈등 사안이 많지 않았으나 노조는 자율 교섭보다 성명서를 통한 경영진 비난, 결렬 선언에 이어 대외 투쟁을 이어갔다. 당시 여당 의원을 찾아가 은행장이 노조에 적대적이라고 했다는데, 잘 알고 지내던 중진의원이 노조가 주었다는 자료를 참고하라고 건네주며 고생 많겠다고 위로하기도 했다.

노사협의 중간 과정에 대해 대부분 직원은 잘 모르며 협의가 끝난 후 결과를 알리는 방식이 일반적이다. 갈등이 생기면 노조는 사측에 책임이 있다는 식의 소식지를 수시로 올린다.[170] 한쪽 이야기만 들리면 오해를 낳기 쉽다. 사실관계와 양쪽 입장이 투명하게 알려져야 한다. 이후 판단은 직원 몫이다. 노조 소식지에 대응한 적이 별로 없으나 임단협 과정에서 소관부서가 사실관계 자료를 낸 적이 있다. 설명이 없으면 잘못된 주장이 그대로 굳어질 수 있다. 투명성이 답이다.

노사가 소통하여 직원 고충을 슬기롭게 해결한 사례도 있다. 어느 회사든지 병마와 싸우는 직원이 있는데 최장 2년의 질병 휴직 기간을 넘어서면 회사를 그만두거나 복직해서 치료받아야 한다. 두 선택 모두 어려운 상황에서 노조가 휴가나눔제라는 아이디어를 냈고 보상 휴가 기부기준을 제정했다. 직원이 휴직 2년이 지난 동료를 위해 자기 휴가 하루를 기부하면 250일(1년) 한도로 해당 직원의 휴직을 연장하는 제도다. 얼마 지나지 않아 중증 질환으로 고생하는 한 직원의 딱한 사정이 알려졌는데 휴가 기부가 이어져 한도가 곧바로 채워졌다. 따뜻한 마음으로 동료 직원의 어려움을 보듬은 휴가나눔제는 모범적인 노사협력 사례다.

돌이켜보면 유의하고 싶은 몇 가지가 있다. 우선 평소에 신뢰를 쌓고 소통하고 유연하게 협상하며 갈등 소지를 줄여야 한다. 그러나 갈등은 언제든 생길 수 있다. 노조의 합리적 주장은 당연히 경청하되 무리한 요구나 도를 넘는 행동은 괘념치 말고 견딜 필요가 있다. 조바심 내기보다 조합원 지지를 받기 위해 그렇겠거니 여기는 것도 방법이다. 직원이 노사협의 상황을 이해하도록 알리는 노력도 필요하다. 노사문제에 대해 전문적인 조언을 받는 것 또한 중요하다. 노조는 노사관계 사안에 해박하며 전략적으로 행동하지만 경영진은 노사문제에 대한 안목이 부족하다. 소관부서는 갈등이 안 생기게 봉합하려는 경향이 있다. 노무 전문가를 채용하거나 노무법인을 활용하여 노사관계 법령과 절차를 숙지하고 전문적인 조언을 받으면 도움이 될 것이다.

은행에서 경험한 노사관계를 언급하는 까닭은 건강한 노사관계를 위해서는 어떤 일이 있었는지 알리는 것이 미래를 위해 중요하다고 생각하기 때문이다. 사실 이보다 훨씬 힘든 일이 많이 있었다. 한 노조 간부가 "노조 행동에 무리가 있더라도 보듬어주면 좋겠다"라고 말한 적이 있다. 노조 갈등으로 힘든 일이 많았던 것은 노조를 보듬지 못한 나의 부덕 때문일지도 모른다.

임기를 마치고 은행을 떠나는 날 이임식에서 노조위원장은 "미안한 마음이 너무 커서 송별사를 준비하기 어려웠다. 윤 행장이 느끼기에 도가 지나친 요구들도 많이 해 미안하게 생각한다. 윤 행장은 취임 당시 했던 약속을 지키기 위해 끝까지 노력했다. 언젠가 다시 만나게 된다면 고마움을 꼭 되돌려줄 수 있으면 좋겠다"라고 피력했다.[171] 떠나는 사람에게 하는 의례적인 인사말일 수도 있으나 진심도 담겨 있다고 믿는다. 그때는 불가피했다고 여길지 모르겠으나 노사관계가 좀 더 협력적이었더라면 직원과 노조와 은행 모두에게 좋지 않았을까? 훗날 바람직한 노사관계에 대해 소회를 나눌 기회가 있길 바란다.

19장

사회적 책임과 기업시민

사회공헌 활동의 현재와 미래

기업은 경제활동 과정에서 많은 이해관계자와 거래하며 사회에 영향을 미친다. 거래에는 경제적 대가가 수반되지만 대가 없이 긍정적·부정적 외부효과를 미치기도 한다. ESG 경영이 사회(S)에 대한 책임을 강조하는 것은 부정적 행동을 억제하고 좋은 행동은 권장하여 외부효과를 내부화하려는 취지다. 기업시민으로서 선한 영향력을 행사하면 조직 내 자부심은 물론 외부 신뢰가 높아진다. 기업은행은 중소기업 지원이라는 설립목적 자체가 사회적 가치에 부합하지만 취약계층 지원 등 사회적 책임(Corporate Social Responsibility, CSR) 활동도 활발하게 전개해왔다.

〈그림 19-1〉 사회공헌사업 분석모형

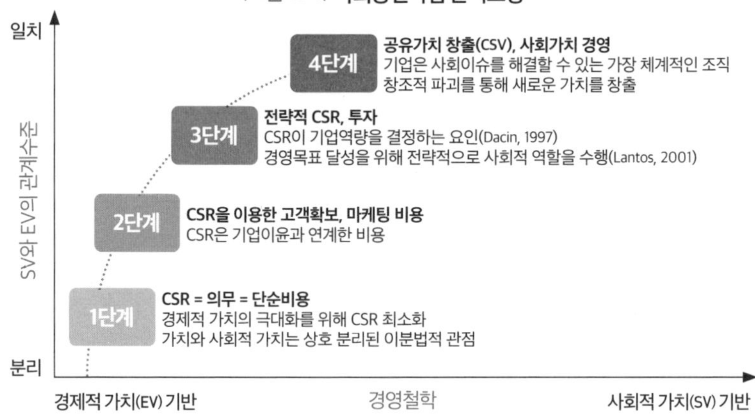

※ 자료: IBK 사회공헌사업 혁신방안, IBK경제연구소, 2020. 3.

사회공헌사업 분석모형에 따르면, CSR 활동은 ▲단순 비용으로 취급하여 되도록 줄이려는 1단계 ▲이윤 창출을 위한 마케팅 비용으로 여기는 2단계 ▲경영 목표 달성을 위한 전략적 투자로 인식하는 3단계 ▲사회적 가치 창출 자체를 중요시하는 4단계 활동으로 분류된다. 은행의 사회공헌은 마케팅 지원과 같이 경제적 가치 창출을 위한 부수 활동으로 이루어진 것이 많았다. 정부 정책에 따라 비자발적으로 기부하거나(1단계) 예금 유치를 위해 출연금을 지원하는(2단계) 사례가 많았다. 국내은행도 대부분 1, 2단계 활동에 머물러 있다.

기업은행의 사회공헌 내역을 보면 은행권 공동사업, 미소금융재단 운영, 휴면예금 출연 등 정책 관련 사업비가 57%로 많았다.[172] 소외계층 후원 등 뜻이 좋으나 마케팅과 연계된 사업비가 20%였으며 사회복지시설 후원, 중소기업 컨설팅, 음악회 등 순수 사회활동에 18%, 스포츠단 운영에 5%를 사용하고 있었다. 많은 돈을 쓰지만 외부 평가가 높지 않은 이유는 사회공헌의 동기나 운영 방식 때문일 것이다.

시대 변화에 맞추어 사회공헌의 정체성을 정립하고 효과성을 높였다. 목적, 조직체계의 전문성, 유관기관 협업 방식, 평가시스템을 재정립하고 사회적 가치를 측정하여 KPI에 반영하는 방안을 검토했다. 1, 2단계를 넘어 경제적 가치와 사회적 가치를 조화시키는 3단계 이상 활동으로 발전해야 한다. 정부 정책에 협력하는 사업이나 마케팅 차원의 활동은 계속하되 지원 내용과 방식의 개선이 필요하다. CSR이 기업의 핵심 역량에 영향을 주는 투자라는 인식하에 접근하는 것이 바람직하다.

사회공헌의 차별성을 확보하기 위해 은행 특성에 부합하거나 남들이 지원하지 않는 소외된 분야를 지원하는 활동에 중점을 두었다. 민간은행과 기업의 후원이 넘쳐나는 분야, 예컨대 골프에 국책은행까지 나설 필요는 없다. 경제적 가치와 연계하기 어려워 소외된 영역을 지원하기 위해 중소기업과 취약계층 지원, 문화예술 후원, 꿈나무 육성, 비인기 스포츠 지원 등을 중점 지원 분야로 선정했다. 사회공헌에 대한 인식을 바꾸는 동시에 전문인력을 충원하고 사업 내용을 구체화하여 실천으로 옮겼다.

문화의 힘은 강하다

조성진, BTS와 파친코

2015년 OECD 대사로 파리에 부임하기 직전에 대학 은사인 한승수 전 총리와 사모님이 환송연을 열어주셨다. 총리 시절 행사 때 어린 학생에게 연주 기회를 주곤 했는데 그때 갈채를 받았던 아이가 세계에 우뚝 선 조성진 피아니스트라고 하시며 대사로 활동하는 동안 파리의 젊은 예술 학도에게 기회를 주라고 당부하셨다. OECD 대사관과 관저 건물에는 이우환, 김창렬, 이대원, 이성자 화백 등 재불 작가의 작품이 전시되어 있어 외빈에게 한국 미술을 자연스럽게 알릴 수 있었다.

OECD에서 재능 있는 우리 청년들이 공연하는 기회를 마련했다. 2016년 OECD 가입 20주년을 기념하는 행사에 20살 청년 음악가 네 명을 초대했는데 해금, 장구와 피아노, 클라리넷으로 구성한 국악과 양악의 앙상블은 청중의 기립 박수를 받았다. 국경일 행사에서 유럽에서 활동하는 성악가를 초대한 공연이나 외국 대사를 초대한 살롱 콘서트는 항상 참석자의 탄성을 자아냈다.

대사 임기 동안 있었던 두 번의 대통령 국빈 방문 환영 문화행사에는 BTS 등이 출연했다. 유럽 전역에서 모여든 파란 눈의 이방인들은 밤새 줄 서서 기다리고 공연에 열광했다. 공연 후 리셉션에서 K-팝 아티스트의 인기는 대통령보다 높았다. 세계 문화의 중심에서 열광하는 외국인들을 보면 한국 문화의 달라진 위상에 전율이 느껴진다.

음악만이 아니다. 프랑스 국보인 샤르트르 대성당의 창에는 빛의 화가 고 방혜자 화백의 스테인드글라스 작품이 걸려 있다. 고흐가 1년을 머물며 작품을 남겼던 프랑스 남부 도시 아를에 이우환 미술관이 문을 열었다. 한일 역사의 실상을 파헤친 이민진 작가의 대하소설《파친코(Pachinko)》는 어느 역사학자보다 강렬하고 생생하게 일제 하의 차별과 억압을 전 세계에 알렸다. 문화는 가슴 떨림과 강한 파급력으로 돈으로 살 수 없는 감동을 선사한다. 문화의 힘은 강하다.

문화예술 공헌 방향

대중의 문화예술 수요가 빠르게 늘어나고 있다.[173] 그러나 일반의 수요만으로는 대다수 문화예술인의 자립이 어렵다. 모차르트, 베토벤도 왕가나 귀족의 후원이 없었다면 예술혼을 불태우지 못했을 것이다. 부족한 대중 수요를 보완하고 문화예술 향유 기회를 늘리기 위해 기업이 나서야 한다. 문화가 융성하고 소프트파워가 높아지면 국가와 기업 경쟁력으로 이어진다. 금융권도 아트 비즈니스에 진출하고 자산관리 대상으로 미술품을 반영하는 등 역할을 늘리고 있다.

문화예술을 은행 사회공헌의 한 축으로 삼았다. 은행 내에 전담 부서가 없고 사회공헌부서 직원의 문화예술 전문성이 높지 않았다. 관리체계도 개선해야 했다. 은행이 소장하는 미술품 내역을 조사시켰더니 전체 1,800여 점의 감정가액이 취득가액에 미치지 못했다. 60년간 취득한 미술품이고 물가도 엄청나게 올랐는데 현재 가치가 취득가보다 낮다는 것은 의아한 일이다. 미술품을 취득할 때 작품을 알아보는 전문성이 없었거나 다른 동기로 구매했기 때문일 것이다.

문화예술 사업의 방향성을 정립하고 추진 과제를 도출하기 위해 문화예술팀을 만들고 팀장급 책임 큐레이터를 공개 채용했다. 미술사 교수, 미술관장, 큐레이터 등 전문가 의견을 듣고 서울대 미술관 등 다른 기관이 운영하는 미술관과 갤러리를 참고했다. 미술품 관리세칙을 제정하고 미술품의 취득·관리·처분에 관한 사항을 심의하는 위원회를 설치했다. 수장고 운영과 미술품의 클리닝·감정·보관 지침을 마련하는 등 관리 프로세스를 정비했다.

신규 사업으로 신진 예술가에게 공연·전시 기회를 제공하고 직원에게 문화예술을 향유할 기회를 주기 위해 음악회와 전시회를 본점 로비에서 열었다.[174] 은행 주변의 지하 아케이드를 활용하여 지역 상권과 상생하는 아트플라자를 열었다. 입장료, 참가비, 수수료가 없는 대안 미술시장인데 지역 상권을 살리려는 취지도 있었다. 을지로 지하상가의 특색을 살린 회화, 조각, 공예 등 200여 작품이 전시되었고 작품 판매 수입은 전액 작가들에게 전달했다.

"은행이 그런 일도 합니까"

드라마, 영화 같은 문화콘텐츠는 부가가치와 고용을 창출하는 효과가 크다. 자국 문화를 보호하고 문화 다양성을 지키는 일은 경제적 효과 이상의 의미를 지닌다. 세계 속에서 우리나라의 국격을 높이는 공공외교 사업을 문화산업이 외교관보다 더 효과적으로 하는 것이다. 문화콘텐츠 산업은 흥행의 불확실성이 크고 진행 과정이 불투명하며 어려움을 겪는 중소 제작사가 많다. 투자위험이 크고 작품을 잘 골라야 지원 자금을 회수할 수 있어 모험자본 투자의 성격을 지닌다.

기업은행은 문화 육성을 지원하고 투자를 다양화하려는 취지에서 문화산업에 대한 투융자를 늘려왔다. 10여 년간 6조 원 가까이 영화, 드라마에 대출이나 투자로 자금을 지원했다. 〈신과 함께〉, 〈극한직업〉, 〈기생충〉, 〈부부의 세계〉 같은 흥행작이 은행이 투자한 작품이다. 은행이 투자한 영화나 드라마를 자랑삼아 이야기하면 "은행이 그런 일도 합니까?"라고 묻는 분이 많다. 손해보는 투자도 있으나 투자의 평균 수익률이 6% 수준으로 근사하다. 문화콘텐츠 투자는 사회공헌과 성격이 다른 상업적 활동이라서 수익이 나야 투자를 계속할 수 있다.

외국 대형 배급사의 시장 잠식을 막고 문화 다양성을 보존하기 위해 우리나라는 스크린쿼터를 시행하고 있으나 국산 영화 점유율은 상영 의무 20%를 훌쩍 넘어 50%에 이른다. K-콘텐츠에 대한 해외 수요도 늘어났다. 코로나 이후 영화, 공연 등 대면 산업의 어려움이 커지는 등 변화가 나타나고 있어 K-콘텐츠를 지원하는 모험자본의 역할이 중요해졌다. 위험 투자를 꺼리는 상황에서 은행은 독립영화 등 소외 분야와 드라마, 글로벌 OTT 콘텐츠에 대한 투자를 늘리고 있다. 음원, 웹툰, 공연 등 비영상 분야와 게임, 플랫폼 등 뉴미디어 콘텐츠를 투자 대상에 추가했다.

문화예술 투자는 은행의 강점이 되었다. 문화콘텐츠에 대한 모험자본 공급을 선도하고 중소 제작사가 K-콘텐츠 주역으로 성장하도록 지원하고 있다. 투자 수익의 일부를 독립영화 등에 투자하는 선순환 구조를 구축하면 콘텐츠 개발과 문화산업 저변 확대에 도움이 될 것이다.

비인기 스포츠 지원과 꿈나무 육성

남들이 후원하지 않는 종목 지원

비인지 활동인 스포츠는 심신을 발달시키고 어려움을 헤쳐나가는 힘이 되며 인생을 풍요롭게 만든다. 몸이 건강해야 마음도 건강하다는데, OECD의 국제학업성취도평가(Programme for International Student Assessment, PISA) 보고서에 따르면 적당한 체육 활동을 하는 학생이 학업 성취도가 높고 불안감이 낮으며 삶의 만족도가 높다.

개인적으로 스포츠를 좋아하는 또 다른 이유는 공정성이다. 눈에 보이지 않는 반칙이 일어나는 세상과 달리 스포츠는 투명하고 공정하다. 대부분 실력에 따라 승부가 나며 반칙한 선수는 경고받거나 퇴장당한다. 스포츠를 통해 페어플레이와 팀워크의 중요성을 체득한 아이는 건강한 시민으로 성장한다. 스포츠를 바라보는 시각은 시대마다 달랐고 이제는 온 국민이 올림픽 메달에 열광하던 때와 여건이 다르다. 그러나 국가를 대표하는 선수가 세계 무대에서 투혼을 발휘하여 개인적 성취를 이루고 국위를 선양하는 모습은 여전히 깊은 감동과 국가에 대한 자긍심을 키워준다.

기업의 스포츠 후원은 대중의 관심도를 반영한다. 인기 종목을 지원하면 기업 이미지에 도움이 된다. 그러다 보니 후원이 종목에 따라 차별화되고 있다. 대중의 관심이 높지 않고 생활체육 기반이 약한 종목은 정부 지원만으로 생태계를 유지하기 힘들다.

은행에서는 남들이 후원하지 않는 종목이 명맥을 유지하고 경쟁력을 높이도록 지원한다. 사격팀을 1977년 창단하여 운영하고 있는데 팀 막내인 오예진 선수가 2024년 파리올림픽에서 금메달을 따는 성과를 거두었다. 여자배구단은 2021년 도쿄올림픽에 3명의 선수를 파견하며 4강의 밑거름이 되었다. 저변이 약화된 대한역도연맹과 대한레슬링협회의 공식 후원사로서 어려운 환경에서 땀을 흘리는 레슬링과 역도 종목의 유망주를 육성하고 국가대표팀을 후원한다.

그랜드슬램 주니어 육성과 키다리 아저씨

테니스는 국제적으로는 대표적인 인기 스포츠 종목이다. 4대 그랜드슬램과 9개의 매스터스를 포함하여 수많은 경기가 1년 내내 전 세계 도시를 돌아가며 열린다. 운집한 관중 속에서 경쟁하는 선수는 성적에 따라 상금과 랭킹 포인트를 받으며 우승자는 부와 명예를 누린다. 관련 산업뿐 아니라 시합에 몰려드는 국내외 관중으로 지역 경기 활성화에도 도움이 되는 고부가가치 종목이다. 그랜드슬램 대회 주최자는 입장료, 방송, 후원을 포함하여 엄청난 수익을 남긴다.[175]

국력과 비교한 우리나라의 테니스 경쟁력은 바닥이다. 데이비스컵, 페더레이션컵 등 테니스 국가대항전에 월드컵 축구처럼 열광하는 외국과 달리 우리는 관심이 낮다.[176] 이웃 중국과 일본은 그랜드슬램 우승 선수도 있다. 그 정도는 아니지만 정현, 권순우 등 선수가 국제무대에서 경쟁할 정도로 성장했다. 이들이 어릴 때 한솔, 삼성 등 기업이 주니어 육성프로그램을 가동했기 때문에 가능한 일이다. 안타깝게도 스포츠 후원이 정치 문제로 비화한 후 지난 10여 년간 씨를 뿌리는 차원의 기업 지원은 사라졌다. 후원하고 욕먹는 일을 구태여 할 기업은 없다.

국가대항전인 데이비스컵에서 프랑스가 우승한 2017년, 친분이 있던 프랑스 테니스협회장과 임원을 대사관저로 초대했다. 프랑스 대표팀의 야니크 노아 감독과 쏭가, 뿌욜 등 선수들이 우승 후 사인한 테니스공을 선물로 가져온 쥬디첼리 회장에게 우리나라 테니스에 대한 기술지원을 부탁했다. 이후 양국 협회 간에 지원협약이 맺어졌다.

지금 우리 테니스 생태계는 척박하다. 협회 운영이 체계적이지 않고 코트 등 인프라가 부족하며 전문 테니스 선수로 미래를 꿈꾸는 학생이 많지 않다. 그러나 장래는 앞으로 하기에 달렸다. 좋은 씨앗을 뿌려서 잘 키우면 세계적인 선수를 배출하고 테니스 강국으로 도약할 수 있다.

이러한 취지에서 은행에 그랜드슬램 주니어 육성팀을 만들었다. 16세 이하 테니스 유망주를 선발하여 체계적인 훈련을 통해 세계 10위권 선수로 길러내는 것이 목적이다. 전담 코치 채용, 국제대회 출전, 해외 아카데미 훈련 등 비용 일체를 은행이 지원한다. 팀 출범식에서 한 선수가 은행을 키다리 아저씨로 비유했던 일이 기억난다. 스타트업을 키우는 모험자본 투자처럼 은행의 꿈나무 지원은 우리나라 테니스의 숨은 잠재력을 끌어내는 밑거름이 될 것이다.

여자바둑 마스터스대회

가로 19줄, 세로 19줄이 만나는 361곳에 흑백의 돌을 두어 승부를 가르는 바둑은 경우의 수가 10^{171}에 이를 정도로 무궁무진하며 논리적 사고와 고도의 집중력을 요구하는 스포츠다. 바둑 인구와 전문 기사가 줄어들었지만 최근 '신공지능'으로 불리는 세계 1위의 신진서를 필두로 중국과 호각지세를 벌이며 중흥기를 맞고 있다. 한국 바둑의 강세는 인공지능 바둑의 등장과 관련 있어 보인다. 기재가 뛰어난 요인도 있겠지만 우리 기사가 카타고, 절예 등 인공지능과 외국 기사보다 더 열심히 기량을 연마한 결과일 것이다.

여자바둑의 저변을 넓히고 실력 있는 여류기사를 배출하는 발판을 마련하려는 취지에서 '여자바둑 마스터스대회'를 창설했다. 여자바둑도 세계 1위의 최정, 오유진, 김은지 등의 기사가 훌륭한 기량을 보이지만 선수층이 얇고 대회가 적어 어려움을 겪는다. 국내 여자대회 중 최대 상금을 제공하고 프로와 아마추어 선수 모두 참여하도록 문호를 개방했다.[177] 마스터스대회가 여자바둑의 저변을 넓히고 우리 여류기사가 세계 바둑을 주름잡는 데 힘이 되길 바란다.

2021년 11월 알토스 배구단에 무슨 일이 있었나

기업은행은 여자배구 인기가 높지 않던 2012년 정부 요청에 따라 배구단을 창단했다. 은행장은 배구단의 구단주다. 은행 일로 바쁜 데다 단장이 따로 있고 프런트인 사무국이 선수 관리, 코치진 접촉, 경기 지원 등 구단 운영을 맡고 있어 구단주 역할은 별로 없다. 감독 선임 등에 대해 단장 보고를 받거나 가끔 경기장에 가서 선수단을 격려하는 정도다.

2021년 생각지도 못한 일이 일어났다. 배구단의 성적 부진과 내부 불화 속에 선수가 팀을 이탈했다. 당시를 돌아보면, 10월 중순 시작된 정규시즌에서 배구단은 1라운드 6경기를 전패했고 2라운드도 부진했다. 팬들은 성적 부진 등 책임을 물어 감독과 코치 교체를 요구했는데 경기를 하다 보면 이길 때도 있고 질 때도 있는 법이라 팬들이 요구한다고 코치진을 경질할 일은 아니었다. 그러나 곧이어 드러난 감독과 선수 간의 불화와 선수 이탈은 좌시할 수 없는 문제였다.

구단은 이탈 선수와 코치에게 복귀를 요청했으나 선수는 이를 거부했다. 사무국에 진상 파악을 지시했다. 감독, 코치, 선수와 개별 면담을 통해 파악한 선수단 문제는 심각했다. 조사 결과를 토대로 수습 방안을 논의했다. 감독 교체가 불가피하며 사태를 방치한 단장도 경질해야 한다는 것이 중론이었다. 각자 지키고 싶은 명예와 억울한 사정이 있겠지만 선수단 불화와 관리 미흡에 대한 조치는 불가피했다. 내부 의견에 따라 감독과 단장을 경질하고 팬들에게 사과하는 보도자료를 냈다. 수석코치가 공석이라 감독대행은 차순위인 김사니 코치가 맡았다.

일단락된 듯한 사태는 이상한 방향으로 흘러가기 시작했다. 어떤 연유인지 모르겠지만 일부 언론과 SNS에서 고참선수와 김 코치가 감독을 몰아내려 했다는 터무니없는 이야기가 떠돌았다. 탈진실(post-truth)[178]이라는 말이 해외에서 회자된 것을 보면 가짜뉴스의 망령은 우리만의 일은 아닌가 보다. 사실에 근거하지 않은 보도와 비난이 이어졌고 동료 의식 때문인지 모르겠지만 다른 팀 감독이 감독대행과 악수를 거부하는 일까지 벌어졌다.

가짜뉴스에 대응하지 않으면 가짜가 진짜로 둔갑할 수 있다. 선불리

봉합하기보다 정공법으로 진상을 공개하는 것이 옳다고 판단했다. 대응 원칙으로 ▲진상 공개를 토대로 한 공정한 대응 ▲팬과의 건강한 소통과 근거 없는 비방으로부터 선수단 보호 ▲올바른 선수단 문화 정립 세 가지를 지시한 후 해외 출장을 떠났다.

다음 날 출장지에서 확인해보니 진상 공개가 이루어지지 않았다. 은행에 물어보니 진상 공개와 관련된 법적 리스크 검토에 시간이 걸리고 배구단 문제가 은행으로 비화할 수 있어 일단 유보했다는 것이었다. 이해되지 않았으나 출장 과정에서 진상 공개에 적당한 때를 놓쳤다.

사태 수습과 분위기 쇄신을 위해 신임 감독 선임을 서둘렀다. 실무진에서 감독 한 분을 1순위 후보로 추천했는데, 선임 과정에서 내가 요구한 조건은 단 하나, 올바른 선수단 문화를 정착시켜달라는 것이었다. 세상이 달라졌는데 선수단을 옛날식으로 운영하면 안 된다. 선수는 당연히 감독 지시를 따라야 하지만 감독도 선수를 존중해야 한다. 선수를 함부로 대하고 복종을 강요하는 후진적인 문화는 2024년 파리올림픽에서도 문제가 된 바 있다. "국가대표는 감독의 명령과 지시에 복종해야 한다"라는 일부 협회의 국가대표 지침 같은 전근대적인 사고방식은 한시바삐 버려야 한다.

올바른 선수단 문화 정립 요구에 감독 후보가 동의한 후 해당 인물을 신임 감독으로 선임했다. 사실과 원칙에 따라 무단이탈 선수와 계약을 해지했고 전임 감독은 사임 조건에 합의한 후 팀을 떠났다. 이후 재창단의 각오로 배구단 문화를 쇄신하는 조치를 취했다. 선수, 코치진, 프런트의 협력, 선수단 보호, 팬과의 건강한 소통 등을 토대로 팀 운영이 정상화되고 구단 문화가 조금씩 달라지기 시작했다.

배구단에 일어났던 일은 아프지만 값진 교훈을 남겼다. 당시에 진상 공개가 이루어지지 않아 가짜뉴스를 바로잡지 못하고 감독대행과 일부 고참선수의 가슴에 상처를 남긴 것이 회한으로 남는다. 구단 요청에 따라 어려운 상황에서 배구단을 맡았던 김 감독대행은 명예스럽지 못하게 구단을 떠났다. 한국배구와 알토스 배구단에 헌신했고 지도자로서 역량을 펼쳐야 하지만 아직 배구계로 돌아오지 못했다. 당시 고참선수들도 뿔뿔이 다른 팀으로 흩어졌다. 지금도 은행이 가지고 있을 진상 보고서가 당시에 공개되었다면 상황이 달라지지 않았을까? 2021년 11월 일어난 일은 시간 속에 묻히고 기억에서 사라져간다. 어떤 가짜뉴스의 피해는 영원히 남는다.

* * *

> 이상으로 올바른 유인구조, 사람과 시스템, 조직문화, 기업시민 역할 등 바른경영을 정착시키기 위한 혁신 사례 설명을 마무리한다. 마지막 장에서는 금융의 길에 대한 시사점을 정리하고 은행 혁신 3년의 소회로 글을 마무리한다.

20장

금융으로 만나는 새로운 세상

금융과 국가경제

금융은 중요하다

금융은 개인과 국가경제 모두에게 중요하다. 돈의 물줄기를 어디에 대느냐에 따라 기업과 산업의 흥망이 좌우된다. 일반 상품과 달리 금융은 눈에 보이지 않는 신용을 거래하기 때문에 정보 비대칭과 도덕적 해이 등으로 시장실패가 발생하기 쉽다. 시장의 불완전성을 극복하고 금융 본연의 기능이 발휘되어야 돈이 생산적인 곳으로 흐를 수 있다. 금융은 예민하고 불안정하며 문제가 생기면 파급 영향이 크기 때문에 조심스럽게 다루어야 한다. 금융문제에 대증요법으로 접근하거나 시장 원칙을 훼손하면 더 큰 비용을 초래하기 쉽다.

금융의 미래는 불확실하다. 금융시스템에서 중추적인 역할을 담당하는 은행은 디지털 변혁, 규제 환경 변화 등으로 커다란 도전을 맞고 있다. 자금중개라는 업의 본질은 변하지 않겠지만 은행 서비스가 구현되는 방식, 형태와 주체는 달라질 것이다. 디지털 변혁으로 새로운 형태의 금융서비스가 공급되면서 단순 자금중개 관행에 안주하는 은행은 도태될 것이다. 경쟁이 치열해지고 금융과 비금융의 경계가 흐릿해지는 상황에서 데이터, 플랫폼, 디지털 인프라를 활용하여 개인화된 고객 경험을 제공하는 회사라야 패권 싸움에서 살아남을 수 있다.

기술, 산업구조와 금융환경의 변혁기를 맞아 시장실패의 원인과 금융의 역할을 점검할 필요가 있다. 디지털 변혁과 기술기업의 금융업 진출은 복잡성과 잠재 위험 때문에 금융 안정성을 위협할 수 있어 대비가 필요하다. 산업의 미래가 디지털, 친환경, 융복합의 방향으로 움직이고 있다면 신기술, 저탄소, 혁신기업으로 돈이 흘러갈 수 있도록 물꼬를 터야 한다. 금융지원 방식에 있어 융자 일변도에서 벗어나 리스크와 성공 이익을 공유할 수 있는 투융자 복합방식을 늘릴 필요가 있다. 혁신창업을 지원하고 모험자본 투자가 늘어나도록 금융회사의 보수적 여신 관행과 유인 체계를 손보아야 한다. 새로운 금융기법이나 혁신적인 금융상품의 개발을 제약하는 규제와 관행을 시정하여 금융시장에 경쟁과 혁신을 불어넣어야 한다.

정부 역할과 시장규율

금융시장에서 정부의 역할은 경제발전 단계와 금융시장 상황에 따라 달라져 왔다. 정부가 적극적인 역할을 해야 할 근거가 있다는 견해와 과도한 정부 역할을 경계하는 견해가 병존한다. 상업적 민간금융과 대비되는 정책금융이 잘 작동하면 정보 비대칭성, 불완전 경쟁, 외부성으로 인한 시장실패를 보완할 수 있다. 그러나 정책금융은 개입에 따른 비효율과 민간 시장 구축(crowding out) 등 부작용 소지를 내포하고 있으며 정치적 압력에서 자유롭기 어렵다.

정부 역할이 필요하다고 판단되는 경우라도 방식의 효과성을 고려해야 한다. 정부 규제가 효과적인 분야가 있고 시장규율이 나은 경우가 있겠지만 시장규율로 문제를 해결할 수 있다면 유연성이나 효과성에서 우월하다. 정부가 직접적인 시장 개입을 지양하되 정보 제공을 확대하여 시장 불완전성을 시정하고 금융소비자를 보호하며 시스템 안정성을 확보하는 데 역량을 집중하는 것이 최근 글로벌 추세다. 국제기구에서는 정부가 신용정보 공유, 은행 간 시장경색 예방, 거래상대방 위험 해소 등 시장실패를 막기 위한 인프라 강화에 중점을 두어야 한다고 지적한다.

시장규율을 쌓기는 어렵지만 정부가 서투르게 개입하면 쉽게 망가진다. 불법 행위는 단호하게 처벌해야 하지만 베지도 않을 칼을 자꾸 빼 들면 시장은 피하는 시늉은 할지 모르나 무서워하지 않는다. 시장 개입이 필요한 경우에도 세련된 방식으로 해야 한다. 정부가 금융의 물꼬를 바꾸고 싶다면 예산, 세제 등 유인 기제나 국책은행을 활용해야 부작용이 적다.

중소기업 금융의 미래

중소기업의 활력을 높이려면 노후화, 영세화한 구조를 시정하고 생산성을 높여야 한다. 우리 경제는 주력산업이 성숙단계에 들어선 가운데 신산업 성장은 지체되고 있다. 추격형 성장전략이 한계에 다다랐으며 규제 등 다양한 이유로 경제와 산업의 혁신이 가로막혀 있다. 이제는 산업의 저변을 구성하는 중소기업이 혁신을 통해 성장동력을 창출하는 건강한 산업 생태계가 중요하다. 한국경제의 미래는 산업구조 재편과 기술혁신의 격랑 속에 어려움을 겪고 있는 중소기업이 얼마나 빨리 혁신의 옷으로 갈아입고 경쟁력을 높이는가에 달려 있다. 중소기업이 산업과 기술 흐름에 대응할 수 있도록 돕는 금융의 역할이 중요하다.

중소기업 금융은 가계나 대기업을 대상으로 하는 금융과 다르다. 재무제표 등 정보가 부족한 데다 신용도가 낮으며 정보 비대칭 문제로 모니터링 비용이 많이 든다. 중소기업의 자금 애로가 계속되는 이유에는 리스크를 심사하는 은행의 실력 부족도 있다. 여신심사 능력을 높이고 지원 수단의 실효성을 높여야 한다.

중소기업이 생겨나고 성장·소멸하는 전 단계에 은행과 기업이 상생하는 금융지원 구조를 만드는 것이 중요하다. 은행은 자금중개, 여신심사 및 리스크관리 행태를 미래지향적으로 바꾸어야 한다. 과거지향적 지표를 기반으로 하는 여신 관행을 쇄신하고 기술력과 사업성이 뛰어난 기업을 알아볼 수 있도록 신용평가와 여신심사 역량을 키워야 한다. 금융회사 정보의 공유를 확대하는 것은 정보 비대칭을 시정하는 데 도움이 된다. 모험자본 생태계가 발전하면 유망한 창업기업과 기술형 기업에 돈이 흘러갈 수 있다. 경영 컨설팅, 세무, 회계 등 비금융서비스 확대는 중소기업의 경쟁력을 높이는 데 도움이 된다. P2P 대출, 크라우드 펀딩 등 자금공급 옵션을 다양화하고 중소기업의 디지털, 친환경 전환을 지원하는 금융의 역할도 중요하다.

국책은행인 기업은행은 중소기업의 자금 애로를 완화하고 위기 때 금융안전판 역할을 해왔다. 중소기업에 대한 자금공급 성과는 긍정적이지만 대출의 경기대응성, 창업기업이나 신용도가 낮은 유망기업의 자금 접근성을 높여야 한다. 국책은행 소임을 이행하려면 내부 경영, 직원 인식과 조직문화에 대한 성찰과 변화가 필요하다.

금융으로 세상을 바꾸려면

금융의 거시적 역할

금융이 경제의 역동성, 포용성과 안정성에 기여하는지 답하기는 쉽지 않다. 성장을 촉진하는 금융의 역할에 대해서는 긍정적인 의견이 지배적이지만, 금융심화가 일정 수준을 넘어서면 민간신용보다 자본시장 중심의 발전이 성장과 혁신에 도움이 된다는 연구 결과도 있다. 은행과 자본시장이 각각의 금융수요에 부응하도록 하되 은행도 투자위험을 감수하고 이익을 공유하는 방향으로 바뀌어야 한다. 여신시스템 선진화, 투융자 복합지원, 모험자본 공급, 산업구조 고도화 지원 등이 나아갈 방향일 것이다.

금융과 분배와 관계에 관한 연구 결과를 보면, 돈이 많은 사람이나 신용도가 높은 기업이 금융 이용에 유리한 속성 때문인지 금융심화가 소득과 부의 분배를 악화시키는 경향성이 있다. 민간 금융회사에 분배개선에 중점을 두라고 강요할 수는 없겠지만 서민과 중소기업의 금융 접근성을 높이고 노후 대비 자산 형성을 지원하며 취약계층의 채무조정을 지원하는 등 포용적 역할을 강화할 필요가 있다. 이는 금융에 대한 부정적인 시각을 완화하는 데 도움이 될 것이다.

가계 및 기업부채 확대 등 금융심화는 자산가격의 급등락을 초래하고 금융위기와 불황으로 연결될 수 있다. 은행에 있어 여신은 이익 창출의 토대이지만 거시경제 안정과 위기 예방을 위해서는 과도한 증가를 경계해야 한다. 금리만으로 대출 증가를 제어하기 어려우므로 거시건전성 규제를 병행해야 한다. 우리 금융시스템은 안정성과 복원력이 양호하다고 평가되지만 많은 위험 요인이 잠재하고 있다. 금융은 조금만 주의를 놓쳐도 위기에 노출되기 쉬워 시스템 리스크 소지를 상시 점검해야 한다. 오픈뱅킹 등 금융혁신의 영향 점검, 업권별 스트레스테스트, 금융그룹의 비상시 정리 계획 마련 등 국제기구 권고를 숙고할 필요가 있다.

금융의 미시적 평가

은행산업에 유효경쟁이 작동하는지, 여수신 관행과 금리 결정이 합리적인지, 예대마진과 금융회사의 수익이 과도하진 않은지 우려가 있다. 은행산업의 경쟁도를 완전경쟁 수준으로 높이는 것이 바람직한지에 대해서는 양론이 있으나 OECD는 금융시장의 진입과 퇴출이 자유롭고 유효경쟁이 높을수록 은행시스템의 독점적 영향이 줄고 효율성이 높아진다는 연구 결과를 제시했다. '다소 집중된 시장'으로 평가되는 우리 은행산업의 유효경쟁을 촉진하기 위해 진입 제한을 푸는 방안은 바람직하다고 본다. 신규은행 인가나 특화 전문은행 도입을 추진하되 경쟁 심화의 부작용을 관리하기 위해서는 시장규율과 감독역량 강화가 수반되어야 한다.

우리나라의 대출금리, 예대마진과 은행 수익성은 국제기구 통계를 토대로 분석하면 다른 나라보다 높지 않다. 그렇다고 현 수준이 적정하다는 것은 아니며 더 낮아질 여지도 있다. 일반의 불만은 많지만 개입을 통해 금리를 인위적으로 낮추고 대출을 쉽게 하는 것이 능사는 아니다. 경쟁을 촉진하고 금리 결정의 투명성을 높여 시장 압력을 통해 조정되도록 해야 한다. 대출금리 결정구조의 합리성을 높이고 예대마진 공시를 강화하는 조치는 정보 비대칭을 완화하고 경쟁을 촉진하는 효과가 있다.

금융업 종사자의 임금은 절대 수준이 제조업 등 다른 업종보다 높다. 1인당 소득의 배율, 생산성과 비교한 임금 프리미엄 측면에서 다른 나라보다 높은 것으로 평가되나 단위노동비용이나 전산업과 비교하면 불확실성도 있다. 임금의 높고 낮음을 단정 짓기보다 고임금이 생산성을 반영했는지, 은행권 수익을 반영했는지, 시장구조와 임금 결정 방식이 합리적인지 등을 살펴야 한다.

금융으로 세상을 바꾸는 방법

우리나라 금융정책의 중점은 실물경제 상황과 금융시장 여건에 따라 시기마다 달랐다. 1980년대 이전의 개발금융, 1990년 이후의 금융자율화, 1997년 외환위기 이후 금융개혁, 2000년대 이후 크고 작은 위기 수습과 금융시스템 안정, 2010년대 이후 소프트웨어 중심 개혁과 감독행정 선진화 등 시대적 도전을 극복하며 금융제도와 시장이 발전해왔다.

금융이 달라지면 세상을 바꿀 수 있을까? 우리 금융은 제 역할을 발휘하고 있는가? 경제의 혈맥인 금융은 국가경제에 필수적인 공공재 특성이 있다. 국가혁신을 위한 핵심 기제인 금융이 미래지향적으로 운용되면 경제의 역동성이 높아지고 은행 대차대조표의 자산가치도 높아진다.

그렇다고 금융이 국가경제를 위해 희생해야 한다는 뜻은 아니다. 민간 금융회사가 혁신을 통해 스스로 경쟁력을 높이고 시장규율이 원활하게 작동해야 한다. 금융업 종사자에게 성과에 상응하는 보상이 주어져야 금융이 효율적으로 움직인다. 빵집 주인이 자기 이익을 추구한 결과로 맛있는 빵을 먹을 수 있다는 걸 우리는 시장경제 역사를 통해 체득했다. 산업정책적 동기나 정무적 고려로 금융시장을 함부로 재단하면 낭패 보기 쉽다.

금융으로 세상을 바꾸려면 금융 본연의 역할을 충실히 하는 것이 중요하다. 유효경쟁을 확보하고 시장 불완전성을 시정하여 자금중개가 효율적으로 이루어지게 해야 한다. 정보의 축적과 공유, 투자 선별, 모니터링, 리스크 중개를 통해 자금이 생산적인 곳으로 흐르게 하면 금융이 경제의 성장과 혁신을 선도할 수 있다.

금융을 통해 세상을 바꾸는 데는 영국의 빅뱅 같은 급격한 개혁이나 점진적 혁신 등 여러 방법이 있으며 각각의 효과와 부작용이 있다. 우리 금융산업은 인프라가 강화되고 다양한 금융서비스를 제공하는 등 선진화된 모습으로 변모하고 있다. 그러나 국제경쟁력, 시장규율과 내부통제, 지배구조, 검사·감독의 투명성과 예측가능성 등 고칠 부분도 많다.

변화가 필요해도 서투르게 접근하면 금융원리와 시장규율이 무너지며 피해는 고스란히 금융소비자 몫이다. 힘들게 쌓아온 제도와 관행의 근간을 훼손함이 없이 손보아야 대다수 국민에게 바람직한 방향으로 금융을 정상화할 수 있다.

은행 혁신 이야기

은행장은 대형 금융그룹의 수장이다. 업무의 정책적 범위는 공직보다 좁았으나 대형 조직의 리더로서 공직과 다른 역량이 요구되었다. 국책은행을 이끄는 한편 정보 비대칭, 시장의 불완전성을 포함하여 공직에 있는 동안 머릿속에 맴돌았던 금융 이슈를 현장에서 확인하고 바람직한 변화를 만들고 싶었다. 기업은행을 보통 은행의 범주를 넘어 훌륭한 은행으로 만들고 싶었다.

은행에서 보낸 3년은 의미 있는 여정이었다. 은행 경영을 혁신하고 글로벌 일류 은행으로 발전시키기 위해 혁신금융과 바른경영 전략을 추진했다. 은행의 인적·물적 자원이 효과적으로 활용되는지, 동기부여와 유인 체계가 갖추어졌는지, 업무 시스템과 조직문화가 선진적인지 점검하고 현장과 전문가 의견수렴, 임직원 토의를 통해 혁신과제를 발굴하고 실행에 옮겼다.

취임 직후 전 세계를 덮친 코로나는 경제와 은행에 커다란 도전이자 기회였다. 전례 없는 위기를 맞아 정부와의 소통과 협업이 중요했던 시기에 공직 경험을 토대로 정책과 시장의 가교 역할을 했다. 현장을 오가며 중소기업의 흑자도산을 막고 신용경색을 차단했다. 위기를 헤쳐나가면서 '변화와 혁신' 그리고 '원칙과 기본'의 가치를 토대로 미래를 향한 꿈을 키웠다.

변화와 혁신

은행이 설립 목적에 충실하며 중소기업과 소상공인의 자금난 완화를 위해 노력했는지, 금융산업에 긍정적 영향을 미쳤는지, 미래 경쟁력을 높였는지 등 질적 변화는 양적 성과 이상으로 중요하다. 혁신금융 전략을 토대로 중소기업의 성장과 혁신을 촉진하고 금융에 크고 작은 변화의 물꼬를 트는 한편 은행의 경쟁력을 높이기 위한 혁신과제를 실행에 옮겼다.

▲병을 고치는 의사처럼 기업별로 경영 상황을 종합 진단하고 처방을 제시하는 금융주치의 프로그램으로 중소기업을 지원하고 대출시장의 정보 비대칭을 시정했다. ▲미래 가치 기반 여신심사기법을 도입하고 혁신기업과 산업 지원, 주력산업 고도화, 혁신전환컨설팅 등 정책금융을 혁신했다. ▲아이디어와 기술력이 좋은 창업기업에 대한 모험자본 투자를 획기적으로 늘렸다. 벤처대출, 벤처 자회사 신설. 창업생태계 강화를 통해 모험자본 전문은행의 위치를 공고히 했다. ▲코로나로 피해당한 자영업자와 중소기업에 자금공급을 확대하고 신용등급 하락으로 인한 금리 부담을 줄이기 위해 금리경감 프로그램을 시행했다. ▲비금융정보, 빅데이터를 토대로 금융소외계층의 금융접근 기회를 확대하고 금융의 포용성을 높였다. ▲해외 현지법인과 거점 점포를 설립하고 국제기구, 액셀러레이터 등 글로벌 플레이어와 협업을 강화했다. ▲쉽고 빠르고 안전한 디지털 은행을 만들기 위해 디지털 전략을 수립하고 디지털생태계 확장, 개방형 혁신, 클라우드 전략, 데이터 경영을 추진하고 데이터센터를 신축했다.

원칙과 기본

내부에 허점이 있으면 은행이 제대로 역할하기 어렵다. 일하는 방식과 관행, 직원 인식, 조직문화를 바꾸고 조직에 건전한 기풍이 깃들게 해야 한다. 원칙과 기본에 충실한 바른경영을 뿌리내리기 위해 내부 경영을 혁신했다.

▲제도와 관행을 고객지향적으로 개선하고 금융소비자 보호 기반을 강화했다. ▲과거 문제를 정리하고 금융사고 제로를 위해 내부통제의 실효성을 높였다. ▲그린뱅크 전환, 지배구조 개선 등 지속가능경영을 내재화하고 기업시민 역할을 강화했다. ▲인사 반칙을 없애고 인사의 공정성을 높였으며 유리천장을 깨고 격지 직원, 장애인 채용 등 배려를 강화했다. ▲유연하고 수평적으로 조직문화를 일신하고 의전, 회의, 보고 등 일하는 방식을 혁신했다. ▲자긍심을 가지고 일하는 일터를 만들기 위해 일·가정 양립, 유연 근무와 휴가·휴직 제도, 복지증진, 일괄 전환 직원의 정원통합, 전문 준정규직 처우개선 조치를 시행했다. ▲직원 고충을 해소하기 위해 직원권익보호관을 도입하고 문제행동 고객으로부터 직원 보호를 체계화했다.

3년의 여정과 소회

총량 지표는 고객 교감의 기록

성과를 종합적으로 평가하려면 어떤 노력을 했는가 하는 투입(input)이나 산출(output) 지표보다 최종 성과(outcome)를 살펴보아야 한다. 성장성, 수익성, 건전성 등 총량 지표는 숫자로 표현된 은행 경영의 역사다. 단순한 숫자가 아니라 고객 활동의 기록이다. 금융상품과 서비스를 제공하는 과정에서 고객의 금융수요가 충족되고 경제적 후생이 높아지며 은행 수익으로도 연결된다. 경영지표 추이를 보면 임기 동안의 변화를 짐작할 수 있다.

임기동안 중소기업 대출이 200조 원을 넘고 고객 수가 1,800만 명을 넘었으며 총자산 400조 원의 글로벌 은행으로 도약했다. 수익성 측면에서 당기순이익이 2019년 1.6조 원에서 2022년 2.8조 원으로 늘어났고 자기자본이익률(ROE)이 6.6%에서 9.4%로 높아졌다. 수익으로 자본을 쌓아 자기자본이 23조 원에서 29조 원으로 늘어났고 BIS비율도 높아졌다. 신용평가모형을 고도화하고 여신관리를 강화한 결과 고정이하여신비율(1.3%→0.9%)과 연체율(0.5%→0.3%)이 낮아졌다. 대손충당금을 넉넉히 쌓았으며 영업이익경비율(CIR)도 38%에서 33%로 낮아졌다. 같은 기간 4대 시중은행의 변화와 비교하면 기업은행 성과의 의미를 가늠해볼 수 있다.

지표 개선에는 금리 국면과 풍부한 유동성에 따른 연체율 하락 등 외부 여건이 우호적이었던 까닭도 있다. 그러나 여건이 그리 좋았던 것

〈표 20-1〉 **주요 경영지표의 변화** (조 원, %)

		2019	2020	2021	2022	변화(2019~2022)	
						기업은행	시중은행
성장성	총자산	295	335	368	398	103	103
	중소기업 대출 (시장점유율)	162 22.6	186 23.1	202 22.8	219 23.0	57 0.4%p	31 0.2%p
수익성	당기순이익	1.6	1.5	2.4	2.8	1.2	0.9
	자기자본이익율	6.6	5.5	8.1	9.4	2.9%p	1.5%p
건전성	BIS자기자본비율	14.5	14.8	14.9	14.7	0.2%p	1.1%p
	고정이하여신비율	1.3	1.1	0.9	0.9	△0.4%p	△0.2%p
	연체율	0.5	0.4	0.3	0.3	△0.2%p	△0.1%p
	대손충당금 잔액	2.5	2.7	2.8	3.7	1.2	0.4
효율성	영업이익경비율	38.1	40.2	38.8	33.2	△4.9%p	△5.9%p

※ 자료: 금융통계정보시스템, 한국은행.
※ 주: 시중은행은 국민, 신한, 우리, 하나은행 평균.

만은 아니다. 코로나 위기 상황에서 부도 위험이 큰 대출이 늘어나 은행 건전성과 수지를 악화시킬 수 있었다. 그러나 수면 아래 잠복한 부실 충격을 예측해 충당금을 충분하게 쌓고 여신관리를 강화한 결과 성장성, 수익성, 건전성의 세 가지 모두 개선할 수 있었다. 중소기업과 자영업자를 지원하고 위기에 대응하면서 거둔 성과라 그만큼 의미가 있다. 개인적으로 부족한 점이 많지만 임직원이 합심하여 도와준 덕분에 가능했던 결과다.

3년의 변화와 외부 평가

혁신경영 성과가 숫자를 통해 나타나고 업무방식과 조직문화에 긍정적인 변화가 생기면서 내부적으로 혁신의 동력이 커졌다. 혁신금융을 토대로 우리 경제의 포용적 성장을 뒷받침하는 역할이 강화되었다. 금융을 통해 기업과 산업의 혁신을 지원하고 여신 포트폴리오가 미래지향적으로 바뀌고 있다. 금융주치의 역할을 하며 거래기업의 경쟁력을 높였으며 창업·벤처기업의 자금 공백을 메우고 창업생태계의 저변을 넓혔다. 디지털 시대에 걸맞도록 고객 지원, 업무 프로세스와 조직문화가 달라지고 있다.

바른경영을 통해 원칙과 기본의 가치가 은행에 뿌리내리고 있다. 완전판매 프로세스, 금융소비자 보호를 위한 내부통제 강화로 고객 이익이 업무의 최우선이 되고 있다. 취임 전 발생한 자금세탁방지 위반 문제와 사모펀드 사태를 법과 원칙의 테두리 내에서 풀어내며 잘못된 과거와도 결별했다. 지속가능경영 전략은 은행 경쟁력을 높이는 발판이 되고 있다. 금융사고와 부패가 줄어들고 인사 청탁이 사라졌으며 실력과 성과로 경쟁하는 분위기가 자리 잡고 있다. 유리천장을 걷어내며 여성관리자 비율이 OECD 수준으로 높아졌다. 업무 관행과 조직문화에도 변화의 계기가 마련되었다. 합리적으로 일하는 관행과 건전한 기풍이 정착하면 직원의 업무 부담과 불편이 줄어들 것이다. 열린 소통과 직원권익보호관 제도로 직원 고충을 줄였으며 갑질 고객으로부터 직원을 보호한 조치에 직원들이 좋아하던 기억이 난다.

임기 동안 급진적 개혁이나 대증적인 요법보다 직원 등 이해관계자의 공감대를 바탕으로 점진적인 혁신을 추구하며 의미 있는 변화를 만들려고 했다. 현장을 다녀보면 고객으로부터 은행이 달라졌다는 이야기를 종종 듣는다. 외부 평가도 좋다. 공공기관 경영평가에서 9년 만에 최고 등급(S)을 받았고 SMEFF, Global Finance 등 많은 글로벌 기관에서 중소기업 지원과 지속가능금융 분야의 상을 여러 번 받았다. 다산금융상 대상, 올해의 금융인상, 대한민국 베스트뱅커 대상을 동시 수상하는 진기록도 세웠다. 실력 있는 직원과 좋은 유인구조가 결합하면 긍정적인 변화가 나타난다.

소회

전심으로 임했다. 어처구니없는 일을 겪고 마음에 상처받은 적도 있지만 그래도 좋은 기억이 대부분이다. 영화 〈3일의 휴가〉 대사가 떠오른다. "기억이라는 게 어찌 보면 사람이 세상을 살아가는 연료 같은 겁니다. 좋은 기억이 많이 쌓이면 고급휘발유를 채운 승용차처럼 잘 달리는 거고 나쁜 기억들은 불량휘발유처럼 삶을 덜컹거리게 만들고요." 은행 3년을 돌아보거나 길 가다 지점이나 직원과 마주치면 흐뭇하고 반가운 이유는 은행에 좋은 기억이 많기 때문일 것이다.

훌륭한 은행을 만들기 위해 임직원과 함께 걸었던 변화의 길과 하나

하나의 선택은 임기 첫날로 돌아가도 달라질 것 같지는 않다. 매 순간 바르고 의연하게 임하려 했고 때로는 미움받을 용기도 내야 했다. 은행산업의 유효경쟁을 촉진하고 시장 불완전성을 보완하며 자금경색을 막고 혁신을 시도한 노력이 은행과 금융권에 좋은 변화를 촉발하는 계기가 되기를 바란다.

어려운 과정을 통해 확립한 공정과 포용의 인사, 합리적 업무 관행, 유연한 조직문화, 선진적 내부통제, 직원권익 보호 등 원칙과 기본에 충실한 경영은 은행 발전과 직원 후생 증진의 기틀이 될 것이다. 아쉬운 부분도 있다. 공공기관으로서의 경영 자율성 제약, 생산적인 노사관계 정착, 금융사고 예방, 모행과 자회사의 시너지를 높이기 위한 지주회사 전환 등의 사안은 여전히 미완이다. 앞으로 변화에 대한 공감대가 쌓여 순리대로 풀리기를 기대한다.

의미 있는 성과를 거둘 수 있도록 도와준 임직원에게 감사드린다. 정든 은행을 떠나는 날 SNS에 올린 소회처럼 훌륭한 직원과 함께 훌륭한 고객을 위해 일할 수 있었던 건 개인적으로 영광이었다. 끊임없는 혁신과 바른 마음가짐으로 한국경제에 '금융으로 만나는 새로운 세상'을 여는 훌륭한 은행으로 발전하길 소망한다.

| 글을 마치며 |

"우리 금융이 국가경제의 미래를 위해 필요한 역할을 하고 있는가?" 지식과 능력이 부족한 필자가 다루기에는 매우 버거운 큰 주제이지만 그만큼 중요하기도 한 사안이다. 우리 금융의 역할에 대한 평가는 사람에 따라 다르며 어떻게 평가할 것인지에 대한 기준과 방법론도 명확하지 않다.

우리나라 금융산업은 선진 수준으로 변모했다. 모바일뱅킹이나 가까운 영업점을 통해 언제 어디서나 송금, 여수신, 외환, 금융투자 등 업무를 쉽게 처리할 수 있다. 디지털 금융 인프라의 경쟁력이 뛰어나고 글로벌 네트워크도 꽤 강해졌다. 그러나 부족한 점도 많다. 보수적인 관행과 규제의 숲속에서 금융회사가 단순 자금중개에 치중하며 새로운 금융상품을 개발하고 리스크를 중개하는 혁신성이 잘 보이지 않는다. 비가 오면 우산을 거둬들이며 서민과 중소기업에 대한 포용성이 높지 않다. 수익을 위해 고객 이익을 경시하는 행태가 흔하고 금융사고가 빈발하는 등 정직성과 시장규율이 부족하다. 아시아 금융허브로 발돋움하려는 전략은 언젠가부터 자취를 감추었다.

금융발전에 대한 논의와 추진 동력이 약해지는 와중에서 금융을 둘러싼 불확실성은 날로 커지고 있다. 금융의 형태와 방식은 크게 달라질 것이며 지금 우리 주변에 있는 금융회사는 머지않은 장래에 모습을 감출지도 모른다. 기술혁신과 산업구조 재편, 인구구조 변화 등 메가트렌드에 따른 도전과 불확실성 속에서 금융의 길을 찾으려면 혁신성과 포용성, 정직성, 국제경쟁력 등 문제점에 대한 우려와 비판을 겸허히 받아들이고 국가경제의 금융수요에 부응해야 한다.

이 책을 통해 우리 금융의 지평을 조감하고 세상을 바꾸기 위한 금융의 역할을 모색했다. 개개 금융회사가 자금 수급을 효율적으로 중개하는 가운데 거시적으로 경제의 역동성과 포용성을 높이고 시스템 안정성을 확보할 필요성을 강조했다. 시장의 불완전성을 보완하고 자금흐름과 금융지원 방식을 미래지향적으로 바꾼 기업은행의 혁신 사례를 소개했다. 유인구조와 업무 관행을 고객 위주로 바꾸고 지속가능경영을 내재화하며 인사와 조직문화를 혁신한 크고 작은 시도 또한 의미 있는 작업이었다.

은행 경험을 통해 본 금융 현장은 교과서와 다른 부분이 많았고 혁신의 실행이 쉬운 일은 아니었다. 기존의 금융방식과 업무 행태는 우리 사회의 법규범과 조직문화, 이해관계자와의 상호작용을 바탕으로 오랜 기간 형성된 결과다. 진취적인 혁신 시도는 불투명한 규제, 결과 중심의 문책, 보수적인 문화 등 다양한 이유로 가로막혔을 것이다. 주인-대리인 문제나 유인구조의 미비로 제도나 기관이 의도한 바와 다르게 운영되는 경우가 많다. 좋은 게 좋다는 식으로 넘어가려는 세태나 금융원리에 부합하지 않는 과도한 요구도 흔하다. 그러나 현실에 안주하거나 변화를 두려워하면 발전을 기대하기 어렵다.

금융의 길에 대한 인식을 토대로 불합리한 제도와 관행을 손보고 금융시장에 경쟁과 혁신이 흐르도록 해야 한다. 금융혁신을 지휘하는 당국부터 규제·감독의 투명성과 예측가능성을 높일 필요가 있다. 진입규제를 더 풀고 새로운 금융기법의 도입이나 금융상품의 개발이 활발하게 이루어지는 여건을 만들어야 한다. 충격에 취약한 금융의 특성상 혁신 과정에서 금융시스템 안정성과 금융소비자 보호를 저해하지 않도록 각별히 유의할 필요가 있다.

책에서 다루지 못한 부분이 많다. 금융에 대한 종합적인 시각을 가지려면 자본시장 등 비은행 분야에 대한 논의가 필요하다. 특히, 자본시장은 금융시장에서 차지하는 비중이 클 뿐 아니라 리스크를 중개하고 혁신을 촉진하며 고령화에 따른 다양한 금융수요에 부응하는 기능이 뛰어나다. 국가경제의 미래를 위해 은행과 자본시장을 포함한 금융시스템 전반을 어떻게 발전시켜 나갈 것인지에 대한 깊이 있는 논의가 필요하다.

독서는 앉아서 하는 여행이라던데 금융의 미래와 은행 혁신의 여정이 독자들에게 즐겁고 유익했기를 바란다. 오랜 기간 정책과 현장에서 금융을 다루었으나 금융에 대한 이해는 여전히 많이 부족하다. 금융에 대한 인식이나 서술에 있어 잘못된 부분이 있다면 이는 전적으로 필자의 탓이다. 독자의 이해와 질정을 바란다.

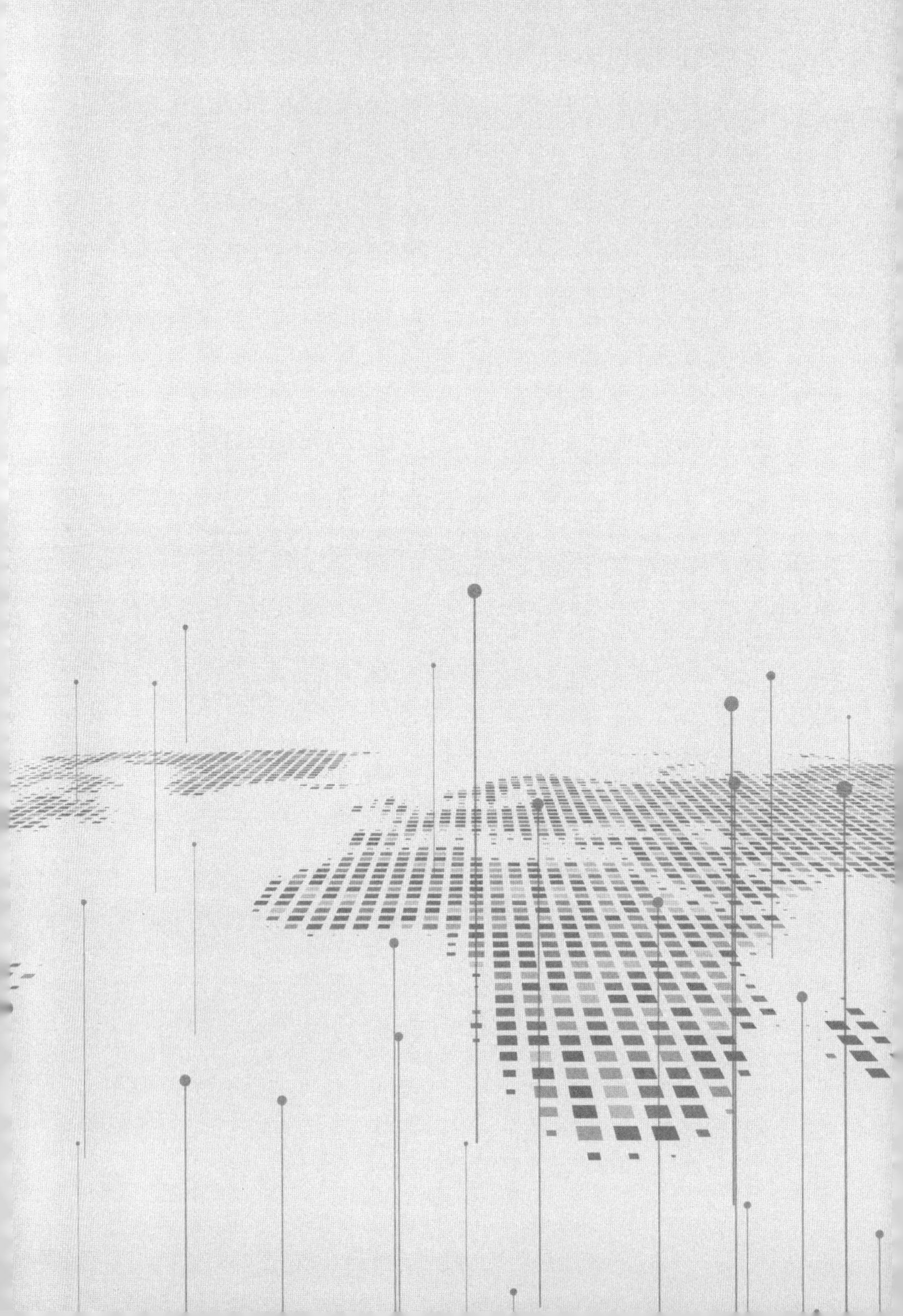

| 주 |

1 김종창, 《Great Bank: 전 기업은행장 김종창의 기분 좋은 변화 경영 이야기》 (서울: 매일경제신문사, 2006)., 윤용로, 《리더의 자리》 (서울: 티핑포인트, 2015)., 조준희, 《송해를 품다: 간절함이 세상을 바꾼다》 (서울: 씨앤북스, 2015).

2 중소기업은행법 제1조(목적)는 "중소기업은행을 설치하여 중소기업자에 대한 효율적인 신용제도를 확립함으로써 중소기업자의 자주적인 경제활동을 원활하게 하고 경제적 지위의 향상을 도모함을 목적으로 한다"라고 규정한다.

3 시중은행은 견제와 균형 차원에서 사외이사가 이사회 의장(chairman)을 맡는다. 은행장이 이사회 의장을 맡지 않기에 통상 President & CEO로 표기한다.

4 은행법 제2조에 따르면 은행업은 "예금을 받거나 유가증권 또는 그 밖의 채무증서를 발행하여 불특정 다수인으로부터 채무를 부담함으로써 조달한 자금을 대출하는 것을 업으로 하는 것"을 말한다.

5 이건호, 《이건호의 뱅크엑스》 (서울: 지식공작소, 2017).

6 김영식, "전통적 금융중개의 필수적 역할과 P2P금융에 대한 소고," 〈여신금융연구〉 58 (2019): 4-6.

7 "The future of banking," *The Economist*, May 8, 2021, Special Report.

8 최유삼, 〈교차점: AI & 금융산업, 디지털 전환과 금융중개 기능의 혁신〉, 코리아

핀테크 위크 기조 발제, 2024.

9 미국과 EU는 다각화된 핀테크 중심으로 은행업에 진출하고 있으며 중국 등 아시아는 빅테크가 활발하다. 우리나라도 카카오 등 인터넷 은행이 약진하는 가운데 금융회사가 플랫폼화를 추진하고 있다.

10 Bank for International Settlements, "Gatekeeping the gatekeepers: when big techs and fintechs own banks–benefits, risks and policy options," 2022.

11 오픈뱅킹은 다른 회사가 오픈 API를 통해 금융회사의 데이터에 접근할 수 있도록 허용하는 서비스 추세를 뜻한다. 데이터 공유를 위해 EU는 2018년 지급결제 지침을 개정했으며 국내에서도 2016년부터 은행권 공동 플랫폼을 오픈 API 형태로 제공하고 있다.

12 고난도 금융상품은 투자자가 이해하기 어려운 상품 중 원금손실 가능성이 20%를 초과하는 상품이다. 정부는 은행의 고난도 사모펀드와 신탁 상품 판매를 제한하고 고난도 공모펀드 금융상품을 판매할 때 녹취 및 숙려를 확대했다.

13 Basel Committee on Banking Supervision, "Sound Practices: Implications of fintech developments for banks and bank supervisors," August 2017.

14 김윤주(Boston Consulting Group, BCG, 보스턴컨설팅그룹)는 〈금융플랫폼경쟁: 아직 반환점을 돌지 않았다〉(2022 서경금융전략포럼 강연)에서 JP모건이나 골드만삭스처럼 디지털 혁신이 가능한 스케일과 스피드를 모두 갖춘 하이퍼스케일러(Hyperscaler) 또는 Sofi, 페이팔처럼 디지털 트래픽에 스케일과 수익성을 갖춘 디지털 네이티브(Digital Native)가 강점을 가질 것으로 전망했다.

15 다나카 미치아키, 《아마존 뱅크가 온다》, 류두진 옮김 (서울: 21세기북스, 2020).

16 Capgemini, *Commercial Banking Top Trends*, 2020–2024.

17 심수연, "유럽 챌린저 은행의 성장 및 시사점," 〈자본시장포커스〉 2022-20호 (2022. 10. 11).

18 윌리엄 N. 괴츠만, 《금융의 역사》 (서울: 지식의날개, 2019).

19 근대적 의미의 은행업이 발전한 시기는 15세기 이후이며 증권거래소도 1610년에 이르러서 설립되었다.

20 Ross Levine, "Finance and Growth: Theory and Evidence," NBER Working Paper No. 10766, 2004.

21 Joseph E. Stiglitz and Andrew Weiss, "Credit Rationing in Markets with Imperfect Information," *The American Economic Review* 71, no. 3 (1981): 393–410. 이 논문은 불완전 정보로 야기된 신용할당과 자금 수급 불균형(financing gap) 문제를 시정하기 위한 정부 개입의 근거로 사용되기도 한다.

22 Katsiaryna Svirydzenka, "Introducing a New Broad-based Index of Financial Development," IMF Working Paper No. 16/5, 2016.

23 이 외에도 금융중개가 효율적인지, 지배구조가 합리적인지 등 중요한 질문이 있을 것이다. 이에 대해서는 추가 연구가 필요하다.

24 Alexander A. Popov, "Evidence on finance and economic growth," ECB Working

Paper No. 2115, 2017.

25 김준석·권민경, 〈한국 자본시장의 위험-수익 관계〉, 자본시장연구원 개원 20주년 콘퍼런스 발표자료, 2017.

26 OECD, "Finance and Inclusive Growth," OECD Economic Policy Papers No. 14, 2015.

27 Martin Cihak and Ratna Sahay, "Finance and Inequality," IMF Staff Discussion Note, 2020.

28 James D. G. Wood, "Can Household Debt Influence Income Inequality? Evidence from Britain," *The British Journal of Politics and International Relations* 22, no. 1 (2020): 42-58.

29 유경원·김민수, 〈부의 양극화 현상과 금융안정 간 상호 영향에 관한 연구〉, 2023. 6.

30 Jonathan D. Ostry et al., 《Confronting Inequality》 (New York: Columbia University Press, 2019).

31 윤종원, "금융이 부의 집중을 심화시켰나," 〈한국경제신문〉, 2017. 8. 14.

32 아데어 터너, 《부채의 늪과 악마의 유혹 사이에서》, 우리금융경영연구소 옮김 (서울: 해남, 2017).

33 기획재정부, 〈거시경제안정보고서〉, 2009-2011. 당시 국회 재경위에서 거시경제 상황 점검을 체계화할 것을 주문했고 당시 기획재정부장관이 동의하며 보고서 작성이 공식화되었다.

34 International Monetary Fund, "Republic of Korea: Staff Report for The 2022 Article IV Consultation," March 3, 2022., International Monetary Fund, "Republic of Korea: Financial Sector Assessment Program," March 10, 2022., OECD, "Economic Surveys: Korea," September 2022.

35 International Monetary Fund, "Financial System Stability Assessment, Korea," April 2020.

36 World Bank, "Rethinking the Role of the State in Finance," Global Financial Development Report, 2013. p10.

37 금융산업경쟁도평가위원회, 〈은행업 경쟁도 평가결과 보고서〉, 2022. 11. 한 은행의 시장점유율(CR1)이 50%를 넘거나 상위 3개 은행의 시장점유율(CR3)이 75%를 넘으면 공정거래법에 따라 시장 지배적 사업자로 추정된다. HHI는 1,000 이하는 집중되지 않은 시장, 1,000~1,800 사이는 다소 집중된 시장, 1,800 이상은 매우 집중된 시장으로 평가된다.

38 Christian Daude and Julien Pascal, "Efficiency and Contestability in Emerging Market Banking Systems," OECD, 2017.

39 이수진·권흥진·이병윤, 〈인터넷전문은행 도입 성과 평가 및 시사점〉, 한국금융연구원 이슈리포트, 2024. 9. 러너지수는 은행이 비용을 최소화하는 경영을 한다는 가정 아래 한계비용 이상으로 가격을 책정할 수 있는지를 측정하는 지표다.

값이 클수록 시장지배력이 큰 것으로 해석된다.

40 금융위원회·금융감독원, 〈은행권 경영·영업 관행·제도 개선방안〉, 2023. 7.

41 은행법 제8조(은행업의 인가 2항은 "은행업을 경영하기에 충분한 인력, 영업시설, 전산체계 및 그 밖의 물적 설비를 갖출 것"이라는 요건을 규정하고 있다.

42 이대기, "해외 주요국 은행의 대출금리 결정체계와 시사점," 〈금융포커스〉 28권 14호 (2019. 7).

43 금융위원회 등, 〈합리적이고 투명한 은행권 대출금리 산정을 위한 개선방안〉, 2019. 1.

44 금융위원회·금융감독원, 〈금융소비자 권익 보호를 위한 금리정보 공시제도 개선방안〉, 2022. 7., 금융위원회, 〈은행권 예대금리차 공시확대방안〉, 보도참고자료, 2023. 3., 은행연합회, 〈대출금리 체계의 합리성 제고를 위한 모범규준〉, 제정 2012. 11. 최종 개정 2022. 10. 18.

45 Thomas S. Y. Ho and Anthony Saunders, "The Determinants of Bank Interest Margins: Theory and Empirical Evidence," 〈Journal of Financial and Quantitative Analysis〉 16, no. 4 (1981): 581-600.

46 노유철·정서림, "우리나라 은행의 예대금리차 변동요인 분석," 〈경제학연구〉 제71집 제2호 (2023. 3).

47 금융위원회·금융감독원, 〈금융소비자 권익 보호를 위한 금리정보 공시제도 개선방안〉, 2022. 7, p3.

48 신호경·한지훈·민선희, "4대 은행 평균 연봉 1.2억 원 육박," 〈연합뉴스〉, 2024. 3. 19.

49 제조업 대비 금융업의 생산성 프리미엄이 상대적으로 낮은 이유는 우리나라 제조업의 생산성이 다른 나라보다 높기 때문이기도 하다. 우리나라 제조업의 생산성은 OECD 35개국 중 6위이며 금융업은 16위로 중간 수준이다.

50 생산성 차이를 고려한 단위노동비용(노동비용/산출량)은 금융업이 0.44로 제조업(0.47)과 비슷한 수준이다.

51 정운찬, 《한국경제, 동반성장, 자본주의 정신》 (서울: 파람북, 2021). 《국부론》에 나오는 이기심 또는 자기 이익(self-interest)은 이기주의(selfishness)와 구분되는 개념이다.

52 이정두, 〈금융산업의 자율규제 현황과 개선방안〉, 금융연구원 세미나 발표자료, 2023. 9.

53 정책금융연구회, 〈정책금융의 현황과 발전과제〉, 2018.

54 개발 금융기관에는 신용보증기금, 기술신용보증기금, 지역신용보증기금, 무역보험공사, 주택금융공사, 중소기업진흥공단이 있다. 농협과 수협은 정부 소유가 아니라서 특수은행이 더 적절한 명칭이다.

55 Jose de Luna-Martinez and Carlos Leonardo Vicente, "Global Survey of Development Banks," World Bank Policy Research Working Paper No. 5969, 2012.

56 United Nations, "The Raison d'etre of State-owned Development Banks and Recommendations for Successful Development Banking," 2015.

57 윤종원·성병희·최정훈, "국책은행의 여신행태는 민간은행과 다른가?," 〈한국경제포럼〉 제16권 제2호(2023. 7. 31). 국민건강보험공단이 직영 병원 운영을 통해 확보한 비용정보를 의료수가 산정에 활용하거나 한국토지주택공사가 공공주택 건설사업을 통해 주택분양가 정보를 확보하고 경쟁을 촉진하는 것과 같은 맥락이다.

58 World Bank, "Rethinking the Role of State in Finance," Global Financial Development Report, 2013.

59 경기가 나쁠 때 대출을 늘리면 '경기대응적', 대출을 줄이면 '경기순응적'이라고 표현한다.

60 부상돈·이병록, "금융의 경기순응성 측정 및 국제 비교," 〈BOK 경제리뷰〉, 한국은행, 2012. 11.

61 윤종원·성병희·최정훈, "국책은행의 여신행태는 민간은행과 다른가?," 〈한국경제포럼〉 제16권 제2호, 2023. 7. 31.

62 Niazi et al., "Public Lending Schemes for SMEs in Asia and the Pacific: Lessons from the Republic of Korea and the United States," ADB Briefs No. 201, December 2021.

63 벤처기업육성에 관한 특별조치법에 따르면 벤처투자형은 적격기관에서 유치한 투자금 5천만 원 이상(자본금 대비 10% 이상), 연구개발형은 연구소 보유 및 연구개발비 5천만 원 이상(매출액 대비 5% 이상), 혁신성장형은 기술의 혁신 성과 사업의 성장성을 평가받은 기업으로 정의된다.

64 OECD, *Compendium of Productivity Indicators 2021*, June 2021.

65 OECD, "Small, Medium, Strong. Trends in SME Performance and Business Conditions," May 2017.

66 빅 푸시(Big Push) 이론이 제시하듯이 한정된 재원이 분산되면 투자가 임계치(threshold)를 넘기 어려울 수 있어 산업과 업종의 유망성에 관한 판단과 선별 지원이 필요할 수 있다.

67 서울대학교 공과대학,《축적의 시간》(서울: 지식노마드, 2015)., 이정동,《축적의 길》(서울: 지식노마드, 2017).

68 전문인력에 대한 산업계 수요가 강하고 가려고 하는 학생도 많으나 대학 정원 조정은 규제, 이익집단 반대 등으로 막혀 있다. 2019년에도 청와대가 나선 후 계약학과 등 방편을 통해 소규모로 정원을 늘릴 수 있었다. 교육과 노동시장 문제를 풀지 않으면 미래 전문인력 확보는 가능하지 않다.

69 OECD, "Financing SMEs and Entrepreneurs 2020: An OECD Scoreboard," 2020.

70 매년 4,500개 중소기업을 대상으로 설문조사를 실시하며 10월경 금융위원회와 국회에 보고한다.

71 OECD, "Financing SMEs and Entrepreneurs 2024: An OECD Scoreboard,"

March 2024.

72 기업은행 본점이 있는 을지로2가는 조선시대에 가난한 백성을 치료해 주던 혜민서가 있던 곳이다. 치유와 포용의 정신이 깃든 혜민서 터에 중소기업을 지원하는 은행이 자리 잡은 것은 의미가 있다.

73 1948년 제헌헌법에는 중소기업 육성·보호 조항이 없었다. 1962년 개헌에서 중소기업자의 자조를 기반으로 하는 협동조합 육성에 대한 국가 책무를 헌법(제115조)에 명시했다. 1980년과 1987년 개헌에서 현재 문구로 수정되었다.

74 거래기업의 연이은 부도로 기업은행도 자본금 감자(減資)와 인력 조정이 불가피했다. 1998년에만 2,579명(직원의 28%)이 은행을 떠났고 국내외 점포와 자회사는 통폐합되었다.

75 일반주주 이익을 보호하기 위해 출연 방식의 지원을 요청했으나 어렵다는 답변이 돌아왔다. 대신 배당을 결정할 때 대주주인 정부에게 일반주주보다 낮은 배당률을 적용하여 손해보전에 도움이 되었다.

76 김진·채호형·김승철, 〈코리아 디스카운트 해소를 위한 Value Up 사례〉, PWC, 2024. 10.

77 김준석·강소현, 〈코리아 디스카운트 원인 분석〉, 자본시장연구원 이슈보고서, 2023. 5.

78 생산성을 분석할 때 이익지표로 충당금 적립전 이익(충전이익)을 사용하기도 하지만 대손충당금은 비용의 한 부분이므로 충전이익보다 당기순이익을 사용하는 것이 합리적이다.

79 제조업 대출이 많은 이유는 시설자금 대출이 담보가 있고 수익성이 좋으며 근로자 수가 많아 고객 기반을 넓히는 데도 유리하기 때문이다.

80 의약, 반도체, 컴퓨터, 정밀기기, 가전, 전지 등 9개 업종이 고위기술군, 석유화학, 정밀화학, 전자기기, 기계, 수송장비 등 9개 업종이 중고위기술, 석유정제, 고무, 플라스틱, 금속, 철강, 조선 등 12개 업종이 중저위기술, 음식료, 의류, 인쇄, 가구 등 10개 업종이 저위기술군에 속한다.

81 DJSI(Dow Jones Sustainability Indices)는 S&P 글로벌이 기업의 ESG 성과를 종합 평가하여 발표하는 지수다.

82 당시 행정자치부는 국장급 이상으로 승진하려면 고위직에 걸맞은 역량을 갖추어야 한다는 인식하에 중앙공무원교육원에 훈련 과정을 개설하고 심사를 통과한 후보자에게 고위공무원 승진을 허용했다. 승진을 앞두고 제도가 신설되어 번거롭기도 했으나 훈련 내용이 좋다고 생각했던 기억이 있다.

83 중앙공무원교육원, 제1기 고위공무원단 후보자과정 역량 기초과정, 2006.

84 버트 나누스, 《리더는 비전을 이렇게 만든다》, 박종백 옮김 (서울: 21세기북스, 1994).

85 《아마존 뱅크가 온다》.

86 "ESG금융-트리오도스 은행의 사례," 〈EBN산업경제〉, 2021. 11. 25. 트리오도스는 그리스어로 3을 뜻하는 Tri와 길을 뜻하는 Hodos가 합쳐진 용어로 세 개의

길을 의미한다.

87 브랜드 체계는 과거에 소통 전략의 하나로만 인식되었으나 기업문화와 고객 경험까지 포괄하는 방향으로 중요성이 커지고 있다. 브랜드 이미지나 슬로건은 사람들 마음에 각인될 수 있어야 한다. 다른 금융그룹은 '국민의 평생 금융파트너', '내일의 가치를 만드는 금융', '미래를 함께하는 금융'과 같은 슬로건을 계열사와 공유하며 브랜드의 일관성을 유지하고 있다.

88 미국 NASA가 위기관리 차원에서 사용하는 용어로 럼스펠드 미 국방장관이 2002년 이라크 사안을 브리핑할 때 'unknown unknowns' 대응이 가장 어렵다고 언급한 바 있다.

89 유튜브 영상 참조: https://www.youtube.com/watch?v=TwTYbpt8aPY

90 Kenneth Kang, "A Post-Coronavirus Recovery in Asia – Extending a "Whatever it Takes" Lifeline to Small Businesses," IMF Blog, April 23, 2020.

91 정당(政黨)활동에서도 종종 견지망월의 교훈이 떠오른다. 정치적 뜻을 함께하는 결사체인 정당은 정권 획득을 목표로 한다. 정당법에 규정된 것처럼 정당은 '국민의 이익을 위해' 일하는 조직이다. 국민 이익이 아니라 당리당략과 정권 획득만을 위해 운영되는 정당은 결국 국민 지지를 잃는다.

92 한국금융연구원, 〈2020년 은행산업 전망과 과제〉, 2020. 2.

93 김우진·이대기, 〈국내은행의 영업점 성과평가 방향성에 관한 연구-KPI 개선을 중심으로〉, KIF 금융리포트, 2018. 2.

94 "비예금 상품을 구매한 고객수익률 등 고객만족도와 관련된 지표를 KPI에 반영하여야 한다"라는 은행권의 내부통제 모범규준도 2020년 제정되었다. 은행연합회, 〈은행 비예금상품 내부통제 모범규준〉 제20조④, 2020. 9.

95 조달원가 산정에 요구불예금 등을 포함하는 방안도 검토했으나 장단점이 있어 추진하지 못했다. 자금의 변동성이 커서 대출금리의 안정성을 해칠 수 있기 때문이며 수익에도 영향을 준다. 요구불예금을 포함하면 시장금리가 상승할 때 대출금리 상승폭이 줄어들지만 하락할 때는 반대로 작용한다.

96 자본비용은 위기 등 대규모 경기침체 때 발생할 수 있는 예상치 못한 손실에 대비하여 은행이 보유해야 하는 필요 자본의 기회비용이다.

97 2015년에 사모펀드 최소 투자금액을 5억 원에서 1억 원으로 낮추고 운용사 신고만으로 사모펀드를 운용할 수 있도록 규제를 완화했다. 자산운용사의 펀드 운용 보고의무 면제 등 감시규제까지 완화해야 했는지는 의문이다.

98 금소법에는 징벌적 과징금만 포함되고 징벌적 손해배상이나 제재 수단은 빠져 있다. 징벌적 과징금은 위반행위 관련 수입의 50%까지 부과되나 징벌적 손해배상은 손해액의 3배까지 부과할 수 있다.

99 동의명령제도는 미국, EU 등에서 활용되고 있는데 통상 형사고발이 필요한 사건을 제외한 감독당국의 모든 제재행위를 대상으로 한다. 우리나라는 공정거래 영역에서 도입되었으나 활용이 제한적이다.

100 이상제, 〈금융소비자 보호와 동의명령제도〉, KIF연구보고서, 2024. 1.

101 임진, 〈차입제약이 기업의 혁신활동에 미치는 영향 분석〉, 금융연구원, 2023. 12.

102 은행의 위임전결 규정은 심사 협의체를 대출 금액에 따라 정하고 있다. 여신위원회는 전무이사, 선임 심사협의회는 여신그룹 부행장, 정밀 심사협의회는 여신심사 본부장이 위원장을 맡는다.

103 DTI와 DSR은 부채(D)와 소득(I)의 포괄범위에 차이가 있다. DTI는 주택담보대출에 적용되는 규제 비율로 모든 주택담보대출의 원리금과 기타 대출 이자의 합계를 연간소득으로 나누어 산정한다. DSR은 모든 대출의 원리금 상환액을 연간소득으로 나누어 산정한다.

104 자동심사시스템은 건전성 심사, 한도 심사, 특례 적용의 3단계로 여신 여부와 조건을 심사한다. 3단계를 통과한 여신은 자동 승인되며 건전성이 미흡하거나 한도를 초과한 여신은 본부에서 심사한다.

105 혁신 분야 선정을 위해 정부와 정책금융기관이 마련한 '혁신성장 공동기준'이 있었으나 현실 적용에 한계가 있어 한국자동차연구원 등과 협업하며 분류와 검증 작업을 새로 했다.

106 제조업 르네상스 전략에 담긴 주력산업 정책 방향은 ▲반도체, 이차전지 분야는 대규모 투자와 차세대 기술 선점을 토대로 초격차를 만들고 ▲자동차, 조선 산업은 수소차, 자율운항 선박 등 친환경, 스마트화를 추진하며 ▲섬유, 의류, 가전은 지능형 가전 등 스마트 산업으로 탈바꿈한다는 내용이다.

107 체인지업은 부실징후기업에 대해 금융채권자와 공동 또는 기업은행 단독으로 구조조정을 추진하는 방식이며, 신속 금융지원은 일시적 유동성 부족을 겪는 기업을 대상으로 은행권과 신보·기보가 공동으로 추진하는 지원 방식이다. 사전 패스트트랙은 일시적 유동성 부족을 겪는 기업에 대해 기업은행이 단독으로 지원하는 구조조정 프로그램이다.

108 IBK기업은행·한국경제매거진, 《지금부터 준비하는 기업승계의 모든 것》, 2023. 8.

109 한국모태펀드는 민간 지원 기능 분야의 투자 지원을 위해 설립되었다. 운영사인 한국벤처투자(주)는 2023년 말 기준 40.4조 원, 1,216개의 출자펀드를 결성하고 9,914개 기업에 투자하고 있다.

110 성장사다리펀드는 정책금융기관과 민간 출자로 조성되었고 한국성장금융(주)이 운용사다. 2020년 기준 8.7조 원, 103개 출자펀드를 결성했으며 1,789개 기업에 7조 원(회사당 평균 39억 원)을 투자했다.

111 위험가중치는 국채 0%, 주택담보대출 50%, 회사채는 100%인데 투자는 상장주식 250%, 비상장주식 400%다.

112 SAFE는 창업 초기기업에 우선 투자하면 후속 투자의 가치 결정에 따라 선투자의 지분율이 결정되는 제도다. 미국은 초기기업 투자의 30% 정도가 SAFE 방식으로 이루어진다고 한다.

113 코로나로 힘들었던 2020년, 스타트업의 성공을 채근하지 않고 옆에서 믿고 도와주는 은행의 조력자 역할을 부각하며 은행의 광고 소재로 삼기도 했다.

114 중소벤처기업부·금융위원회, 〈혁신 벤처·스타트업 자금 지원 및 경쟁력 강화 방안〉, 2023. 4. 20.

115 2023년 6월 벤처투자 촉진에 관한 법률에 투자 조건부 융자 조항이 신설되었다.

116 노희준, "벤처대출 807억, 돈가뭄 스타트업 85개에 '단비' 내렸다," 〈이데일리〉, 2024. 4. 22.

117 〈2020년 은행산업 전망과 과제〉.

118 OECD, "Multi-dimensional Review of Myanmar, Volume 3. From Analysis to Action," 2016.

119 신한은행과 우리은행이 현지법인 형태로 51개 및 23개 점포를 가지고 있으며 하나은행은 현지 은행에 지분투자 방식으로 진출했다. 기업은행 등 9개 은행이 지점 또는 사무소 형태로 진출해 있다.

120 윤상기, 《이제는 필수과목 베트남》 (서울: 법문사, 2024).

121 'Vietnam's SME and Financial Sector and IBK's Roles' 제목의 자료에 ▲베트남 경제발전과 중소기업의 중요성 ▲베트남 중소기업 상황과 금융수요 ▲한국경제 발전과 국책은행의 역할 ▲베트남 중소기업 생태계 조성과 금융발전 필요성 ▲기업은행의 기여 방안 등 내용을 담았다.

122 "A Sound Investment: Financing the Green Transition of Small and Medium-sized Enterprises," OECD COGITO, April 25, 2022.

123 2010년 G20 서울 정상회의에서 포용금융을 위한 글로벌 플랫폼(Global Platform for Financial Inclusion) 설립에 합의했는데, 플랫폼 이행기관 중 하나로 SMEFF가 2012년 출범했다.

124 OECD, Going Digital Project (https://www.oecd.org/digital/going-digital-project/)

125 국제금융센터, 〈글로벌 은행산업 Case Study: JPMorgan Chase〉, 2022. 5. 6.

126 김형택·이승준, 《그들은 어떻게 디지털 트랜스포메이션에 성공했나》 (서울: 윌컴퍼니, 2021).

127 처음에는 '쉽고 빠르고 편리한'이라는 표현을 썼는데 쉽고 빠르다는 것이 편리한 것과 의미 중복이 있고 또 피싱, 해킹 등 디지털 범죄가 늘어나는 상황에서 고객 자산을 안전하게 지킨다는 뜻을 담을 필요가 있어 수정했다.

128 마이데이터사업 희망자는 사업허가를 받아야 하는데 개인자산관리 서비스를 제공하던 사업자가 아니라는 이유로 심사 대상에서 빠졌으나 2차 심사에서 사업허가를 받았다.

129 API는 서로 다른 시스템 간에 주고받는 메시지 양식, 전송규칙을 표준화한 것인데 오픈 API는 외부 제3자의 접근을 허용한다. 비표준화 방식은 데이터 교환에 대해 기관마다 협의하고 별도 회선을 설치하고 보안 시스템을 구축해야 해서 시간과 비용이 많이 든다.

130 이강태, 《경영을 살리는 IT, IT를 살리는 경영》 (서울: KMAC, 2015).

131 클라우드는 프라이빗(private), 퍼블릭(public), 하이브리드(hybrid) 방식으로 나

눌 수 있다. 프라이빗 클라우드는 보안에 우수하고 조직에 맞추어 설계할 수 있는 장점이 있으나 비용이 많이 든다. 퍼블릭 클라우드는 불특정 다수 사용자에게 서비스를 제공하므로 쉽게 확장·축소할 수 있지만 보안에 취약하다.

132 계정계는 입출금 등 고객거래 처리시스템이며 정보계는 거래 기록을 토대로 한 분석, 성과 측정 등 업무시스템이다.

133 RBC(Responsible Business Conduct)는 다국적기업의 사회적 책임을 규율하는 다국적기업가이드라인에 근거한다. 다국적기업의 활동이 근로자, 인권, 환경 등 경제사회에 미치는 부정적 영향을 줄이고 지속가능발전에 대한 기여를 높이기 위해 각국 정부가 채택한 권고사항이다.

134 가습기 살균제와 불산 가스 사고가 발생하자 화학물질 관리를 위한 규제가 강화되었다. 사업장 인명사고를 막기 위한 중대재해처벌법도 제정되었다. 안전을 위한 제도적 장치는 반드시 필요하지만 자발적인 ESG 노력과 관행이 선행되고 사고 위험이 낮았더라면 법적 강제의 필요성은 줄었을 것이다.

135 "ESG의 부상, 기업은 무엇을 준비해야 하는가?," 〈삼정KPMG Insight〉 vol. 74, 2021.

136 마케팅 조사기관 LACP가 주관하는 국제디자인 어워즈에서 대상을 받았다. 전 세계 1,000여 개 기업을 대상으로 지속가능경영보고서, 연차보고서 등을 평가해 시상한다.

137 국내외 기관의 ESG 평가 방식과 비용은 기관마다 다르다. 국내 평가는 기업 의도와 관계없이 평가 기관이 자체 평가하고 결과를 공표하며 비용은 무료다. CDP, DJSI 등 해외 평가는 ESG지수 편입을 희망하는 기업의 자발적 참여 방식으로 진행되며 통상 비용이 수반된다.

138 Intergovernmental Panel on Climate Change, "Climate Change 2021, Summary for Policymakers," 2021. 8.

139 International Monetary Fund, "Fiscal Monitor, Climate Crossroads: Fiscal Policies in a Warming World," 2023. 10.

140 윤종원, "A Sound Investment: Financing the Green Transition of SMEs," Global Green Hub Korea, 2022. 9. 20.

141 금융위원회, 〈기후위기 대응을 위한 금융지원 확대 방안〉, 2024. 3.

142 은행연합회 등, 〈금융권 녹색금융 핸드북〉, 2022. 3. 31.

143 이병윤·임진, 〈탄소중립을 위한 금융의 역할 강화방안〉, 탄소중립녹색성장위원회·금융연구원 세미나, 2024. 7. OECD는 그린뱅크를 "기후변화 및 청정에너지 분야의 금융을 전담하는 공공 또는 준공공 금융기관"으로 정의한다.

144 온실가스 배출량은 직접배출(Scope 1), 간접배출(Scope 2), 기타 간접배출(Scope 3)로 구분 산정하는데 Scope 3은 은행이 대출하거나 투자한 기업의 배출량까지 포함한다.

145 관계부처 합동, 〈K-ESG 가이드라인 v1.0〉, 2021. 12.

146 1973년 이전에는 이사회가 없었으며 운영위원회가 의결기구 기능을 수행했다.

1973년 법 개정을 통해 이사회가 신설되었으나 1997년 은행이 정부출자기관으로 바뀌며 은행 내부 임원으로 구성되는 이사회로 전환되었다. 2000년에 이르러 이사회가 지금의 모습을 갖추게 되었다.

147 사외이사는 은행장 제청으로 금융위원회가 임면한다. 후보추천위원회를 구성하여 사외이사를 선임하고 소수주주 추천권을 명시하고 있는 민간은행과는 절차가 다르다. 이사회에는 운영위원회, 리스크관리위원회, ESG 위원회 등이 있으며 대부분 사외이사가 위원장을 맡는다.

148 은행의 자회사 출자 한도는 자기자본의 15%이나 금융지주회사는 자기자본의 120%다. 지주회사로 전환하면 은행, 증권, 보험, 캐피털 등 종합지원 플랫폼으로 진화할 수 있으며 투융자, 금융·비금융 등 다양한 고객 수요에 부응하며 맞춤형 솔루션을 제공하기 쉽다.

149 60세 정년을 3년 남겨둔 직원이 현업에서 물러나면 임금피크가 적용된다. 연봉 1억 원을 가정하면 3년간 2억 원을 받는다. 명예퇴직을 선택하면 임금의 45%, 즉 3년에 9천만 원을 주는 명예퇴직제도는 사실상 유명무실하므로 개선이 필요하다.

150 점수는 성과 55점, 역량 35점, 조직기여도 10점을 기본으로 하되 간부는 성과를 더 중시하고 직원은 역량 비중을 높였다. 상대평가를 적용했으며 바른경영 항목은 청탁. 횡령, 성희롱 등에 대해 감점제로 운용했다. 평가에 부서와 직무 차이를 고려하고 직급 기간 성과를 누적하여 지속성을 중시했다.

151 성별 다양성이 우수한 기업이 혁신 성과와 수익성이 좋다는 연구도 있다.

152 유리천장지수(Glass-ceiling index)는 〈이코노미스트〉가 여성의 경제활동참여율, 남녀 소득격차, 고위직 여성 비중 등 지표를 토대로 성 불평등 수준을 평가하여 발표하는 통계다.

153 문정희, 《오라, 거짓 사랑아》 (서울: 민음사, 2001).

154 존 로크, 《교육론》, 박혜원 옮김 (서울: 비봉출판사, 2011. 9).

155 남빛하늘, "우영우 반기는 한바다 같은 기업은행 만들다," 〈인사이트코리아〉, 2022. 7. 22.

156 2022년 장애인 고용률은 공무원 2.9%, 공공기관 3.8%, 민간기업 2.9%이며 기업의 60% 이상이 의무를 지키지 않고 있다. 의무를 못 지키면 벌금으로 1인당 124~206만 원의 고용부담금을 내야 한다. 초과 고용할 경우 장애 정도, 성별에 따라 1인당 매월 30~90만 원의 고용장려금을 지원한다.

157 직무급은 급여의 주된 부분을 직무 난이도, 책임 등 직무 특성에 따라 결정하는 제도인데 직무가 잘 정의되고 공정하게 평가된다면 호봉제보다 공정하고 효율적이다. 그러나 직무급 도입을 위해서는 급여 지급 방식만 바꾸는 것이 아니라 인사관리, 평가, 성과 보상 등 전반의 변화가 수반되어야 한다.

158 메커니즘 디자인은 게임이론의 한 분야로 조직의 목표 달성을 위한 제도와 규칙을 설계하는 방법에 관한 연구다. 조직구성원의 이기적인 행동 소지를 염두에 두어야 하며 유인부합성(incentive compatibility)과 진실 말하게 하기(revelation

principle) 원칙을 강조한다. 후르비치(Hurwitz) 등 이론 주창자는 2007년 노벨경제학상을 받았다.

159 윤종원, "교통사고 사망 제로를 향한 길," 〈한국일보〉, 2017. 4. 23.

160 미국의 핀테크 플랫폼의 소상공인 대출채권에 투자한 채권펀드인데 6~7개월 만기에 3%대의 금리를 제공하는 위험등급 1등급 상품이다. 미국 감독당국의 운용사 대표 기소로 펀드 자산이 동결되며 환매가 중단되었다.

161 분조위 절차를 따른다는 조건으로 가지급금을 받았으나 판매사 중 한 곳에서 전액 배상 결정을 한 후 대책위는 100% 배상을 요구했다.

162 디스커버리펀드 운용사의 사기 등의 혐의에 대한 재판은 2025년 1월 9일 대법원에서 무죄로 확정되었다.

163 이란과 제3국 중계무역을 하는 국내 무역업체 A사 대표는 2011년 위장거래를 하고 기업은행의 이란중앙은행 계좌를 통해 수출대금을 받은 후 제3국에 송금했다. A사가 허위 거래를 통해 이란중앙은행 계좌 자금을 해외 송금한 정황을 수사한 검찰은 2013년 업체 대표를 기소했고 유죄를 확정했다.

164 진단을 위해 ▲비전과 전략 ▲리더십·소통·업무태도·업무기풍 등 조직문화 ▲근무행태, 업무 관행 등 일하는 방식 ▲업무절차·시스템·인사 등 인프라 ▲조직에 대한 자부심 등 59개 항목의 설문조사와 인터뷰를 진행했다.

165 기본과 원칙에 충실, 자기 주도적 업무수행, 유연한 사고, 실행에 대한 책임감, 상호 존중과 수평적 소통, 팀워크, 혁신 추구, 성과 창출 및 실력배양이 주 내용이었다.

166 OECD 대사로 일하던 2018년 3월 페이스북에 올렸던 글을 인용했다.

167 누구든지 직접 또는 제3자를 통해 직무를 수행하는 공직자 등에게 부정 청탁을 하는 것은 금지된다(청탁금지법 제5조 제1항). 승진, 전보 등 인사에 법령을 위반하여 개입하거나 영향을 미치는 행위는 부정 청탁에 해당된다.

168 노동자 권리 보호의 취지를 넘거나 경영권을 침해하는 사안이 있어도 개별 기관에서 해결하기 어려운 경우가 많다. 셀프대출 문제를 막기 위한 임직원 대출 규정 개정이나 국가 지원에 따른 유치원 보조금 중복지원 폐지 같은 안건도 노조 동의를 얻을 수 없었다. 관행 정상화 방안을 강구할 필요가 있다.

169 기업지배구조는 경영자와 주주와의 이해관계 충돌을 해결하기 위해 만들어졌고 노사관계는 경영자와 근로자의 이해관계 충돌을 해결하기 위해 만들어졌다는 인식에 기초하고 있다. 안현미, "근로자의 경영참여에 대한 해외 사례 및 분석," 〈기업지배구조리뷰〉 vol.89, 한국ESG기준원, 2019. 1. 17. 참고.

170 2020년에 235건의 소식지를 내부 포털에 게시했다. 노조 활동 소개가 대부분이나 사측을 비난하는 경우도 많다.

171 정소양, "취임 막혔던 기업은행장, 떠날 땐 박수," 〈더팩트〉, 2023. 1. 2.

172 2018년 집행된 1,057억 원의 사회공헌 활동을 기준으로 했다.

173 국내 미술품 유통액이 2022년 1조 원을 돌파했으며 미술품이 대중의 재테크 대상으로 인식되고 있다. 크리스티, 소더비, 필립스 등 세계 3대 미술품 경매 회사

모두 한국에 사무소를 두고 있다.

174 인디밴드, 클래식, 재즈, 뮤지컬 등 다양한 장르의 신진 음악가에게 공연 기회를 주었다. 전시 기회가 적은 신진작가를 위해 설치 회화 등 여러 장르를 아우르는 전시회를 정기적으로 개최했다.

175 윤종원, "너무나 부러운 롤랑가로스 배우기," 〈한국경제신문〉, 2017. 6. 11.

176 250포인트 투어경기 라이선스가 없어 외국에서 빌려 국제대회를 열거나 챌린저급 경기만 열리고 있어 국내 대회에서 세계 유명 선수를 보기 어렵다. 국내 대기업이 호주오픈의 후원사로 5년간 1,500억 원을 지원했으나 국내 대회에 대한 기업 후원은 제한적이고 지원 규모가 작다.

177 아마추어 선발전을 시작으로 3개월간 진행된 첫 대회에서 최정 9단이 챔피언 트로피와 3,000만 원의 상금을 받았다. 2022년에 정유진 2단, 2023년 최정 9단, 2024년 김채영 9단이 우승했다.

178 탈진실(post-truth)은 객관적 사실보다 감정이나 개인적 신념이 여론 형성에 더 큰 영향을 미치는 시대상을 언급하는 용어다. 2016년 옥스퍼드 사전은 post-truth를 '올해의 단어'로 선정했다.

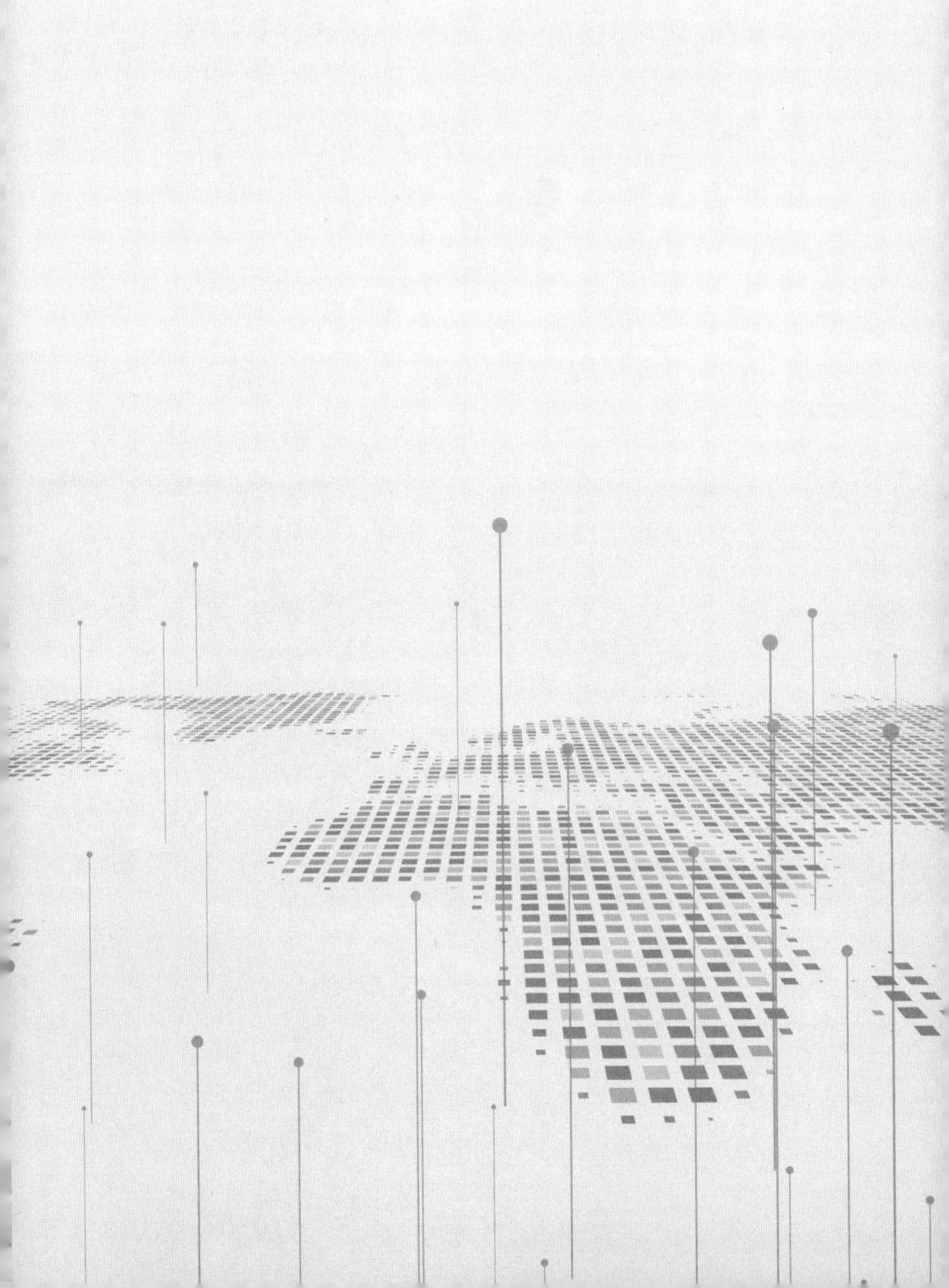

| 참고 자료(가나다순) |

1 관계부처 합동 (2021). 〈K-ESG 가이드라인 v1.0〉.

2 국제금융센터 (2022). 〈글로벌 은행산업 Case Study: JPMorgan Chase〉.

3 금융산업경쟁도평가위원회 (2022). 〈은행업 경쟁도 평가결과 보고서〉.

4 금융위원회 (2024). 〈기후위기 대응을 위한 금융지원 확대 방안〉.

5 금융위원회·금융감독원 (2022). 〈금융소비자 권익 보호를 위한 금리정보 공시제도 개선방안〉.

6 금융위원회·금융감독원 (2023). 〈은행권 경영·영업 관행·제도 개선방안〉.

7 김영식 (2019). "전통적 금융중개의 필수적 역할과 P2P금융에 대한 소고". 〈여신금융연구〉, 58, 4-6.

8 김우진·이대기 (2018). 〈국내은행의 영업점 성과평가 방향성에 관한 연구 - KPI 개선을 중심으로〉. KIF 금융리포트.

9 김종창 (2006). 《Great Bank: 전 기업은행장 김종창의 기분 좋은 변화 경영 이야기》. 서울: 매일경제신문사.

10 김준석·강소현 (2023). 〈코리아 디스카운트 원인 분석〉. 자본시장연구원 이슈보고서.

11 김준석·권민경 (2017). 〈한국 자본시장의 위험-수익 관계〉. 자본시장연구원 개

원 20주년 콘퍼런스 발표자료.
12 김형택·이승준 (2021). 《그들은 어떻게 디지털 트랜스포메이션에 성공했나》. 서울: 윌컴퍼니.
13 남빛하늘 (2022). "우영우 반기는 한바다 같은 기업은행 만들다". 〈인사이트코리아〉, 7월 22일.
14 노유철·정서림 (2023). "우리나라 은행의 예대금리차 변동요인 분석". 〈경제학연구〉, 71(2).
15 노희준 (2024). "벤처대출 807억, 돈가뭄 스타트업 85개에 '단비' 내렸다". 〈이데일리〉, 4월 22일.
16 다나카 미치아키 (2020). 《아마존 뱅크가 온다》. 류두진 옮김. 서울: 21세기북스.
17 문정희 (2001). 《오라, 거짓 사랑아》. 서울: 민음사.
18 버트 나누스 (1994). 《리더는 비전을 이렇게 만든다》. 박종백 옮김. 서울: 21세기북스.
19 부상돈·이병록 (2012). "금융의 경기순응성 측정 및 국제 비교". 〈BOK 경제리뷰〉, 한국은행.
20 삼정KPMG (2021). "ESG의 부상, 기업은 무엇을 준비해야 하는가?". 〈삼정KPMG Insight〉, 74.
21 서울대학교 공과대학 (2015). 《축적의 시간》. 서울: 지식노마드.
22 심수연 (2022). "유럽 챌린저 은행의 성장 및 시사점". 〈자본시장포커스〉, 2022-20호.
23 아데어 터너 (2017). 《부채의 늪과 악마의 유혹 사이에서》. 우리금융경영연구소 옮김. 서울: 해남.
24 안현미 (2019). "근로자의 경영참여에 대한 해외 사례 및 분석". 〈기업지배구조리뷰〉, 89. 한국ESG기준원.
25 IBK기업은행·한국경제매거진 (2023). 《지금부터 준비하는 기업승계의 모든 것》.
26 윌리엄 N. 괴츠만 (2019). 《금융의 역사》. 서울: 지식의날개.
27 은행연합회 (2020). 〈은행 비예금상품 내부통제 모범규준〉.
28 은행연합회 외 (2022). 〈금융권 녹색금융 핸드북〉.
29 윤상기 (2024). 《이제는 필수과목 베트남》. 서울: 법문사.
30 윤용로 (2015). 《리더의 자리》. 서울: 티핑포인트.
31 윤종원 (2017). "교통사고 사망 제로를 향한 길". 〈한국일보〉, 4월 23일.
32 윤종원 (2017). "너무나 부러운 롤랑가로스 배우기". 〈한국경제신문〉, 6월 11일.
33 윤종원 (2022). "A Sound Investment: Financing the Green Transition of SMEs". Global Green Hub Korea, 9월 20일.
34 윤종원·성병희·최정훈 (2023). "국책은행의 여신행태는 민간은행과 다른가?". 〈한국경제포럼〉, 16(2).
35 유경원·김민수 (2023). 〈부의 양극화 현상과 금융안정 간 상호 영향에 관한 연

구〉.
36 이강태 (2015).《경영을 살리는 IT, IT를 살리는 경영》. 서울: KMAC.
37 이건호 (2017).《이건호의 뱅크엑스》. 서울: 지식공작소.
38 이대기 (2019). "해외 주요국 은행의 대출금리 결정체계와 시사점". 〈금융포커스〉, 28(14).
39 이병윤·임진 (2024). 〈탄소중립을 위한 금융의 역할 강화방안〉. 탄소중립녹색성장위원회·금융연구원 세미나.
40 이상제 (2024). 〈금융소비자 보호와 동의명령제도〉. KIF연구보고서.
41 이정동 (2017).《축적의 길》. 서울: 지식노마드.
42 이정두 (2023). 〈금융산업의 자율규제 현황과 개선방안〉. 금융연구원 세미나 발표자료.
43 임진 (2023). 〈차입제약이 기업의 혁신활동에 미치는 영향 분석〉. 금융연구원.
44 정소양 (2023). "취임 막혔던 기업은행장, 떠날 땐 박수". 〈더팩트〉, 1월 2일.
45 정운찬 (2021).《한국경제, 동반성장, 자본주의 정신》. 서울: 파람북.
46 정책금융연구회 (2018). 〈정책금융의 현황과 발전과제〉.
47 존 로크 (2011).《교육론》. 박혜원 옮김. 서울: 비봉출판사.
48 조준희 (2015).《송해를 품다: 간절함이 세상을 바꾼다》. 서울: 씨앤북스.
49 중소벤처기업부·금융위원회 (2023). 〈혁신 벤처 · 스타트업 자금 지원 및 경쟁력 강화 방안〉.
50 한국금융연구원 (2020). 〈2020년 은행산업 전망과 과제〉.
51 Bank for International Settlements (2022). "Gatekeeping the gatekeepers: when big techs and fintechs own banks – benefits, risks and policy options".
52 Basel Committee on Banking Supervision (2017). "Sound Practices: Implications of fintech developments for banks and bank supervisors".
53 Capgemini (2020). *Commercial Banking Top Trends 2024, 2020-2024*.
54 Cihak, Martin and Sahay, Ratna (2020). "Finance and Inequality". IMF Staff Discussion Note.
55 Daude, Christian and Pascal, Julien (2017). "Efficiency and Contestability in Emerging Market Banking Systems". OECD.
56 Ho, Thomas S. Y. and Saunders, Anthony (1981). "The Determinants of Bank Interest Margins: Theory and Empirical Evidence". 〈Journal of Financial and Quantitative Analysis〉, 16(4), 581-600.
57 Intergovernmental Panel on Climate Change (2021). "Climate Change 2021, Summary for Policymakers".
58 International Monetary Fund (2020). "Financial System Stability Assessment, Korea".
59 International Monetary Fund (2022). "Republic of Korea: Staff Report for The 2022 Article IV Consultation".

60 International Monetary Fund (2022). "Republic of Korea: Financial Sector Assessment Program".
61 International Monetary Fund (2023). "Fiscal Monitor, Climate Crossroads: Fiscal Policies in a Warming World".
62 Kang, Kenneth (2020). "A Post-Coronavirus Recovery in Asia–Extending a "Whatever it Takes" Lifeline to Small Businesses". IMF Blog, April 23.
63 Levine, Ross (2004). "Finance and Growth: Theory and Evidence". NBER Working Paper No. 10766.
64 Luna-Martinez, Jose de and Vicente, Carlos Leonardo (2012). "Global Survey of Development Banks". World Bank Policy Research Working Paper No. 5969.
65 Niazi et al. (2021). "Public Lending Schemes for SMEs in Asia and the Pacific: Lessons from the Republic of Korea and the United States". ADB Briefs No. 201.
66 OECD (2015). "Finance and Inclusive Growth". OECD Economic Policy Papers No. 14.
67 OECD (2016). "Multi-dimensional Review of Myanmar, Volume 3. From Analysis to Action".
68 OECD (2017). "Small, Medium, Strong. Trends in SME Performance and Business Conditions".
69 OECD (2020). "Financing SMEs and Entrepreneurs 2020: An OECD Scoreboard".
70 OECD (2021). Compendium of Productivity Indicators 2021.
71 OECD (2022). "A Sound Investment: Financing the Green Transition of Small and Medium-sized Enterprises". OECD COGITO, April 25.
72 OECD (2022). "Economic Surveys: Korea".
73 OECD (2024). "Financing SMEs and Entrepreneurs 2020: An OECD Scoreboard".
74 OECD. Going Digital Project. https://www.oecd.org/digital/going-digital-project/
75 Ostry, Jonathan D. et al. (2019). 《Confronting Inequality》. New York: Columbia University Press.
76 Popov, Alexander A. (2017). "Evidence on finance and economic growth". ECB Working Paper No. 2115.
77 Stiglitz, Joseph E. and Weiss, Andrew (1981). "Credit Rationing in Markets with Imperfect Information". The American Economic Review, 71(3), 393-410.
78 Svirydzenka, Katsiaryna (2016). "Introducing a New Broad-based Index of Financial Development". IMF Working Paper No. 16/5.
79 The Economist (2021). "The future of banking". Special Report, May 8.
80 United Nations (2015). "The Raison d'etre of State-owned Development Banks

and Recommendations for Successful Development Banking".
81 Wood, James D. G. (2020). "Can Household Debt Influence Income Inequality? Evidence from Britain". The British Journal of Politics and International Relations, 22(1), 42-58.
82 World Bank (2013). "Rethinking the Role of the State in Finance". Global Financial Development Report.

AI
CBDC

| 저자 약력 |

1979. 인창고등학교 졸업
1984. 서울대학교 경제학 학사
1986. 서울대학교 행정대학원 석사
1987. 육군 예비역 소위(석사장교)
1994. 美 UCLA 경제학 박사

1983. 행정고시 합격(27회)
1984. 재무부 관세국, 재정경제원 재무정책과, 금융정책과 사무관
1997. 국제통화기금(IMF) 이코노미스트
2001. 재정경제부 산업경제과장, 기획예산처 재정정책과장
2003. 대통령비서실 선임행정관
2005. 재정경제부 종합정책과장
2007. IMF 선임자문관(Senior Advisor)
2009. 기획재정부 경제정책국장
2011. 대통령실 경제금융비서관
2012. IMF 상임이사(Executive Director)
2015. 駐 경제협력개발기구(OECD) 특명전권대사
2017. OECD 연금관리위원회 의장, OECD 동남아프로그램 공동의장
2018. 대통령비서실 경제수석비서관
2020. IBK기업은행 26대 은행장
현재. 한국금융연구원 비상임 연구위원, 연세대학교 객원교수

대한민국 금융의 길을 묻다

과거의 눈으로는 미래를 볼 수 없다

제1판 1쇄 인쇄 | 2025년 2월 20일
제1판 1쇄 발행 | 2025년 2월 28일

지은이 | 윤종원
펴낸이 | 김수언
펴낸곳 | 한국경제신문 한경BP
책임편집 | 최승헌
교정교열 | 최혜영
저작권 | 박정현
홍 보 | 서은실 · 이여진
마케팅 | 김규형 · 박도현
디자인 | 이승욱 · 권석중

주 소 | 서울특별시 중구 청파로 463
기획출판팀 | 02-3604-556, 584
영업마케팅팀 | 02-3604-595, 562 FAX | 02-3604-599
H | http://bp.hankyung.com E | bp@hankyung.com
F | www.facebook.com/hankyungbp
등 록 | 제 2-315(1967. 5. 15)

ISBN 978-89-475-4999-8 03320

책값은 뒤표지에 있습니다.
잘못 만들어진 책은 구입처에서 바꿔드립니다.